书话文存

书墨

王春瑜 著

商务印书馆
2011年·北京

图书在版编目(CIP)数据

书墨/王春瑜著.—北京:商务印书馆,2011
(书话文存)
ISBN 978-7-100-07313-4

Ⅰ.①书… Ⅱ.①王… Ⅲ.①书评—中国—现代—选集 Ⅳ.①G236

中国版本图书馆 CIP 数据核字(2010)第 155096 号

所有权利保留。
未经许可,不得以任何方式使用。

SHŪ MÒ
书 墨
王春瑜 著

商 务 印 书 馆 出 版
(北京王府井大街 36 号 邮政编码 100710)
商 务 印 书 馆 发 行
北京民族印务有限责任公司印刷
ISBN 978-7-100-07313-4

2011 年 6 月第 1 版	开本 787×960 1/16
2011 年 6 月北京第 1 次印刷	印张 17 插页 1

定价:34.00 元

总　序

王春瑜

　　我国历史悠久,并且首先发明了印刷术,历代所印之书,总数虽不可确考,但以一人之力,终其一生,所读之书也不过是存世之书的九牛一毛而已。然而让人纳闷的是,历代读书人写读书心得的书却很多,甚至从东汉起,专门有了"书后"的文体,韩愈、柳宗元文集中屡见之,后人仿效者不少,明代名士王世贞更著有《读书后》八卷(按:前贤郭沫若、钱穆引《读书后》,均在"读书"下加逗号,将"后"字与下文联属,不知《读书后》乃书名,此一时疏于查考所致也)。不过,这类书与诗话类体裁有别,更与近代的书话有很大不同。从严格意义上说,书话是从二十世纪三十年代兴起的,其中最为读者熟悉的是郑振铎的《西谛书跋》、阿英的《阿英书话》、唐弢的《晦庵书话》。前年是郑振铎一百一十周年诞辰,中华书局重新编选郑先生的书话文字,印成《漫步书林》,堪称郑振铎书话精华。1996年,北京出版社出版了姜德明主编的《现代书话丛书》,除《阿英书话》外,另有《鲁迅书话》、《周作人书话》、《郑振铎书话》、《巴金书话》、《唐弢书话》、《孙犁书话》、《黄裳书话》。就我而言,二十世纪五六十年代在复旦大学历史系读本科、研究生时,鲁迅、阿英、郑振铎、唐弢的书话,深深启迪了我。鲁迅的名文《买〈小学大全〉记》,使我感受到了清代文字狱的血腥,此文我反复读过好几遍。郑振铎的《西谛书跋》,丰富了我的目录学知识。阿英的《小说闲谈》对研究明代文化,特别是社会生活,有重要的参考价值。1961年,唐弢在《人民日报》副刊上连载《书话》,虽属千字文,但文笔清新,我每篇都必看,增加了现代文学史的知识。后来结集出版,我买了一本,爱不释手。所谓书话,无非是有关书及著者的种种话题。这类作品,受到包括我在内的读者的欢迎,我想根本的原因是,这些书都是学者作家化或作家学者化的结晶。单就郑振铎、阿英、唐弢而论,郑先生是中国文学史的权威、藏书家,也是文学家;阿英先生是中国近代文学史专家、藏书家,也是文学家;唐先生是中国现代文学史专家,也是有"鲁迅风"之誉的杂文家。因此,他们写的书话,信手拈来,道人所未道,文字简洁,甚至文采斐然,读后不仅增加学养,还因文字娱目,而感到愉悦。这几本书无疑是传世之作,书话这种文体,也必将传承下去,并发扬光大。

正是本着传承书话文体的愿望,我主编了这套《书话文存》。诚然,先贤们的学问成就、文学业绩,我辈难以企及。但是,加盟本文存的作者,都既是学者,也是作家。王学泰不仅是研究中国古典文学的学者,也以研究游民及江湖文化驰名学界,并写了不少杂文、随笔;李乔是研究中国行业神的专家,有专著行世,并以大量的杂文、随笔活跃于文坛;伍立杨对中国近代史,特别是民国初年的政治史,有深入的研究,出版了有影响的专著,更以散文家为读者熟知;赵芳芳虽没有以上诸位的名气,但从她已出版的散文随笔集《一花可可半梦依依》、《朱颜别趣》以及收入本文存的新作来看,她不仅饱读诗书,且文字温润似采采流水,她写的书话,别具风格,使人耳目一新。知识性、可读性是书话的命脉。就此而论,我敢说,本文存是与前辈们的书话一脉相承的。

编一套书话文存,余有志于此亦久矣。前年京中及陕西有出版社编辑来舍下约稿,我提出编此文存,他们都表示欢迎。但后来报选题,都被单位一把手否决。老实说,时下某些出版社的一把手,根本就是学术外行。去年我跟商务印书馆的王乃庄、常绍民、丁波先生说起出版这套文存,他们都很支持,此书才得以面世。这里,我对商务印书馆深表谢忱与敬意!

2010年2月20日
农历年初七,于老牛堂

目　录

卷一　墨葬

墨葬 ……………………………………………………… 3
烧书考 …………………………………………………… 5
哀亡书 …………………………………………………… 9
读《诏狱惨言》 ………………………………………… 11
真相 ……………………………………………………… 15
何必登上你的贼船 ……………………………………… 17
书神之吼 ………………………………………………… 20
藏书百态 ………………………………………………… 22
彭家风雨动神州 ………………………………………… 24
《新中国反贪史》序 …………………………………… 28
呼吁国家尽快立法使用、保护善本书 ………………… 35
万里长风吹古愁 ………………………………………… 38
说序 ……………………………………………………… 42
莫听穿林打叶声 ………………………………………… 44
编辑学者化 ……………………………………………… 46
春灯儿女对良宵 ………………………………………… 47
为真理而鸣 ……………………………………………… 49
剽窃考 …………………………………………………… 51
黄炎培所列九条教训 …………………………………… 54
三十年藏书记 …………………………………………… 56
好书不厌千回读 ………………………………………… 59

书海涛声 ··· 60
 书名 ··· 60
 《咒枣记》 ··· 60
 《水浒》气 ··· 61
 贼讯 ··· 63
 好青年 ··· 64
 丽人出城 ··· 65
 朱洪武董事长 ··· 65
"无中生有"乎? ··· 67

卷二 居高声自远

饱含血泪的《四禽言》 ····································· 73
乐与友人心海夜航 ··· 75
书海临风 ··· 77
生命之树常青 ··· 79
 《虎坊桥随笔》 ······································· 79
 《文化屐痕》 ··· 80
 《天钥又一年》 ······································· 80
 《冷石斋沉思录》 ····································· 81
 《庙门灯火时》 ······································· 82
牛屋笔耕又一年 ··· 83
别了,老虎屎 ·· 85
《续封神》代序、跋 ······································· 87
 代序 ··· 87
 跋 ··· 87
我的经典选编观 ··· 89
《水浒》与明代社会一瞥 ··································· 91
我为何赞赏《中国小通史》 ································· 94
风中的眼睛 ··· 97

明清史研究的重要资料
　　——重印《明清史料》序 …………………………… 99
胡康和《我的革命生活》…………………………… 101
一部幕僚史　千年鸿图录 …………………………… 103
《新世说》后记 ……………………………………… 106
明沙带雪惊寒夜 ……………………………………… 108
居高声自远 …………………………………………… 110
语文守望 ……………………………………………… 112
我与"老牛堂" ……………………………………… 115
养得雄鸡作凤看
　　——读咏鸡诗词 ………………………………… 120
同饮明朝酒
　　——序《与君共饮明朝酒》…………………… 122
《中国封建意识形态研究》书后 …………………… 123
喜见鄂南思絮飞 ……………………………………… 126
老树春深更著花 ……………………………………… 128
"学而时习之" ……………………………………… 130
《永乐大典》正本殉葬说溯源 ……………………… 133
世相种子世相花 ……………………………………… 136
《老牛堂三记》序 …………………………………… 139
蒙汗药与武侠小说 …………………………………… 141
佛头着粪乎？
　　——《评〈碧血剑〉》序 ……………………… 150
读金庸《碧血剑》札记 ……………………………… 152
　　磨剑十年成大器 ………………………………… 152
　　且看大河浪淘沙 ………………………………… 153
　　历史关节仔细看 ………………………………… 153
　　开怀大笑能有几 ………………………………… 154

五毒苦斗鬼神惊……………………………… 155
报国无门谁之过……………………………… 156
霜欺雪压见精神………………………………… 158
"沉舟"浮出水面
　　——读向阳湖书两种………………………… 161
奇书一瞥……………………………………… 164
一本奇特的伪书……………………………… 166
防骗奇书:《杜骗新书》……………………… 168
《逃难记》逃难记…………………………… 172
料应厌作人间语……………………………… 174
别了,《兔园策》……………………………… 178
读《思辨录》随笔…………………………… 180
　　软挺………………………………………… 180
　　李鸿章佚闻………………………………… 182
《看了明朝就明白》序……………………… 184
说千年眼……………………………………… 186
故纸风雪……………………………………… 188
《新编日知录》序…………………………… 190
风从西方来…………………………………… 192

卷三　如见群贤沐春风

谈施耐庵遗诗佚曲…………………………… 197
"应怜中土成荒塞……"
　　——清初爱国书法家、诗人宋曹其人其事……… 205
晚清爱国诗人陈玉澍………………………… 208
梁启超与陈守实……………………………… 210
如见先贤沐春风……………………………… 213
挑灯喜读磨剑篇……………………………… 216

还珠楼主轶事 …………………………………………… 220
张恨水佚事 ……………………………………………… 223
桂海才人老厌儒 ………………………………………… 226
吴虞与娇寓 ……………………………………………… 228
吴梅与鲜灵芝、蕙娘 …………………………………… 230
江楼犹存人何在 ………………………………………… 232
一本连环画的回忆 ……………………………………… 233
却顾所来径,苍苍横翠微 ……………………………… 235
功夫文章学子书 ………………………………………… 238
杂坛人物琐录 …………………………………………… 241
 方成 …………………………………………………… 241
 何满子 ………………………………………………… 242
 李普 …………………………………………………… 243
 牧惠 …………………………………………………… 244
 舒展 …………………………………………………… 244
 朱正 …………………………………………………… 245
 邵燕祥 ………………………………………………… 246
 蓝英年 ………………………………………………… 247
 阎纲 …………………………………………………… 248
 何西来 ………………………………………………… 249
 陈四益 ………………………………………………… 250
 朱铁志 ………………………………………………… 251
《铁线草》序 …………………………………………… 252
老王卖瓜
 ——《续封神》小传 ………………………………… 254

附录:

史家回归赞 ……………………………………………… 255
重视文艺作品的历史真实性 …………………………… 259

卷一

墨葬

墨葬

古往今来,人死了,有土葬、火葬、水葬、天葬、食葬、悬棺葬等。若论神秘莫测,当推悬棺葬:在遥远的古代,不知用何种妙法,把棺材送往"高处不胜寒"的悬崖峭壁上的洞穴中?今夏游三峡,我仰望云际古代巴蜀人悬棺穴,百思不得其解。若论残忍,该数非洲原始部落"食人生番"的食葬:人死了,他们干脆将死者吃掉,这是文明社会万万不能容忍的。

但是,君知否?还有更让人触目惊心的墨葬!它对人的践踏、文化的摧残、精神的扭曲,是任何一种葬法望尘莫及的。

长夏苦热,重读已故历史学家陈登原教授的名著《古今典籍聚散考》,读到其中的第七章《四库全书馆与禁书运动》、第八章《抽毁与篡改》,心头悲凉无已。在文字狱的黑网中,有多少典籍被抽毁、篡改!作者慨乎言之:"吾人若知四库修书时摧残典籍之状,则知其言之非无所知,而益叹独夫民贼之所以戕贼文化者,盖无所不用其极。而所谓《四库全书》者,在辑集古书以外,且为艺林制一浩劫矣。其所禁者,则散焉佚焉;其所取者,则残焉讹焉;郅治修文,其效可睹矣。"事实上,修《四库全书》对文化的浩劫,学者是有目共睹的。此前,史学大师顾颉刚先生在《四部正讹》的序文中,一针见血地指出:"我常觉得影印《四库全书》,是件极蠢笨的举动;徒然使得世界上平添了许多错误的书,实非今日学术界所应许。"而稍后,鲁迅先生更在名文《买〈小学大全〉记》、《病后杂谈之余》中,尖锐地抨击《四库全书》大量删改书籍:"文苑中实在没有不被蹂躏的处所了","纂修四库全书而古书亡"。近日杂文家陈四益作长文《〈四库〉四记》,其中《删书记酷》,我以为这个"酷"字,实在是可圈可点。应当看到,有相当一部分书,被删改得面目全非——而且不露痕迹,可以说名存实亡,比毁尸灭迹式的焚书,也许更糟。对于这些遭殃的书及其作者来说,他们是被彻底埋葬了,但埋葬的工具,不是水,不是火,也不是悬棺,而是乾隆皇帝及馆臣的笔。说得更直白一点,是被墨葬了!

当然,这样的墨葬,并非前无古人,后无来者。即以明初为例,朱棣夺权成功后,为在思想文化上剪除异己,大兴文字狱,不但查禁政敌方孝儒的诗文,连他人诗文集中,凡提到方孝孺名字的,"皆用墨涂乙"(《明诗纪事》卷七)。其他建文帝的殉难诸臣,也概莫能外。但平心而论,无论是明代还是其他王朝,就墨葬的规格、严重后果而论,比起乾隆时修的《四库全书》,还是小巫见大巫了!

至于来者,最堪注意的,无疑是"文化大革命"。"殷鉴未远",我们是记忆犹新的。由《炮打司令部——我的一张大字报》开始在全国掀起打倒一切的大字报狂潮,花费了多少纸张、墨汁?又有多少人其名字在大字报上被打上红叉后横遭迫害、凌辱,被活活整死?被黑浪滚滚的大字报所埋葬的受害者,恐怕当代及后世史家绞尽脑汁也难以考证出精确数字。但有一点应当是肯定的:横扫神州大地的墨葬,论其规模及严重后果,确实是"史无前例"的!

如此空前的墨葬,是否一定绝后?理应如此。但是,前提之一,是我们及后代子孙,必须牢记古今墨葬的历史教训。每念及此,不才难免心有戚戚焉。修《四库全书》时的凶残歹毒,现在不是已被某些人——有的还有金光闪闪,而且越来越耀眼的头衔,轻描淡写,化为晓风残月了吗?而且居然连《四库全书》的光盘也有了!去问问中学生甚至大学生,"文化大革命"是什么?很多人恐怕只能茫然以对。"一朝被蛇咬,十年怕草绳。"我在"文化大革命"中期,曾被"打倒"、"彻底批倒批臭,让他永世不得翻身"之类的铺天盖地般的大字报,墨葬达七年之久。

我诅咒墨葬。人们,请记住历史!

(《中国文化报》1998年8月15日)

烧书考

高尔基曾经说过:"书籍是人类进步的阶梯。"除了白痴与疯子外,人们莫不珍爱书籍,力求沿着这个"阶梯",拾级而上,争取步入光华璀璨、知识浩瀚的"七宝楼台"。但是,人类中有一种人,如果从生理学上看,既非先天性的白痴,也非后天性的疯子,却千方百计毁坏"人类进步的阶梯",以放火烧书为能事;这种人就是位居九五之尊,拼命推行封建专制主义的帝王,以及跟在帝王屁股后面摇尾乞怜、吠声吠影的某些文丑。

中国封建社会的资格之老,倒确实是世界第一。那么,作为封建专制主义的产物——烧书,始于何时?考史者说法不一。清朝著名画家,"扬州八怪"之一郑板桥断言:"孔子亦烧书。"(《板桥集·家书·焦山别峰庵雨中无事书寄舍弟墨》)根据是什么?他说:"《诗》(即《诗经》)三千篇,存三百一十一篇,则二千六百八十九篇,孔子亦得而烧之矣。"此种说法,纯属推测之词,恐怕难免冤枉孔老夫子。当然,这种"怪"论,也并不始于郑板桥。宋朝的孙奕,根据《左传》成公二年及《孟子·万章》中有关"非礼也勿籍"的记载,把"勿籍",即不合礼制的事不写进史籍中去,说成是帝王烧书的开端(孙奕:《履斋示儿篇》卷十二);其实,此论与郑板桥一样,也是想当然耳。应当说,在中国历史上,大搞封建文化专制、开烧书恶劣先例的,是中国封建社会的第一个皇帝——秦始皇。他的"焚书坑儒",今天已是妇孺皆知,这里无需赘述。

值得注意的是,烧书的丑剧,并未随着秦始皇的长眠骊山墓而告终。翻开史籍,我们可以清楚地看到,继承秦始皇衣钵的烧书名人,迭相出现;就这点而论,秦始皇的"皇泽"如此长久,实在是中华民族文化史的大不幸。

鲁迅曾经指出，有些末代帝王，"分明的感到天下已没有自己的东西，现在是在毁坏别人的东西了"，"在死前烧掉了祖宗或自己所搜集的书籍"（《准风月谈·晨凉漫记》），这是事实。南北朝时期，公元554年，魏师入郢，江陵城陷，梁元帝悲鸣着"文武道尽"，丧心病狂地烧掉了14万卷图书。南宋的大汉奸秦桧，窃取大权后，不但查禁野史，还放火烧书，历时达11年之久，使当时的史家"每一思之，痛心疾首"（王明清：《挥麈后录》卷七）。而有的皇帝，虽然并非末代，但为了强化封建专制主义的统治，也竭力删书、烧书。清朝的乾隆皇帝，便是一例。一方面，他通过纂修《四库全书》大量删改书籍，亦如鲁迅所言，结果"文苑中实在没有不被蹂躏的处所了"（《且介亭杂文·买〈小学大全〉记》），"纂修《四库全书》而古书亡"（《且介亭杂文·病后杂谈之余》）。同时，他又发布禁书令，从乾隆三十九年至四十七年，连续烧书24回，烧掉的书达13862部之多，直到乾隆五十三年，仍然下着焚书的命令。真是骇人听闻！

"一犬吠声，百犬吠影。"跟着封建帝王学步，狂吠要烧尽除了封建专制主义文化的"金科玉律"——儒学经典之外的天下群书的丑类，代不乏人，元朝的道学家吴海，就曾经专门写了一篇名叫《书祸》的文章，叫嚷："道之不明，学害之也；学之不纯，书祸之也。今天下之书已多之矣，然《诗》、《书》、《易》、《礼》、《乐》、《春秋》、《孝经》、《论语》、《大学》、《中庸》十篇，凡六经圣贤之言，未尝多也。"那么，多的是什么呢？"所以多者，皆诸子百氏，外家杂言，异端邪说"；他更具体地说："夫扬（指扬朱）、墨（指墨子）、老（指老子）、佛（指佛经）诸书，六经（指《诗》、《书》、《礼》、《乐》、《易》、《春秋》）之贼也；管（指管子）、商（指商鞅）、申（指申不害）、韩（指韩非）诸书，治道之贼也；遗事外传，史氏之贼也；芜词蔓说，文章之贼也。"他建议最高封建统治者，全部"禁绝之"，付之一炬，并下令老百姓不得再收藏，坊市不准再刊印、发售，科场考试时如果引用，即"黜降停革"，撤职查办。（吴海：《闻过斋集》卷四）真是杀气腾腾！而清朝的道学家石韫玉，不仅猖猖狂吠"吾辈著书，不能扶翼名教，而凡遇得罪名教之书，须拉杂摧烧之"，并特地在家里设了一个书库，恶毒地取名"孽海"，搜罗儒家经典以外的群书，准备一把火烧光。有一次，他看到一本宋朝叶绍翁写的野史《四朝闻见录》，竟"拍案大怒"，迫不及待地摘下老婆戴在手腕上的金镯，跑到铺子里换了一大包铜钱，千方百计收购这部书，先后买到340多部，统统烧光。（法式善:《东齐脞语》）石韫玉的这种丑恶行径，较诸吴海，堪称虽无彩凤双飞翼，却是"今古何殊貉一丘"！历代封建统治者，对于敢于触犯儒学经典、带有在不同程度上批判封建主义色彩的著作，更视为洪水猛兽，必欲烧之而后快。南宋顾禧，在诗歌中说："英雄不出世，竖子自成名"，蔑视当政的高官；并高吟"束发鄙章句，清狂天下闻"，矛头指向程、朱理学。结果，为人构陷，横遭迫害，"尽焚生平所著述，凡百余卷，无复只字存者"（顾禧:《志道集·叙》）。明朝永乐二年，江西朱季友著书批判宋儒，大学士杨士奇奏请立即销毁朱季友著作，永乐帝连忙下令将朱季友押回原籍，纠集大小官吏，严刑拷打，"尽毁其所著书"（陈建:《学蔀通辩》引《皇明政要》；《解学士全集》卷首《年谱》）。而明代后期对进步思想家李卓吾的迫害，更是为人们所熟知，李卓吾当时已是75岁的老翁，竟被加上"挟妓女白昼同浴，勾引士人妻女"（顾炎武:《日知录》卷一十八）的罪名，真乃冤哉枉也！公元1606年，万历皇帝亲自下令将李卓吾逮捕入狱，并令地方官全部烧其已刻未刻著述。清朝前期，谢济世"注《四书》多与考亭朱子（即朱熹）不合，且诋考亭"（严有禧:《漱华随笔》卷一），对朱熹有所批评，他的著作马上被禁，连同书板一起烧光（《乾隆东华录》卷四）。至于对用革命暴力批判封建统治秩序的农民军领袖的诗文，封建统治者更视为眼中钉、肉中刺。例如，明末农民大起义的领袖张献忠，曾将自己和部下唱和的诗，在四川七曲山刻石立碑。到了清初，知县王维坤发觉后，立即将碑石砸碎。（王士正:《陇蜀余闻》）甚至对于具有进步思想倾向、对农民起义有所影响的《水浒传》等小说，也屡下毒手。早在明代，封建文化专制主义的卫道者即污蔑《水浒传》是"芜秽之谈"，叫嚣"焚之可也"。(莫是龙:《笔麈》)明末农民大起义的烈火燃起后,崇祯皇帝朱由检下令"严禁《水浒传》",在山东,"大张榜示,凡坊间家藏《水浒传》并原板,尽令速行烧毁,不许隐匿"(《明清内阁大库史料》上册)。清初,也大肆销毁《水浒传》等小说。(俞正燮:《癸巳存稿》卷九)

但是,封建统治者用烧书愚民,毕竟是愚蠢的幻想。有两句咏秦始皇的诗说得好:"诗书何苦遭焚劫,刘(邦)、项(羽)都非识字人"(袁子才:《随园诗话》卷一十四);萧泛之读《史记·秦始皇本纪》的诗说得更透彻:"凄凉六籍寒灰裹,宿得咸阳一火星。"显然,秦始皇烧书的结果,在某种程度上说,不过是引火烧身;熊熊燃起的秦末农民大起义的烈火,不是很快将秦王朝化为灰烬么?

(《书林》1980年第2期)

哀亡书

高尔基曾在他与其子的合影上题曰:高尔基和他的作品。文豪的幽默,令人忍俊不禁。由此使我想到,一些学者、作家把自己的著作,视同儿女,那份亲情,同样绝非局外人所能体验。无论是写一部长篇小说,还是一部学术著作,甚至是一篇严谨的论文,艰辛的过程,实在不亚于十月怀胎。对于母亲来说,胎死腹中,是最痛苦的事;对于学者来说,已经成篇的论文,特别是已经写完的书,尚未面世,即因种种原因亡佚,其悲愤心情,恐怕也只有经历过伤子之痛的母亲才能体会。

所谓的种种原因,无非是天灾人祸。水火无情,固不必论矣。蟊贼的窃夺,尤使人扼腕难平。中国的历史之长、之复杂,实有它绝妙的好处,那就是没什么事是历史上所没有的。这等事亦不例外。比如,清初史学家谈迁费26年辛苦编成的百卷巨著《国榷》,尚未付梓,即被偷儿全部偷走;又如王鸿绪剽窃、窜改万斯同的遗稿《明史稿》,真正的国学大师(按:这"真正的"三字,用以区别时下"忽如一夜春风来"冒出的廉价"国学大师")梁启超曾在亡师陈守实教授的论文《明史稿考证》上批曰:"得此文发奸擿伏,贞文先生(按:万斯同卒后弟子私谥贞文先生)可瞑于九泉矣。然因此益令人切齿于原稿之淹没,其罪与杀人灭尸者同科也。"并再批曰:"最痛恨于王鸿绪者,不在其攘而在其窜也。"梁任公的笔伐,严于刀斧,王鸿绪之流如地下有知,当肝胆俱裂矣。

但是,纵观历史,学人文稿遭人祸之劫,再没有比"十年浩劫"时更为惨重的了。即以区区不才而论,近日承蒙上海知识出版社总编辑施伟达同志雅爱,欣允出版拙著《明清史论文集》,重读旧作,不禁感慨万千。收入本书的论文,"文化大革命"前写的文章仅有《顾炎武北上抗清说考辨》一篇,那还是多亏时任复旦大学历史系资料室主任的王明根学长,在我平反后,从纸堆中捡出的。回家读毕,我在文末题曰:"十年旧梦似云烟,灯下重读劫后灰。早悟亭林北游去,倒掩柴门款双扉。"我之所以如此心灰意冷,原因之一,便是我在当研究生期间搜集的珍贵史料、写的数篇学术论文及十几万字《关天培传》的手稿,"文化大革命"中被抄得片纸不存。如果说,浅学如我,这些书稿的学术价值自然不大,兼之正当壮年,来日方长;那么,对于老年学者来说,类似的打击,则几乎难以承受。科技史专家胡道静先生,"文化大革命"中入冤狱八年,他呕心沥血搜集的150万字的中国农业发展史资料,及已基本成书,并由李约瑟亲笔用童体汉字题签、钤上中文印记的50万字的《梦溪笔谈补证》,及其他一些文稿,均被"好汉"们抄走,至今不知下落。犹忆在沪时,道静先生与我每言及此,便感痛心疾首。年迈体弱,藏书散失,倘想重理旧业,又谈何容易。《梦溪笔谈补证》至今仍在重写中,这对一个八十多岁的衰翁来说,艰难可想而知。上海学术界的朋友都知道,抄走胡老书稿者并非文盲。亡友杨廷福教授曾对我说:也许有朝一日会冒出个王鸿绪第二来。果尔如此,鼠辈知否"其罪与杀人灭尸者同科"乎?

哀亡书,难释怀;但愿噩梦永远不再来!

1995年12月12日于八角村

读《诏狱惨言》

《诏狱惨言》，这是一本只有14页的小书，收在《指海》丛书第五函中。作者为了隐姓埋名，署"燕客具草"撰；但实际上，是时人顾大武的手笔。这本书很值得一读。透过它所记录的使明末清初不少读者"发指眥裂"的血腥事实，三百多年前极端专制主义君权统治下的特种监狱——诏狱的罪恶种种，便重新展现在我们眼前。

何谓诏狱？新版《辞海》解释说，即"皇帝诏令拘禁犯人的监狱"。这个解释是比较贴切的。当然，跟封建专制主义锁链上的种种"国粹"一样，诏狱并非明代的"特产"，而是资格甚老，古已有之。史载"绛侯周勃有罪，逮诣廷尉诏狱"。（《汉书·文帝纪》）可见汉文帝时已设诏狱。当然，在汉代以后的朝代，有时也把奉皇帝诏书审讯的案件，称为诏狱。但比起《诏狱惨言》中所述明末的诏狱来，真是小巫见大巫了。

《诏狱惨言》记的是"天启乙丑杨、左六君子事"，也就是公元1625年的"六君子"关在诏狱受尽迫害的情景。所谓"六君子"是指当时已被罢官的副都御史杨涟、佥都御史左光斗、给事中魏大中、御史袁化中、太仆寺少卿周朝瑞、陕西副使顾大章。起先，臭名昭著的阉党头子魏忠贤，拉大旗作虎皮，捏造罪名，把杨涟等六人拖到天启初年曾任内阁中书的汪文言冤案中，捕入诏狱。但是，后来魏忠贤的走卒，大理寺丞徐大化出鬼点子说，仅仅将杨涟等与汪文言挂上钩，不过是坐以已成旧案的罪过，不如"坐纳杨镐、熊廷弼贿，则封疆事重，杀之有名"（《明史》卷三○六《贾维华传》）。这样，杨涟等人就被分别诬陷为接受熊廷弼贿赂，导致明军在关外与后金（清）之战中丧师辱国的罪名，实在是"罪莫大焉"（按：熊廷弼的被杀，本身就是个大冤案）。更可怕的罪名既已定

下,更残酷的迫害就必然接踵而来。请看:

次日之暮,严刑拷问诸君子。虽各辩对甚正,而堂官许显纯(按:魏忠贤的干儿子,其手下"五彪"之下)袖中已有成案,第据之直书具疏以进。是日诸君子各打四十棍,拶、敲一百,夹杠五十。

七月初四日比较(即审问、用刑),六君子从狱中出……一步一忍痛声,甚酸楚。……用尺帛抹额,裳上脓血如染。

十三日比较。……受杖诸君子,股肉俱腐。

十九日比较。杨、左、魏俱用全刑。杨公大号而无回声,左公声呦呦如小儿啼。

二十四日比较。刑毕……是夜三君子(按:杨涟、左光斗、魏大中)……俱死于锁头(按:狱卒之头)叶文仲之手。

二十八日……周公(朝瑞)至大监,不半时许,遂毙郭贼之手。

限于篇幅,我们不便详细摘抄《诏狱惨言》中杨涟等所受的种种折磨,以及书内对诏狱中各种刑具的介绍。但仅从上述的节录中,我们也不难看出,在审问之前,审问官"袖中已有成案",早已编造好假口供,审问完毕,便"具疏以进",直接报给皇帝;堂堂国家大臣被任意诬陷、逼供、索款、拷打、暗杀,一个个都惨死于诏狱之中。

人们不禁要问:明代有完备的司法机关,即刑部、大理寺、都察院(简称三法司),在审讯杨涟等人的过程中,为什么不能过问?这是因为,诏狱是由皇帝亲自操纵的特务机关——锦衣卫直接把持的,谁也奈何不得。凡是诏狱关押的人犯,三法司谁也不敢问津。《明世宗实录》曾慨乎言之:"国家置三法司以理刑狱,其后乃有锦衣卫镇抚司专理诏狱,缉访于罗织之门,锻炼于诏狱之手,裁决于内降之旨,而三法司几于虚设矣。"唯其如此,诏狱比起一般监狱来,才显得更加暗无天日。诏狱中的一件件冤案,"举朝莫不知其枉,而法司无敢雪其冤。"(《祁彪佳集》卷一)"法官非胆力大于身者,未易平反也。"(《万历野获编》卷二一)在诏狱中动辄被害死,固然是司空见惯,谁想要活着出来,真是难于上青天。万历年间,诏狱中不仅关了几百人,狱中"水火不入,疫疠之气充斥囹圄"。(《明史·刑法志三》)有些人竟然一关就是几十年。钱若赓在礼部任职期间,因在选妃时得罪了神宗皇帝朱翊钧,朱便想找个机会把他杀掉。后钱若赓出任临江知府,被诬为酷吏,由朱翊钧亲自下令,投入诏狱。钱若赓结果坐牢达37年之久,终不得释。他的儿子钱敬忠成进士后,连连上疏鸣冤,读来真是字字血泪:"臣父下狱时,年未及四十,臣甫周一岁,未有所知。祖父祖母,年俱六十,见父就狱,两岁之中,相继断肠而死。……止余臣兄弟三人,俱断乳未几,相依囹土。父以刀俎残喘,实兼母师之事。父子四人,聚处粪溷之中,推燥就湿,把哺煦濡……臣父三十七年之中,……气血尽衰,……浓血淋漓,四肢臃肿,疮毒满身,更患脚瘤,步立俱废。耳既无闻,目既无见,手不能运,足不能行,喉中尚稍有气,谓之未死,实与死一间耳!"(《鲒埼亭集》卷六)幸亏钱敬忠上疏时,朱翊钧已经寿终正寝,明熹宗朱由校总算动了一点恻隐之心,把仅剩一口气的钱若赓释放,才没有死在诏狱内。本来封建时代所有的监狱都是人间地狱。但在明代,凡是偶有从诏狱中被转到刑部监狱中的犯人,对比之下,竟觉得刑部监狱简直就是天堂了。明末瞿式耜就曾经写道:"往者魏(忠贤)、崔(呈秀)之世,凡属凶网,即烦缇骑,一属缇骑,即下镇抚,魂飞汤火,惨毒难言,苟得一送法司,便不啻天堂之乐矣。"(《瞿忠宣公集》卷一)显然,比起刑部监狱这座人间地狱来,诏狱的惨无人道,实在是第十八层地狱!

杨涟等人被魏忠贤之流的阉党关进诏狱,受尽凌辱、酷刑,惨死狱中,不能不是个莫大的悲剧。特别是杨涟,他曾经上疏弹劾魏忠贤24条大罪,认为"寸磔忠贤,不足尽其辜"(《杨大洪先生文集》卷上),确实是个忧国忧民、疾恶如仇的铁骨铮铮之士。但是,包括杨涟在内的"六君子",无一不是对封建社会的愚忠。杨涟在狱中写下的血书里,固然有"大笑大笑还大笑,刀砍东风,于我何有哉!"(《碧血录》第7页)以抒愤懑。但是,他在临死前写的《绝笔》中,仍然坚信"涟死非皇上杀之,内外有杀之者。雷霆雨露,莫非天恩……以身之生死,归之朝廷"。(《碧血录》第2—3页)明孝宗(朱祐樘)弘治十八年(1504年)李梦阳在诏狱中写下的"昔为霜下草,今为日中葵。稽乎沐罔极,欲报难为词"(《空同诗集》卷六第4页)的诗句,可以说写出了明代所有关在诏狱中的那些忠而获咎者的心声。杨涟辈对魏忠贤恨之入骨,但魏忠贤难道不正是假天启皇帝朱由校至高无上的皇权,才得以逞凶肆虐,作恶于诏狱之中,流毒于普天之下的吗?就此而论,杨涟至死还在叨念天恩,同样也不能不是个莫大的悲剧。

《诏狱惨言》是一面历史的镜子。它从一个侧面,照出了封建社会法外之法的可憎可怖,从而揭示了像《大明律》那样严密的法典,以及三法司那样完备的司法机关,在皇帝特设的诏狱面前,不过是一纸空文,形同摆设;它更是明代大肆膨胀、高度发展的皇权,在进一步强化封建专制主义过程中,充分暴露的腐朽、野蛮、残酷的一个缩影。听一听三百年前杨涟等人在诏狱中凄厉的呼喊、悲痛的呻吟,对于我们了解封建专制主义的危害,是不无裨益的。

(《法学杂志》1982年第1期)

真相

余生也愚,既学不好数理化,也未读懂《资本论》。犹忆读小学时,老师即向我们宣讲俞铭璜编的一本书,强调要克服小资产阶级的弱点,改造世界观,当时听得一头雾水。读中学后,老师更直言不讳,说你们要时刻注意改造小资产阶级世界观。但上了大学后,在各种场合,两耳充斥的谆谆教导,忽然变成:你们一辈子——也就是直到最后双脚一蹬、两眼上翻为止——都不要忘记改造自己的资产阶级世界观。我一直不明白,自己出身贫苦农家,参加过儿童团、共青团,为什么世界观行情陡涨,如俗语所说,一下子"从糠箩跳到米箩",由小资产阶级变成资产阶级? 后来读了王元化先生的《九十年代日记》(浙江人民出版社),终于恍然大悟。该书第440页写道:"最早的国家政权是包括资产阶级、小资产阶级在内的。可是在七届二中全会决议中,则指出建国后的主要矛盾将是无产阶级与资产阶级的矛盾……至于把小资产阶级包括在国家政权之内,也同样是策略性的权宜措施。1954年毛泽东在中央文件上已将'小资产阶级'一词的'小'字全部删去。当时我在上海文委工作,文委书记是夏衍,下设三个处,我是其中一个处的处长。有一天夏衍对我说:'你注意到没有? 毛主席在中央文件上把小资产阶级的'小'字全部删去了。当时我们都不理解为什么要这样做。实际上这是把一向称做小资产阶级的知识分子划作资产阶级了。"原来,我以及我这一代知识分子,由小资产阶级变成资产阶级,是毛泽东"钦"定的。从那时到1978年"三中全会"的历史表明,"他老人家"删去"小"字,不得了! 知识分子既然成了资产阶级,随后而来的阶级斗争的弦又越绷越紧,直到"对资产阶级实行全面专政"的口号,终日在神州大地上无处不喧嚣，无数知识分子被凌辱，遭迫害，在黑暗中呻吟、挣扎，也就势所必然了。呜呼！

我承认对《毛选》的学习很肤浅。这是我"活学活用"的一点体会："资产阶级知识分子"是从哪里来的？是从"天"上掉下来的——这就是历史的真相。

读王元化先生的日记，每有振聋发聩之感。我曾经想：鲁迅是非常理性的人，除了他在私人通信里，有时忍不住激愤，骂出"文人多是狗"、"人面狗心"那样的话来，在公开发表的文章里，詈骂极少。但是，他却骂以郭沫若为首的创造社是"才子加流氓"。何以故？令我不解。读《九十年代日记》第350页，即感疑团冰释："前刘人寿邀我担任正在编辑的潘汉年文集的顾问，送来潘的著作目录。我发现潘在20年代在创造社做小伙计时，曾写过一篇倡导'新流氓主义'的文章。这使我理解到鲁迅当年撰文批判创造社有所谓'才子加流氓'的说法，并非毫无根据。可惜这一点，至今无人谈到过。"原来，鲁迅对创造社的尖锐批评是实有所指的！其实不能叫"骂"。还需指出的是，长期以来，一些人一提到郭沫若，就引鲁迅的话，说郭是"才子加流氓"，这并不切合实际。现在捧鲁迅饭碗者不少，希望有人对此深入研究，写出像样的论文来，再现历史的本来面目。

（《天津老年时报》2006年2月17日）

何必登上你的贼船

在电视新闻里看到越剧名伶茅威涛演的《孔乙己》的片段,心里真不是滋味。虽然她为了艺术,剃了光头(青丝委地,多可惜!),但无论怎样化装,也难以将这位漂亮小姐的扮相与黑瘦、潦倒、肮脏、可怜又可厌的孔乙己形象画上等号。不知她是怎样来念孔乙己的臭名昭著的"窃书不能算偷……窃书……读书人的事,能算偷么?"的辩护词的。需知,时下常有人事实上将孔乙己的辩护词奉为金科玉律,如果将孔乙己数茴香豆时的哼哼叽叽"多乎哉?不多也"改头换面,来形容此辈,肯定是"少乎哉?不少也"!

当然,"萧条异代不同时",今天孔乙己的"后起之秀",当然不屑于偷一点纸张笔墨、书以换酒吃,而是为了名利,偷学者的文章并"长途贩运"。譬方说,将北京报刊上发表的文章,偷到上海、湖北、新疆的报刊上发表。有的报刊发行量不大,作者不会看到,也就难以发现,何况咱大中国的报刊,又何其多也。即以不才而论,早在80年代初,就已开始被文坛扒手光顾过。例如,章太炎在《书顾亭林轶事》一文中,说"清一代票号制度,皆亭林、青主(按:傅山)所创也"。某些学者据此引申,认为山西票号是顾炎武始创的,旨在为抗清服务。我认为此说毫无根据,便撰长篇学术论文《顾炎武北上抗清说考辨》刊于1979年冬《中国史研究》上,专门写了一段,予以驳诘。但不久,有人在西北的某学术刊物上,著文论山西票号史,将我的这段论文,格抄勿论,一字不漏,既未打引号,也未注明来源。这不是剽窃又是什么?我辛辛苦苦研究后写成的考证蒙汗药的文章《蒙汗药之谜》,也被换了名姓,刊于一家科技类报纸,还被几家文摘报纸"无声"转载。与同事说起此事,人家打哈哈说:

"有稿费大家一起花花嘛!"一位文友闻听顿做肃然起敬状,对我说:"王兄真棒!文章发表,就有人抄,说明尊作学术质量高,社会影响大。您看我的文章,至今人家也瞧不上,没人抄。"比起前辈史学大师,我觉得自己够没出息的了!现在居然有人抄袭我的论文,他们这样抬爱我,真是不胜荣幸之至。我忽然想到诗人公刘说过:"中国人倘没有一点阿Q精神,还能活下去吗?"不禁黯然神伤。

不过,此类抄袭行径,毕竟或数百字或千字,像当年的孔乙己一样,属于小偷小摸,倘不欲雅训,径可斥之为鼠窃狗偷,如此而已;抄袭者也多半是孔乙己之类的无名小卒、阿猫阿狗,因此很少有原作者会与此类鼠辈计较,一笑置之而已。但曾几何时,歪风又变!其显著特征是:当年的孔乙己做梦都不会想到,功名利禄一样也不缺的博士、副教授、教授、博士生导师,也居然与鼠为伍;由鼠窃狗偷而明火执仗,公然抢劫,将几万字、几十万字的著作据为己有,胆子越来越大,气焰越来越嚣张!

以前者而论,眼前最突出的例子,就是媒体揭露的四川大学中文系教授张放,剽窃青年散文家伍立杨的文章,经人著文揭露后,他居然还著文辩解,说"学术天下之公器",真不识羞耻二字。其实,他要是认真读一读《孔乙己》,当无地自容:孔乙己乃科举制下牺牲品,衣食无着,偷点东西变卖,聊以果腹。台端乃堂堂教授,丰衣足食,何需出此下策!

以后者而论,笔者最近碰到的一例,也堪称典型。近日在书店翻书,看到由雒启坤、韩鹏杰主编,雒启坤点校的《永乐大典》精编(一)(九洲图书出版社1998年2月版),标价780元。时下《永乐大典》正是媒体、学术界的热门话题,我立即将此书翻开。读了雒启坤的长达13页逾2万字的《绪言》前几段,顿时感到奇他爸的怪了!这些文字怎么如此面熟?干脆将《绪言》全文复印回家,考证一番,弄个水落石出。当然,这属于最简单的考证:从书架上抽出中华书局1986年出版的该局老编辑张忱石先生著的《永乐大典史话》,将该书2万多字的正文部分,与雒启坤的《绪言》对照,立刻恍然大悟:原来,这篇《绪言》,除了将张忱石文的开头,加上"我们"二字,删去张文的三个小标题和文末的一段话,狗尾续貂地加了四行字一小段(按:这一小段第一句"本书是六百年来《永乐大典》第一次排印出版"。不通之至。事实上,崇祯二年,徐光启建议开设历局,用西洋测法,崇祯皇帝即命刻《永乐大典》的《日食卷》行世,故时人称"今《永乐大典》刻本惟此"。见王世德:《崇祯遗录》。点校本刊于《明史资料丛刊》第五辑)之外,其余2万字全部将张文照抄一遍!作为编审,张忱石先生在出版界可谓"生姜还是老的辣",但再"辣"也哪里会想到雒启坤剽窃他的著作,是这样心狠手辣!雒启坤名不见经传,但我在学术界、新闻出版界朋友不少,很快便了解到,此人不是别人,就是中国人民大学中文系的副教授×××,头上还先后有过硕士、博士头衔。

提到博士,不禁想到唐代诗人李涉的一则掌故:《唐诗纪事》记载,李涉路过皖口西的江村井栏砂(今安庆市附近)时,遇上绿林豪杰,问李涉是什么人,同行者代答谓:"李博士也。"盗魁便说:"若是李博士,不用剽夺,久闻诗名,愿题一篇足矣。"李涉当即写诗一首:"暮雨潇潇江上村,绿林豪客夜知闻。他时不用逃名姓,世上如今半是君。"但是,不论是当年的李涉博士,还是那帮强盗,他们岂能想到,一千多年后,堂堂的博士、教授,居然也干起文化领域的"绿林豪客"了!有的人还发了大财,买了洋房、轿车,成了暴发户。我认为,对此类暴发户,有司应当像对待生产伪劣产品坑人致富者一样,罚得他们倾家荡产,否则有朝一日,文苑真有可能发展到"世上如今半是君"了!

这里,我愿向文坛、学苑的大、小孔乙己及"绿林豪客"大喝一声:这一张旧船票,何必登上你的贼船?!

(《北京晨报》2000年3月26日)

书神之吼

在承平时期,国人一向视书为圣物,敬之不暇。凡圣物最易神化,故书有书神,而旧时书商均供奉文昌帝君,大概认为这位司天下文教之命的尊神,直接领导书坊,自有许多方便处。不才儿时,即闻诸老人言,书神庄严,令人敬畏。惜肉眼凡胎,自今未能一睹法相。不过,稽诸史籍,有关书神的记载倒是历历在目,并发人深省。

明清之际的钱谦益是个学者,也是藏书家。但顺治七年(1650年)冬,绛云楼的一场大火,将他多年购得的宋元刊本,尽付劫灰,查慎行《人海记》谓:"绛云楼火作,见朱衣人无数,出入烟焰中,只字不存。"这个"朱衣人",与其说是火神祝融的部下,还不如说是书神麾下的兵丁。何以故?读了下文,自然明白。

明末郑仲夔《耳新》卷六谓:"秦进士廷丞嗜学,每困场屋,因感愤,欲取平日所读书悉焚之。方简书,书忽作吼声,遂不复焚,攻苦如故。明年举于乡,又明年成进士。""书忽作吼声",颇堪玩味。分明是对着屡遭挫折便感绝望、公然企图烧书的懦懦,书神愤怒了,大吼一声,以警冥顽不学。

更耐人寻味的是,清初沈起凤《谐铎》卷十一谓:南京城钞库街有户人家世代读书,到了儿子某这一代,因读书不能致富,便"下海"经商,将书本弃如敝帚。想不到一天夜里有个朱履方巾者自床后蹑出,愤怒地说:"予书神也!自流寓汝家,蒙尔祖尔父,颇加青盼。不意留传至汝……为钱奴束缚,使尔意气不扬,若不早脱腰缠,则铜臭逼人,斯文沦丧,祸将及汝。莫悔!莫悔!"言毕而逝。某急起,秉烛四照,只有破书数卷,以钱串捆缚,弃置床头,恨书为祟,取火焚之。想不到烈焰起处,房屋、财产"回首相看已成灰",后竟以贫死。显然,此书神又一次怒吼也。

由此不难看出,钱谦益有钱、有势、有书,但缺德,丧失民族气节,故"读尽诗书也枉然",终遭书神严惩,落得个"纸船明烛照天烧"。当然,区区钱谦益又何足道哉。值得我们深思的,是那种厌学欲烧书,特别是"铜臭逼人,斯文沦丧"的现象。书神何在?与一切神一样,自然纯属子虚乌有。神话,归根结底,是拐了弯的人话。其中透露出的信息,应当是一目了然的:不读书,相信知识无用论,迟早必遭惩罚。眼下铜臭熏得时人醉,大量青少年弃学、失学,新华书店改成服装店、火锅城,安得有"书神"发雷霆之怒,连连大吼,振聋发聩,不亦快哉!

没有文化的民族,是愚蠢的民族。现在的云贵山区、大西北黄土高原,经济落后,一个最根本原因,是文化落后,人才匮乏。看来,没有文化的振兴,经济腾飞只能是一句空话。"书神"会不会怒吼,关键仍在于政府的政策能否到位。

(《天津老年时报》2007年1月12日)

藏书百态

古来藏书家多矣。固然，有一点他们是共同的，这便是：有钱。试想，早在明朝，宋版书就已按页论银子多少，若非腰缠万贯，又岂敢问津？即使普通一部线装书，也绝非升斗细民所能拥有。因此，藏书家均富家；虽说有大富、小富之别，但是，人性的差别，本来就大于人与猿之别，藏书家的心态，自然也因人而异，大不相同。

清初大学者钱大昕在其名著《廿二史考异》卷首，自题像赞曰："官登四品，不为不达；岁开七秩，不为不年；插架图籍，不为不富；研思经史，不为不勤；因病得闲，因拙得安；亦仕亦隐，天之幸民。"此赞固然写出钱老先生亦宦、亦儒、亦隐的本色，优哉游哉，踌躇满志。但是，个中也不难看出作为一名学者、藏书家的恬淡心情。"插架图籍，不为不富"，他并不刻意追求藏书之多，有若干架书，就心满意足了，藏书纯粹是为了著书。他著述宏富，即使是今天，其《潜研堂全书》，特别是《廿二史考异》、《十驾斋养新录》，仍然是文史学者的必读书。我以为，在古代藏书家中，钱大昕的心理状态是最健康的。

有相当一部分藏书家，将书视为金银财宝，想传之子孙，永葆永享。有的在家规中明文规定，凡子孙有将书出借、出售者，革出族门；有的在书上钤上印文：不准借出，违者非我子孙。真个是白纸黑字，煌煌如也，一点也不觉得寒碜！一副守财奴的嘴脸，也就随之跃然纸上。此等土财主心态，实在有辱斯文，玷污了藏书。其实，他们哪里懂得，跟"百年土地转三转"一样，藏书家很少能将书传之百年的。无怪乎不著撰人的《自然集》中有一曲"倘秀才"曰："有一等积书与子孙，未必尽收。有一等积金与子孙，未必尽守。我劝你莫与儿孙作马牛。今日个云生山势巧，来日个霜降水痕收。怎敖得他乌飞兔走！"看来，《四库全书》的总纂纪昀是深悟此道的，他曾说：我死后藏书散落人间，有人看后，很欣赏地说，这是纪晓岚旧物，也是个佳话，有什么好遗憾的？——看，文达公是何等的旷达！现在也有人想当文达第二或第三、第四，干一番千古不朽的大事，道德文章姑且不论，试问诸公有此心胸否？不才心窃疑焉。

管窥所及有两个藏书家的心态，实在奇特。一个是钱谦益。他在《跋宋版汉书》文中说："此书去我之日，殊难为怀；李后主去国，听教坊杂曲'挥泪对宫娥'，一段凄凉景色，约略相似。"亡了一本宋版书，心情竟与李后主亡国相似，此话出诸钱贰臣之口，实在让人不敢恭维：书竟比江山贵重。须知明朝灭亡了，他倒无所谓，第一个在江南扯起降清破旗。另一位是文学家夏丏尊。他在《平屋杂文·我之于书》文中写道："我常自比为古时的皇帝，而把插在架上的书，譬诸列屋而居的宫女。"蠢笨如我，连梦见"红袖添香夜读书"都不免受宠若惊，诚惶诚恐。而夏老夫子竟视藏书如皇帝视宫女，随时可以享用，这是何等气魄！前辈风流，足令我等后生小子感到"惭愧"二字的分量。

(《天津老年时报》2009年3月6日)

彭家风雨动神州

彭家风雨动神州——这是我读了电影导演、作家彭小莲博士的新作《他们的岁月》(上海文艺出版社出版)后,发出的慨叹。这是一个时代的悲剧。今天,中年以上的人,谁都不会忘记,在阶级斗争年年讲、月月讲、日日讲的年代里,动辄神州风雨惊万家:人间的"天"上一声号令,全国立即开展一场又一场政治运动,从城市到乡村,几乎没有一家能置身政治风雨之外。这实在是咱大中国十分不幸的一大特色。看一看前苏联的历史我们就会明白,斯大林尽管曾经残酷地搞肃反扩大化,迫害异己,在油锅里煎熬的冤魂成千上万,但并没有在全国搞全民运动,把每一个人都卷进去。而在我们这个有着"株连九族"古老传统的热土上,每一场政治暴风雨,总要殃及无数个家庭:一些家庭名存实亡,一些家庭在凄风苦雨中挣扎,度日如年。这些绝大多数不幸家庭的惨痛遭遇,由于他们本来就不是知名人士,已经或正在被历史遗忘。但也有少数家庭例外。我所说的彭家就是一个。

彭家经历的风雨,由于特殊原因,真个是惊动神州。这就是彭柏山家。今天,年青一代恐怕极少有人知道他的名字。但是,在50年代前期,当时的年轻人,至少包括我在内的大学生,无人不知彭柏山。何以故?因为当时政治学习必读的、不知组织过多少次讨论的《关于胡风反革命集团的材料》(按:由《人民日报》编辑部编辑,人民出版社出版,各省人民出版社纷纷重印,仅上海人民出版社从1955年6月至7月,就印了8次,达60万册之多!)毛泽东亲自写了按语。正是在这本材料中,彭柏山被几次点名,并定性为"胡风集团分子"。

彭柏山是所谓"胡风分子"中级别最高的人,时任中共上海市委宣传部部长。他1910年生于湖南省茶陵县山区的一个雇农家庭。投身1927年第一次大革命。30年代初入党。后由胡风介绍，成为鲁迅的弟子。他的中篇小说《崖边》，受到鲁迅的好评，亲自推荐发表。后被人告密，被捕入狱。在狱中的苦难岁月里，精神上、物质上，都受到过鲁迅的热忱关怀。1937年出狱后，投笔从戎，参加新四军，以一介书生，在战火纷飞中，与日寇、顽军、国民党军队浴血奋战，在苏北平原、沂蒙山上、淮海大地、茫茫江面，都留下了他战斗的身影，成为人民军队的一员骁将。打过长江后，他担任三野二十四军副政委，军长兼政委是一代名将皮定钧。也正是因为他战功卓著，不久被调到地方重用，先后出任华东文化部副部长、上海市委宣传部长。

前年春天和去年夏天，我在上海与王元化先生、彭小莲聊天时，都曾经说过：柏山倘若没有那些战功，不在党内位居要津，他的命运就不会有那样悲惨。他俩没有表示异议。作为一名史学家，也许是我的职业病使然，看问题时常常用第三只眼睛也就是历史眼光评判。面对历史，有多少次我发出过"一代名将史，千年孤臣泪"的哀叹！令人悲愤的是，彭柏山也没能走出这可诅咒的历史轮回，他被捕，坐牢，开除党籍，流放，直至"文革"中在河南农学院被红卫兵用"千钧棒"活活打死。所幸人亡家未破。柏山夫人朱微明（1915—1996年），这位《大公报》记者，1939年入党的新四军老战士，虽受尽屈辱，却以坚忍不拔的意志，将她与柏山的五个儿女抚养成人，彭小莲就是最小的一个。经过多年的思考、积累，1998年夏天，她终于拿起笔，写出这本长篇纪实文学《他们的岁月》。我有幸成为学苑中的第一个读者，读后，心灵受到很大震撼。王元化先生、胡风夫人梅志先生，也相继读了这部作品，都充分加以肯定。接着，小莲又在美国、上海相继写了第二、第三稿，并配上多幅珍贵的照片，在最近正式出版。《小说界》、《作家文摘》曾先行刊出本书的部分章节，立即引起读者的广泛注意。我坚信，这是新时期以来纪实文学的杰作。

《他们的岁月》中的他们，涉及毛泽东、陈毅、柯庆施、陈丕显、潘汉年、罗瑞卿、江渭清、周扬、粟裕、叶飞、刘炎、钟期光、皮定钧、王必成、刘培善等党、政、军中的要人,以及鲁迅、夏衍、胡风、许涤新、王元化、贾植芳、吴强等文坛名流。引人注目的是,1955年初春,上海市肃反委员会五人小组组长石西民去北京出席全国肃反会议。会后,毛泽东召见石西民。石说,上海没有"胡风分子",毛泽东很不高兴,说:"上海不是有一个彭柏山吗?"于是,定谳了!让人感佩的是,当时的上海市委组织部部长、胡风专案组的负责人王一平,在上海市委的常委会上,敢于依据事实,提出"彭柏山不能作为'胡风反革命分子'处理"。但极"左"的市长柯庆施听后严厉指责王一平是"右倾",必须做检查。在这"黑云压城城欲摧"之际,王一平及统战部部长陈同生、宣传部副部长陈其五,仍然以大无畏的气概,反对逮捕彭柏山。这虽然无济于事,但是这几位老共产党员的实事求是的品格,是足为世人风范的。皮定钧、贺敏学等彭柏山当年在战场上生死与共的战友,在柏山落难后,没有投井下石,而是伸出援手,给他温暖。陈毅夫人张茜也曾热心帮助柏山夫人朱微明。尤其是皮司令,说"别人看热,我看冷",去探望出狱后不少人唯恐避之不远的彭柏山,给他以安慰、帮助,显示了在"左"风大炽、人妖颠倒的岁月里,人间犹有真情在、正气在,这才是我们中华民族精神传统中最宝贵的遗产。对比之下,那些在"世情看冷暖、人面逐高低"中原形毕露的小人,卖友求荣的为虎作伥者,真该愧死矣!

前年,中央电视台播出《潘汉年》,轰动全国,潘汉年、董慧夫妇的悲剧结局,使人为之扼腕。都说潘汉年没有儿女,但严格说来,这是不确切的。《他们的岁月》披露了一件鲜为人知的事实,潘汉年、董慧征得彭柏山、朱微明的同意后,决定将尚在襁褓中的彭小莲领回家当女儿。董慧特地上街给小莲买了一皮箱的漂亮童装。但是,小莲还没有来得及在养父母的怀抱中撒娇,他俩就被捕了,从此陷入有天无日的绝境。倘若没有那场莫须有的冤狱,潘汉年夫妇有小莲这样聪明、能干的女儿承欢膝下,过正常的家庭生活,该是多么美好!

只要有人类社会存在,难免就有政治斗争。但是,我相信,在我们这个社会里,今后无论再有什么政治风波,不会再有一夕"天"上风雨骤,六亿神州尽顺摇的场面出现,也不会再出现彭家风雨动神州那样的悲剧。十一届三中全会以来的现实表明,小莲笔下令人沉重、有时简直是艰于呼吸的"他们的岁月",毕竟是一去不复返了!家园平静,人间至福——为此,"他们"那一代,付出了多少惨痛的代价呵!

龙年正月初八于老牛堂
(《中国文化报》2000年2月22日;
《中华读书报》2月23日)

《新中国反贪史》序

一

回顾新中国反贪史,我们不能不对中华人民共和国的缔造者们,特别是那些抛头颅、洒热血的革命先烈,敬如泰山,仰之弥高。他们胸怀建立没有压迫、剥削,没有贪官、污吏,自由、民主、平等的新中国的崇高理想,献出了宝贵的生命。在很大程度上,正是为了不让这些前仆后继的无数革命先烈抱憾终天,中国共产党无论在早期创建的苏维埃革命政权,还是后来在抗日战争、解放战争中建立的民主政权,都很重视清除党内、政府内的腐败分子。1931年11月,在江西瑞金建立了中华苏维埃共和国临时中央政府,中央苏区所属省、县、乡相继建立了苏维埃政府。革命政权很重视廉政肃贪的规章制度的建设。1932年,中华苏维埃临时中央政府颁布《工农检察部的组织条例》、《工农检察部控告局组织纲要》等制度法规,还建立了一系列工农群众监察组织,并为此颁布了一批组织法规。审查、审计、惩戒制度也很快建立起来。1933年12月15日,中央执行委员会发布《关于惩治贪污浪费行为》的第26号训令,规定:政府公职人员贪污公款500元以上者,处以死刑;贪污公款在300元以上500元以下者,处以2年以上5年以下监禁;贪污公款在100元以下者,处以半年以下劳役,等等。中央和地方苏区政府的反贪斗争从未停止过。1934年3月,在雩都县挖出重大贪污案,共查出贪污案件23起,撤销刘洪清的县委书记及中央委员职务,移交法办,贪污首犯被枪决。在鄂豫皖边区,红三十一师的一名司务长贪污公款20元即被处以死刑。在艰苦的革命战争年代,物资匮乏,在贫困线上挣扎的劳苦大众,用血汗钱来支撑革命政权,如不重判贪污分子,就不可能保持革命队伍的纯洁性,有可能失去人民的支持,使红色政权夭折。在艰苦卓绝的抗日战争、解放战争的漫长岁月里,从西北的红星陕甘宁边区政府,到各个解放区,中国共产党领导的民主政权,继承了中华苏维埃时代的革命传统,在廉政肃贪的大业中,无论从思想上、组织上都有了进一步发展,惩治贪污条例、审计章程相继面世,中央和地方党的监察委员会,以及行政督察机构,都有效运作,发挥了重大作用。民主政权很重视人民群众的监督。当时群众直接监督政府的主要方式,不但有个人检举、集体告发,还有游行控告。党的各级组织和边区政府对人民群众的揭发、检举和控告,都认真对待,调查处理。陕甘宁边区政府主席林伯渠在 1937 年到 1949 年的 13 年中,共接到 137 件检举控告材料,他件件有回复。在刑罚方面,对贪污犯课以重刑。《暂行条例》的规定,与中华苏维埃时代的相关《训令》基本相同,从严、从重。这在烽火连天、对敌斗争非常严酷的特定时期,是必要的。笔者在盐阜抗日根据地度过了童年岁月,参加过儿童团、宣传队。对肃清贪污分子的运动耳濡目染,至今记忆犹新。1946 年夏,建阳县(今建湖县)高作区民政股长马杰贪污公款后,潜逃到敌占区兴化县城内,被武工队抓回,区政府在我家隔河相望的村庄西北厢召开公审马杰大会,会后被枪决。我参加了大会,还随着人群去看了马杰的尸体,白纸公告马杰名字上红笔打的大叉,至今仍突现在我的眼前,留下终生难忘的印象。1947 年夏,住在西北厢养伤的一位新四军团级干部,是红军老战士,却私印领米证,生活腐化,遭到查处,我亲眼看到他低着头,被军人押走。在那个年代,做到了在法律面前人人平等,不管谁资格多老,地位多高,只要犯了法,就要被法办。1937 年 8 月,毛泽东亲自批准处决开枪打死逼婚不从的陕北公学学生刘茜的黄克功,虽然他参加过井冈山斗争和长征,立过不少战功,更是影响深远的案例。从瑞金到延安,在中国共产党领导下建立起来的民主政权,在长期革命过程中,廉政肃贪的实践不但是打败国民党,建立新中国的重要保障,也是我们今天廉政建设的宝贵精神财富。

历史的重要可贵处之一,是在于它提供的精神遗产,永远值得回味。无论是党内还是政府内的掌权者,仰望用无数先烈染红的党旗、国旗,当扪心自问:廉否?"手莫伸,伸手必被捉",刘洪清、黄克功之流的下场,发人深省。

二

从1949年中华人民共和国成立,到1976年粉碎祸国殃民的"四人帮",新中国的反贪腐,走过了从轰轰烈烈到严重挫折的曲折道路。

新中国的诞生,不仅意味着千百万干部从艰苦朴素的农村,进入五光十色的大城市,接受被不法资本家、奸商拉拢腐蚀的考验,而且,新中国的国家机器,不可能从天上掉下来,只能是在旧中国的国家机器基础上,加以改造,使之重新运作。大量旧的行政、财经人员被留用,他们因袭旧传统、老规矩,不以贪污为非、为耻。因此,建国初期的反贪形势,必然是严峻的。对此,毛泽东、刘少奇等党和国家领导人,是清醒的。毛泽东1949年秋从西柏坡出发进京前夕,就说"好比进京赶考","不当李自成";因为毛泽东很赞赏郭沫若的《甲申三百年祭》,曾号令全党学习,不要像该书描述的李自成那样,在胜利面前冲昏头脑,很快因腐化败亡。他还告诫要特别警惕资本家的"糖衣炮弹"。不出所料,建国后不久,东北局、西北局、华东局、华北局、西南局明确表示"贪污腐败已成为主要危险"。华北地区在1951年上半年共查处区级以上党员干部贪污案件531件,1952年1月下旬,华北地区坦白和检举出贪污腐败分子103,200人,贪污数额935亿(旧币)多元。据华东人民监察委员会的统计,1950年6月至1951年11月查处的贪污国家财产案件金额总数达1,242亿元。不法奸商腐蚀干部的手段,花样百出,有的简直骇人听闻。上海大康药房经理王康年专门设立了用于拉拢腐蚀干部的"外勤部",曾向52个机关的56名干部行贿,数额高达1.9亿多元,骗取志愿军购药巨款,将假药、不合格纱布等卖给志愿军,造成严重后果。

对贪污腐败,党中央从未手软。从1949年至1966年的17年间,先后开展过"三反五反"、"四清"、"一打三反"运动,这些全国性的运动都大张旗鼓,声势浩大,一次更比一次轰轰烈烈,虽然也揪出一批贪污腐败分子,清出数额可观的赃款。但是,这一次又一次的群众运动,都是在"左"的思想指导下进行的,越来越偏离法制轨道,通常都是:领袖一声号令,《人民日报》发表社论,党委积极贯彻,群众纷纷响应。每次运动都存在着逼供信、冤假错案,不少人死于非命,运动过后又复查、甄别、平反,不仅付出了巨大社会成本,更严重损害党和国家在人民群众中的声望。笔者参加了"四清"、"文革"的全过程,更在"一打三反"运动中被打成反革命,被专政多年,受到了疯狂的政治迫害。事实上,从上海地区的"一打三反"运动来看,不过是"四人帮"用以整肃异己、迫害群众的政治运动,反浪费、反贪污,并没有认真进行。

建国后,曾经在党内、政府内建立监察机制,制定了一系列相应法规。但是,随着"左"风大炽,"个人迷信"泛滥,1959年4月28日,根据国务院提请,第二届全国人大第一次会议通过,撤销了监察部(1957年监察部副部长,原新四军李先念师政治部主任王翰被打成右派),而在"文化大革命"中,更是"和尚打伞,无发(法)无天"(毛泽东自诩语),"砸烂公、检、法",1975年1月17日四届人大第一次会议修正通过的《中华人民共和国宪法》,规定"监察机关的职权由各级公安机关行使",而当时的监察委员会从中央到地方,1969年已被撤销。事实上,连国家的根本大法《中华人民共和国宪法》,在很大程度上已名存实亡。国家主席刘少奇公然被诬陷为叛徒、工贼、内奸,开除出党,迫害而死。发人深思的是,他被捕时手持《中华人民共和国宪法》,这是新中国历史上多么悲怆也多么难堪的一页。沉重的历史教训表明,背离红色苏维埃、抗战及解放战争时期廉政肃贪的革命传统,弱化甚至抛弃法制,大搞人治,必然使反贪事业走向歪路,对党、国家、人民造成巨大危害。

历史的永恒魅力,在于它时时促使人们反思。对新中国17年的反贪史,我们在这部书中进行了反思,但仅仅是开始,是远远不够的。

三

我们把1978年至1989年作为新中国反贪污腐败工作恢复和发展时期,1990年至2002年作为新中国反贪制度的重要发展阶段。在前一时期,我国实行改革开放,打开国门,在新潮涌入的同时,不可避免地带进来泥沙,同时沉渣也随之泛起。面对这样的新形势,党和国家恢复建立反腐组织机构,恢复建立反贪污腐败法律制度,使反贪腐从人治走向法制。中国共产党是执政党,其党风好坏,直接关系到政风好坏,因此,中共十一大提出恢复设立党的纪律检查委员会,恢复了党的纪律检察机关,对党的生活、国家政治生活,都具有特别重要的作用。在随后展开的打击经济领域违法犯罪活动,查办贪污受贿案件,都取得了重要成果。在后一时期,我国实行了进一步改革开放的国策,社会主义计划经济体制,转变为社会主义市场经济体制,这个转型期,是中国历史上的新拐点。每当历史车轮拐弯时,总有人被甩下车去。市场经济给生产力发展带来无限生机,但也给腐败分子带来更多的可乘之机。对此,从邓小平、陈云到江泽民、胡锦涛,都清醒地认识到,如果不认真反腐败,就有亡党亡国的危险,使有中国特色的社会主义事业付诸东流。这一时期无论在反贪机构的建设与改革方面,还是在反腐倡廉制度建设方面,都取得了令人瞩目的成就。同时,重视源头治理腐败,如禁止军队、武警部队和政法机关从事经商活动;对行政审批制度、干部人事制度、财政管理制度都进行了改革。多年来,中纪委在预防、教育、惩办并重的原则下,查处了不少大案、要案,把曾担任党和国家要职的贪污腐败分子陈希同、成克杰、陈良宇揪出来,绳之以法,成克杰更是建国以来被处决的职务最高的贪污犯。这些都是我国新时期以来反贪斗争取得重大成就的标志,遏制了腐败的势头,对保持社会安定,市场经济平稳有序地可持续发展,提供了重要保障。我国反腐败前景是光明的,我们没有理由持悲观态度。

但是,我们也要清醒地意识到,我国反腐败的形势依然严峻,每年清查出的贪腐分子的人数在增长,并呈集团化、高层化趋势。我国的法制固然有待进一步完善。但更主要的是,有法不依成了难以根治的痼疾。例如,1985年5月23日,中共中央、国务院发出《关于禁止领导干部的子女、配偶经商的决定》,至今未得到有效贯彻。某些领导干部的子女,利用特权牟取暴利,完全违背了市场经济公平竞争的原则。领导干部中那些垮台的腐败分子的劣迹表明,几乎没有一个不存在亲属非法经商的问题。马克思主义政治学的常识告诉我们,社会分工是人类文明的前提。党政不分是有悖于这个前提的。党的领导干部手中掌握太多行政权力,按照"寻租理论",就会不断产生寻租者,滋生出新的腐败分子。显然,遏制结构性的腐败,只有对结构进行政治改革才能奏效。其中最重要的,是建立带有中国特色的强有力的权力制衡机制,进一步强化监察机构对各级领导机关第一把手的有效监督。只有这样,我们才能走出我在《中国反贪史》序言中所揭示的历代王朝走不出的腐败亡国的轮回。历史的警钟长鸣!新中国艰难曲折的反贪史,真正是"殷鉴不远",有太多的历史经验值得我们引为鉴戒,召唤我们加快政治改革步伐,把反贪污的斗争更深入地进行下去。

我在十年前构思主编《中国反贪史》时,只计划从先秦写到中华民国。2000年该书出版,承担中华民国这一章的青年学者邱涛,因故未能完稿,但后来在我建议下,他写了一部专著《中华民国反贪史》,也由我推荐到兰州大学出版社出版。可以说,我当初的构思已经画上句号。我期待由中央权威党史部门,或大学党史系的专家,能写出新中国反贪史,但至今未见踪影。俗话说,总要有人第一个吃螃蟹。我与邱涛商量,还不如由我们民间学者像写出第一部《中国反贪史》一样,写出第一部《新中国反贪史》。邱涛很赞同,他又约请同道赵子雄、蒋来用两位青年学者共同撰稿。编撰《新中国反贪史》这样的当代史,有很大难度,因为很多历史真相,有待岁月的沉淀。我已垂垂老矣,倘天假以年,十年以后,二十年以后,我一定组织重新修订《新中国反贪史》,那时的这本书,肯定会以全新的面貌,呈现在读者面前。

2008 年 11 月 30 日于西什库老牛堂

呼吁国家尽快立法使用、保护善本书

善本书通常是指清代乾隆以前的刻本、稿本、抄本书。实际上，不少学者认为，乾隆以后直到现代，那些罕见的刻本、稿本、抄本，以及红军、八路军、新四军时期的出版物，同样珍贵，应视为新善本书。这些善本书，国内总存数多少？至今没有确切数字。1978年3月，在南京召开了第一次《中国古籍善本书目》编辑工作会议，1980年夏，《中国古籍善本书目》编委会在北京开始汇编书目，收集了十多万张善本书的卡片。历时二十年，由上海古籍出版社出版。但是，这套善本书目，并不能真实反映国内善本存书情况。有些图书馆——如有北京古籍收藏第三大家之称的中国社科院历史所图书馆，并未将所藏最珍贵的善本上报，他们担心国家会将好书上调，故打了埋伏；编辑工作粗疏，《书目》所列某书在某图书馆，往往是风马牛。有学者按照《书目》在北京、天津、南京、重庆等地相关图书馆查书，对不上号。更不用说，《书目》中根本不包括新善本书。如何才能真正摸清国内公、私所藏善本书家底，得出一个确切数字？唯有国家制定相关法律，宣布对各种图书馆及私人所藏善本书，不会"一平二调"，复制、使用这些书，国家给予一定的补偿，然后再委托"国务院古籍整理小组"重新调查、编制善本书目，才能解决。

我国各类图书馆及私人所藏善本图书，是中华民族悠久历史文化的重要载体，对了解中华民族的过去，对认识当代中国的国情，对发扬我国的优秀文化传统，构建和谐社会，都具有重要意义。不少极具价值的善本书，应置于国宝之列。这些书是老祖宗留下的宝贵精神财富，是中华民族全民共有的遗产。如何挖掘、整理、研究这些遗产，从而弘扬中华民族的优秀文化？目前存在严重问题，简直是混乱无序状态。

从 20 世纪 80 年代起，国家图书馆带头对读者阅读、复制善本书进行收费。各地图书馆竞相效尤。近年来，不少图书馆已视善本书奇货可居，聚集囤积，从中牟取暴利。国家图书馆复制明刻本的价格，每页已由收费人民币 60 元，提高到 80 元。拍一张明刻本插图，即需付费 500 元。而且复制古籍只允许复制三分之一，严禁出版。如欲出版，动辄一部书就开价 10 万元。山西省图书馆复制明刻本一页收费 60 元，清刻本 50 元，还通知省内各县图书馆，照章办理。有学者去太原查书，只好望门却步。连山西省政协副主席、历史学家张正明研究员也叹息说："我根本没法使用省图书馆的古书！"山西太谷县图书馆藏有不少古籍，但连光绪年间的刻本，每页复制费也要收费 50 元。北京大学、南开大学、南京大学、武汉大学、复旦大学、上海师范大学等高校图书馆，尽管善本不少，但对学者来说，如想复制，根本办不到。与国内图书馆这种高收费至上，化全民所有为小团体所有的丑陋现象形成鲜明对比的是，我国台湾地区，拥有大量善本书，无论是"中央图书馆"，还是各大学图书馆，藏本均可完整复制，费用低廉。去年十月，在台北的一次两岸图书学术交流会上，"中央图书馆"学者发言时，当场指责国家图书馆收费太高，谁付得起？国图与会代表哑口无言。而在美国、日本，无论是国会图书馆、大学图书馆，还是私人图书馆所藏中国善本书，包括著名的"静嘉堂"所藏稀世珍宝宋刻本《资治通鉴》，读者都可全文复制，收费只是我国图书馆收费的零头。我国图书馆对善本书的高额滥收费，正越来越受到国外学术界的鄙视，有损我国的文化形象。有鉴于此，国家应当立法；规定：国家图书馆，省、县图书馆，各大学图书馆等，所藏宋刻本，每页复制费不超过 30 元，元、明刻本，每页复制费不超过 8 元，明稿本每页复制费不超过 10 元，清刻本每页复制费不超过 6 元，清稿本每页复制费不超过 7 元。国家应当鼓励专家与出版社联手，整理、出版善本书，流传越广，国人受益越大。

我国县级图书馆，藏有大量善本书。仅山西祁县图书馆，即藏有宋代至清乾隆的经、史、子、集善本书一千多种。但该馆每年的办公经费，县财政拨款仅有七千元，连一架数码相机也买不起，更遑论其他。为了避免"逼良为娼"，导致县级图书馆对使用善本书的收费开天价，建议国家关于善本书立法时，应规定国家每年拨专款扶持像祁县图书馆这样的藏有大量善本书的单位，使之妥善保管、使用古籍善本。对藏有大量新善本的单位——如藏有新四军珍贵历史文献的盐城市"新四军纪念馆"，国家在拨款时，原则上应一视同仁，这对保管、挖掘、使用珍贵革命文献，是有深远意义的。

2007年2月24日

附识：此稿后经友人白钢先生（全国政协委员）与其他十几位政协委员联署，在政协会议上提案，转到有关部门，基本不了了之。看来，在现行体制下，解决善本书保护、使用中的问题，并非易事。

万里长风吹古愁

读了作家刘庆林先生的大著《倾斜的年轮》,我不禁想起了清初爱国诗人宋曹的悲壮诗篇《吊司石磐墓》中的两句诗:"应怜中土成荒塞,万里长风吹古愁。"现在对年轻一代说"文革"往事,真有"白头宫女说玄宗"之感。这不能不是一种历史的悲哀!虽说结束"文革",至今不过24年。但由于种种原因,十年"文革"对中华民族在政治、经济、文化方面的浩劫——特别是对人性的摧残,在出版物,尤其是新闻媒介上,成了"破帽遮颜过闹市","欲说还休"。这就不可避免地形成这样一种局面:在25岁左右的年轻人的脑海里,"文革"惨祸,基本上是一片空白。他们哪里知道,"应怜中土成荒塞"——十年间,偌大的赤县神州,居然成了除"红海洋"、"样板戏"外一无所有的文化沙漠;他们何尝晓得,"万里长风吹古愁"——被呼啸着铺天盖地红色狂飙裹挟而来的,是古老的封建专制主义僵尸的大出祟:"万寿无疆"之声不绝于耳,"语录"被和尚念经式地读个没完,带有宗教色彩的"早请示、晚汇报"伴随着亿万人的晨昏旦夕,在所谓神圣的、庄严的、"最最革命"的口号下,多少人被迫害,遭凌辱,"株连九族"的惨剧在人间无数次地重演……

古今中外的历史经验早已证明:不管哪个国家,倘若国民忘记历史上最为沉重、惨痛的一页,那么这页历史就可能重演。所幸环顾国内文坛,一些有识之士已经清醒地认识到这一点,正在拿起笔,写下他们在"文革"中的切身经历,以及对这场浩劫的理性思考。刘庆林正是其中佼佼者之一。

我曾经在一篇文章中说,"文革"期间,骤然缩短了古与今的距离,现实俨然定格到古代去了。例如，朱元璋当了皇帝后，曾经残酷迫害知识分子，给一代鸿儒韦素挂黑牌，开了十年动乱中给知识分子挂黑牌游街、斗争的恶劣先河。请看刘庆林忠实记录下来的批斗武汉大学校长、中国共产党的创始人之一、对宣传毛泽东思想立下汗马功劳的李达教授的惨景："老校长（时年 76 岁）被人押送到武汉大学的小操场……在'打倒叛徒、特务、反革命修正主义分子、地主分子'的狂吼乱叫中，台上的学生强行按下他的头颅，要他低头认罪……他愤怒地大声呼喊：'我不是反革命！我是中国共产党党员！我拥护毛主席！……'一伙人蜂拥而上，有的按他的头，有的打他的嘴，一个女同学居然挥拳在他的光头上猛击……被打倒后，学校卫生科就停止了他的公费医疗，在病危的情况下也没实施抢救……两天后，他就惨死在一间普通病房里。周围没有一个亲人和学生。死者的姓名写的是'李三'，就那么草草地拖出去火化了。他去世后，稿费被冻结，夫人石曼华没有工作，还抱养了一个小女孩，失去了生存的依靠，在校园内边挨批斗边拉板车艰难度日。"呜呼，这就是李达的悲惨下场！连李达都难逃厄运，刘庆林及其同学，被赶到湖边的沙滩、沼泽地去变相劳改，接受体力、精神上的折磨，有的被投入监狱，有的被整死，以及他儿时的伙伴，遭迫害时，居然肩胛骨上被穿上铁丝，牛马都不如……书中记录的青年知识分子的坎坷命运，也就可想而知了！

作者在大学读的是哲学系。哲人的眼光，使他比常人"更上一层楼"，思考"文革"中发生的一切。在"文革"初期曾经势不两立、斗得你死我活的造反派、保守派，实际上不过是被人愚弄的掌上玩偶。他在第四章写道："有趣的是，我们这个班由顶尖儿的造反派和顶尖儿的保守派组成。大哥不说二哥，癞痢莫说光脑壳，两派各打五十大板。笑着的哲学家与哭着的哲学家没有什么两样，同样的情况使人笑，也使人哭。我们双方都饱尝了受愚弄的苦果。"必须指出，现在的不少单位，"文革"的派性残余，仍然存在，在用人、评职称等方面，往往会明显地暴露出来。这些人至今仍然没有从"文革"的噩梦中完全醒来，实在是可怜可笑更可悲。更发人深省的是,作者在本书的结尾大声疾呼:"要让我们的子子孙孙了解并读懂这一页历史,从中汲取经验教训,再也不能像狗一样舔人、咬人、吃人或被人吃,再也不能逆来顺受,甘当软骨虫或狗尾巴草,要有坚定的理想和信念,保持做人的正直和良心。惟其如此,我们的民族才有希望。"事实上,这正是作者写作此书的目的所在,也是本书的价值所在。

"江东子弟今犹在"。正如作者在书中所揭示的,当年的某些疯狂整人者,"四人帮"被粉碎后,不是摇身一变,又成了掌权者,甚至爬上去,位居要津吗?指望这样的人彻底否定"文革",岂非与虎谋皮?更让人忧心的是,某些有头有脸的人士,在回忆录中,居然对"文革"中的一些倒行逆施,歌功颂德。更使人感到触目惊心的是,头上戴着红色光环的著名作家,公然著文说毛泽东发动"文革"的动机是好的,斗争"党内走资派"、"防止资本主义复辟"的理论是正确的,而且至今仍是有效的"强大理论武器"。这就足以证明,留恋"文革",梦想"七八年再来一次"的人,不仅有,而且活得生龙活虎,有滋有味。严峻的现实表明,充分揭露"文革"的历史真相,警示当代、后代,是多么重要!最近,我应邀参加中央文史馆、上海文史馆联合召开的《新世纪》杂志座谈会。我在会上建议:要重视口述历史,鼓励历史知情人把自己在21世纪的切身经历,口述(或自己笔录,或请人笔录)下来,留给后世。现在看来,"文革"的知情人中,1966年的大学红卫兵,都已年过半百,将近60岁了,忠实地记录下"文革"中发生的一切,留下信史,教育当代、后代青年,避免历史悲剧重演,显得尤其迫切。

我们中华民族有五千年的文明史。在任何一种社会里,人民的道德主流,毕竟是好的。否则就难以解释我们的文明史,为什么总能断而相续。"衣冠不论纲常事,付予齐民一担挑。"刘庆林在书中写下的普通百姓的崇高品德——善良真挚,以及作者的亲情、友情,都是很感人的。作者作为哲人,特别理性,但他又是个感情丰富、散文功底深厚的作家,文字如行云流水,这就使本书更增加了可读性、感染力。

　　愿更多的"文革"亲历者,能写出像《倾斜的年轮》这样好的亲历记来,文坛幸甚,国人幸甚!

2001年1月4日于京南老牛堂

说序

绝大部分史学著作皆有序,而多数是自序。中国传统史学的奠基人司马迁的《太史公自序》,跟《史记》交相辉映,传颂千古。自古以来,那些蜚声史林的史学家们,没有一个在为自己的著作写序时,是率尔操觚、信笔涂鸦的;恰恰相反,无不运笔千钧,力争掷地有声。

序的长短,并不是判断是否属于上乘之作的标尺。顾炎武的皇皇巨著《日知录》,自序只有 197 个字,但不仅告诉了读者刊刻是书的原因,更透露其内心世界,谓:"若其所欲明学术,正人心,拨乱世以兴太平之事,则有不尽于是刻者,须绝笔之后,藏之名山,以待抚世宰物者之求。"这是理解顾炎武及《日知录》的一把钥匙。又如钱大昕的名著《十驾斋养新录》,自序更短至 154 个字,但开头引张之厚咏芭蕉诗曰:"芭蕉心尽展新枝,新卷新心暗已随。愿学新心养新德,长随新叶起新知。"真是别开生面。读者在吟哦芭蕉诗之余,不能不为钱大昕时已年届古稀,仍勤奋苦读,追求新知的治学精神所感动。有的史学著作的自序,长逾万言,言之有物,汪洋恣肆,我们读来爱不释手,不觉其长。如已故史学家顾颉刚先生的《古史辨自序》,从 4 岁时由保姆抱着他在苏州街上认商店招牌上的字写起,数十年间的经历,史学界的风云,随着笔底惊涛,一泻千里,读来真可连浮数大白。又如著名史学家谭其骧先生的《长水集·序》,读来不仅使我们对谭先生的治学历程、严谨学风,留下难忘的印象。而且,作为当代历史地理学的宗师,他的学术生涯,差不多从一个侧面,浓缩了这门学科的发展史。

有些史学著作的序,是别人写的,且多为名人。绝大部分史学家为他人作序,都是严肃认真的,仔细阅读书稿,郑重下笔。70 年前,学术大师梁启超为蒋方震著《欧洲文艺复兴时代史》作序,觉得"泛泛为一序,无以益其善美,计不如取吾史中类似之时代相印证焉,庶可以校彼之短长而自淬厉也"。如此负责,是多么可贵!结果竟"下笔不能自休",写了近6万字,只好单独出版,这就是传世之作《清代学术概论》的由来。最近任继愈先生为《中国行业神崇拜》作序,虽属千字文,但要言不繁,指出此书的学术价值及特点所在,无一字溢美,充分体现了求实精神。

优秀的序文,常常以其强烈的时代气息,或采采流水般的文笔,深深打动读者的心。今天,我们翻开抗战时期在西南大后方出版的一些历史著作的序,仍然可以感受到当时重庆的弥天大雾,嘉陵江的怒涛澎湃。这些序文,是中国史学史上珍贵的一页。

近十年来,我国史学日趋繁荣,史学著作不断问世,其中的序言,大多数是富有学术价值的。但也有不尽人意之作,有的甚至谬种流传。个别著作,学术水平低下,却挟名人以自重,而作序者连书稿都未看过,竟然煞有介事地吹捧此书如何佳妙,这对作者、读者,太不负责了;个别著者在序文中一再声称本不愿出版自己的著作,只是经不住学术界友人一再敦请,才不得不同意付梓,未免虚伪,读来生厌;有的作者用编者的话代序,吹嘘此书代表了当代中国社会科学的最新水平,肉麻之至;有的给已故史家著作写序,不查起码的版本、目录,信口开河,如《中国风俗史》的《前记》说,邓子琴先生"生前却未曾见有一著问世,实为众所不解"。其实,早在1947年,中国文化社即出版过他的《中国礼俗学纲要》,寒斋书架上即有一本,更遑论大的图书馆了。如此等等。这些现象虽然是个别的、史学发展中的支流,但与我国的史学传统相背离,事关学风,我们应当正视。

序,不仅是史学著作的有机体,更是其门户,不可等闲视之。吁请作序者:下笔之际多珍重!如何?

(《光明日报》1991年3月27日第3版)

莫听穿林打叶声

近日友人告我,学术界有书评"专业户",不管什么著作,人家均能提笔就写,按甲乙丙丁,讲子丑寅卯;出版界也有,某刊每期必有某人对新书——"指点江山,激扬文字"。我不知道这些文章对青年读者究竟起了多大指导作用?说真的,也许是人渐老,易多疑,我很担心有相当一部分书评,对青年起了误导作用。这是指:有的作者对所评之书的研究领域,根本是外行,岂能讲到点子上?有的作者有些常识,但说来说去,也就是常识而已。正因如此——当然还有别的原因,不少书评四平八稳,隔靴搔痒,成了一种新的八股,对学术研究、文化繁荣,只能起消极作用。好的书评,应当旗帜鲜明,有棱有角。早在70年代,海外即掀起研究、评论金庸小说的热潮,形成"金学"。其中写得最精彩的,我以为是著名作家倪匡。其中的一个重要原因,正如香港学者指出的,是倪匡的文风颇有点"霸气":直抒胸臆,有好说好,有歹说歹,说到歹处,毫不留情。譬如,他曾尖锐指出,金庸后来重新修改他的小说,精雕细刻,不少地方磨掉了当初写作时的灵气、才情,是倒退,多此一举。这样中肯的话,非也是写作武侠小说的高手且为金庸挚友的倪匡不能道也。倪匡也曾当面批评包括笔者在内的几位研究武侠小说的学者学究气太重,拔高了武侠小说的思想性、学术性,这个意见也是值得我们重视的。为人不可霸道,但写书评不妨有点"霸气",这至少比行文充斥媚气、霉气要强百倍。

我曾写过短文《起哄考》,指出古今的若干起哄事例,实在是国人的劣根性之一。反观出版界,对某些书籍的倾盆大雨式的渲染,何尝不是一种大起哄?前两年,某"侃爷"作家的通俗小说,被捧得大红大紫,又是选集,又是文集,"滔滔天下皆是"。其实,这些作品充其量不过如某文学家所说,是"微言小义,入木三厘"而已。

惭愧的是,我偶尔也写一点书评,写得怎么样?自有读者评判。但是,我倒是劝青年人读一读苏东坡的词《定风波》,开头两句为:"莫听穿林打叶声,何妨吟啸且徐行。"好的书评,固然不妨看看,但书的好坏,最好还是自己一本一本认真读下去,自己充当评判员,书读多了,评判得多了,自然也就如同信步林中,越来越潇洒。届时也许你会悟出:"打叶声",何必听?

1995年2月18日于芳星园

编辑学者化

现在的出版物,问题成堆。其中的一个重要原因,是某些编辑素质偏低,甚至是太低。

有的编辑,被人讥为吃里爬外,拿本单位的工资,却私下大干别的出版社、杂志社的活,与书商联手,倒卖书号,挣大钱。指望这样的编辑,能编出好书、好文章,岂不是白日做梦?更让人忧心的是,曾被"文革"贻误的一代人,二十多年过去,其中为数不少者,在新闻出版界成了骨干,甚至位居要津。但他们的知识,实在不足以胜任。我有位好友,是著名杂文随笔家,本来某出版社出版的一套随笔丛书中,收有他的一本集子,但到了总编最后审阅时,竟说他有些文章"存在以古讽今的倾向",将他的集子以退稿论处。呜呼,"以古讽今"居然又成了一大罪状!看来,他对党的十一届三中全会的决议,及意识形态里的拨乱反正,一无所知。我在某著名学者处,碰到一位某省学术刊物的负责人,年近五十。闲话时,谈及所谓"胡风反革命集团"冤案,他颇为震惊,问:"这事与毛主席有关系吗?"无知到这种程度,令人吃惊。

回顾现代新闻出版史,很多著名学者都主持过出版社、报刊,当过编辑,从而留下了不少光辉篇章,及种种佳话。"百年河汉望明星。"期望在新的世纪里,能涌现出一批优秀的编辑。关键在于:编辑必须学者化。法乎其上,得乎其中。即使成不了学者,至少在其所编的书籍、文章中,不至于再弄得错误迭出,甚至闹出大笑话来。

《文汇读书周报》2001年1月6日

春灯儿女对良宵

锣鼓喧天、鞭炮齐鸣、轻歌曼舞、灯红酒绿的狗年春节来临。说来惭愧的是半生碌碌,如果从三岁记事起,我已度过六十多个除夕夜。人老矣,喜安静。对于沸鼎烹油般的电视晚会,我越来越看不上眼,还不如随便翻翻书,回想深埋在记忆深处的一个又一个除夕——包括文坛前辈对除夕的描写。

"春灯儿女对良宵",多么温馨的词句!这是近代词曲泰斗吴梅的绝妙好词。吴梅弟子卢冀野编的木刻本《霜厓曲录》,卷一有套曲《黄钟绛都玉漏太平花·己未除夕》,谓:"〔太平歌〕那有黄羊来祀灶?纵使把痴呆出卖何人要?怕风情输与小儿曹。〔赏宫花〕我如今自拥牛衣沉醉倒,也算做春灯儿女对良宵。"读吴梅此曲,不禁感慨系之。己未是1919年,其时吴梅应蔡元培之邀,正在北京大学教授曲学,待遇丰厚,全家团聚,插书满架。该年喜爱昆曲的皖系军阀徐树铮,被段祺瑞任命为西北筹边使兼西北军总司令,徐很仰慕吴梅,拟聘请他担任秘书长。这显然是个身价百倍并有可能飞黄腾达的重要位置。但是,吴梅坚决拒绝,写了《〔鹧鸪天〕答徐又铮(树铮)》:"辛苦蜗牛占一庐,倚帘妨帽足轩渠……西园雅集南皮会,懒向王门再曳裾。"在《思归引·序》中,更清楚地说:"彭城徐公,经略西陲……征及下走……陋巷茅茨,西风菰米,下士所乐,或非金谷所有也。"这些都充分显示了吴梅甘于淡泊,对学者政治化、政客化嗤之以鼻的崇高品格。因此,他在除夕之夜,也是平平淡淡,"自拥牛衣沉醉倒",把家人的和谐、安康、欢声笑语,也就是"春灯儿女对良宵",看成是足慰平生。

反观世风,浮躁、奢靡日甚一日。大款们祀灶用黄羊已属小焉矣哉,请客送礼,动辄一掷千金、万金,电视里的戏说这、戏说那,呵痒式的味同嚼蜡的相声、小品,实际上不管你要不要,却在拼命出卖痴呆,倘吴梅地下有知,真不知作何感想!

乙酉年岁末于老牛堂
(《大公报》2006年2月1日)

为真理而鸣

1999年冬,我应邀为广东人民出版社主编一套"说三道四丛书"(后奉命改为"南腔北调丛书"),约请文友加盟,规定每人的书名,只能起三个字的。我一向认为,学者也好,作家也好,起书名最能反映他们的才华、思想境界。我清楚地记得,何满子先生、牧惠先生、邵燕祥先生,都是在电话中当场不假思索地报出书名《千年虫》、《沙滩羊》、《谁管谁》,让我佩服之至。我致电好友文学评论家阎纲兄,他也是立即起了个书名《座右鸣》,更让我喜出望外。把人们常常挂在嘴边的"座右铭",改动了一个字,成了《座右鸣》,实在是妙不可言。

妙在哪儿?妙在颇有味也。这"鸣"字,大有说头。据宋代著名学者王应麟《困学纪闻》卷十七记载,范仲淹在和梅圣俞的《灵乌赋》而作的《灵乌赋》中,写下一句含义深长的话,"宁鸣而死,不默而生"。应当说明的是,《灵乌赋》中的"乌",即"乌台",也就是御史台。

显然,范仲淹提倡的是勇于向皇帝进谏的大无畏精神,这在古代,已经是难能可贵了。胡适先生生前,非常赞赏范仲淹的这八个字,他出版过一本集子,书名就叫《宁鸣而死,不默而生》。他还将这八个字写过好几幅条幅,赠送友人。犹忆1992年夏我在澳洲墨尔本市拜访墨尔本大学金承艺先生,他是清初多铎王爷的后人,夫人是林则徐的后裔,真个是"皇亲国戚"。承艺兄做过胡适先生的秘书,一直珍藏着胡先生送给他的条幅,写的也正是"宁鸣而死,不默而生"。当时,他和我一起展开条幅,欣赏胡老的墨宝,我儿宇轮当场拍下此情此景。岁月不居,承艺兄已谢世多年,这张照片,成为我珍贵的纪念品,每一翻阅总要勾起我对承艺兄长的不尽思念。当然,胡适先生以"宁鸣而死,不默而生"自勉、勉人，提倡的是为民主、自由呐喊，不惜献身的精神，与范仲淹时代，有很大的不同，这就是与时俱进吧。

当今的图书市场颇有些无序，散文、杂文越来越被边缘化。中国艺术研究院及文化艺术出版社慧眼独具，大力支持出版这套丛书。丛书共六本，包括《文坛杂俎》(何镇邦著)、《如此说来》(单三娅著)、《故纸风雪》(伍立杨著)、《生命深处的文字》(徐怀谦著)、《春明感言》(杨学武著)、《徘徊在门外的感觉》(高为著)。我再三斟酌，给这套文丛起名"座右鸣丛书"。

诚然，现在是承平时期，我们用不着像鲁迅青年时期那样"大风灭烛，披发大叫"，也用不着像抗日战争时期高唱"风在吼，马在叫，黄河在咆哮……"但是，面对种种假、丑、恶社会现象——无论是来自政界、文化界还是商界的，等等——岂能视而不见，不闻不问？作家是社会的良心，总是要不平则鸣的。事实上，本丛书六位作家的文章，大部分就是"不默而生"的产物。

(《社会科学报》2005年7月28日)

剽窃考

剽窃，又称抄袭，考其来源，亦可谓久矣。自从猿进化成人，至今，真是老掉牙了，多少次日出日落，多少次旗鼓征尘，多少次白云苍狗，多少次江山易代……变化太大了！但有一样东西，几乎是毫无变化，这就是人性。人之初，性本善乎？性本恶乎？两千多年来，老米饭养黄了牙的酸儒们，一直争来争去，难有共识。在我老人家看来，人之初，性本私。贪欲与生俱来，只是程度不同。因此，随着贪污犯、小偷、强盗的出现，文章、书籍的抄袭者，也相应横空出世。当然，我国有文字的历史，才三千多年，甲骨文是刻在乌龟壳、牛胛骨上的卜辞，为殷王室垄断；金文是铸在铜器上的铭文，是贵族的专利品。因此，小民百姓，无胆量、无能力也无必要抄袭这些文字。后来，有了竹简，厚厚一大本的著作相继问世。但是，抄袭这些书，又谈何容易！一部《史记》，写在一块又一块的竹简上，堆在一起，差不多要堆满一间屋子。更重要的是，当时图书流通的范围很小，即使有不逞之徒想抄袭，无利可图，自然望门却步。但自从汉代发明了纸，后来又发明了印刷术，图书大量出现，有利可图，抄袭者便应运而生。谁是中国图书史上第一个遗丑万年的抄袭者？文献不足征，今天已难于考出。但大体而言，正如清初鸿儒顾炎武在《日知录》卷十八《窃书》条所指出的那样，汉朝人喜欢将自己的书"托为古人"所作（按：这与汉代儒生好今文经学，宣扬托古改制的风气有关），如张霸的《百二尚书》、卫宏的《诗序》之类。而晋以下，则风气一变，将他人之书，窃为己作，迭相发生。最出名的案例，是郭象的《庄子注》剽窃事件。据《世说新语》记载，当时注《庄子》的有数十家，但都不得要领。学者向秀先生重新作注，解析文义，精彩纷呈，可惜《秋水》、《至乐》二篇没有注完，就英年早逝。有郭象者"为人薄行有俊才"，便将向秀的《庄子注》窃为己有，自注《秋水》、《至乐》二篇，又换了《马蹄》篇，鱼目混珠，掩人耳目，欺世盗名。但是，难将一人手，掩尽天下目。向秀之子秀义，将乃父的稿本行于世，郭象的窃书行径，很快大白于天下，被永远钉在历史的耻辱柱上。其余如郗绍著《晋中兴书》，被法盛抄袭，姚察撰《汉书训纂》，后之注《汉书》者，不提姚察名字，据为己有，都是鼠窃狗偷的无耻勾当。唐代有个张怀庆，是偷窃名士文章的老手，当时人嘲笑他"活剥张昌龄，生吞郭正一"。著名诗僧皎然的《诗式》，举偷语、偷义、偷势之例，揭露抄袭者的手法。清初学者钱大昕在名著《十驾斋养新录》卷十八《诗文盗窃》条，感慨系之曰："后代诗文家能免于三偷者寡矣。"可见抄袭行为的严重。明代中期以后，人欲横流，学风浮躁，不法书商盗版书猖獗。不少无聊文人，抄书，窃书，炮制了不少东拼西凑、一锅杂烩的书，其实都是文化泡沫。最令人困惑的是，这些书不注明引文来源，如贸然引用，以为是明朝史料，就会上当受骗。本老汉就吃过亏。十五年前，我写《明朝酒文化》一书，引明人笔记中"行香子"小曲，嘲松江酒薄——往酒中大量掺假，以至"这一壶约重三斤。君还不信，把秤来称，倒有一斤泥，一斤水，一斤瓶"。书出版后，我读宋朝人笔记，才知道这首"行香子"是宋朝人写的，我岂不是冤枉了明朝松江人吗？我赶紧写了一篇短文发表，自我纠谬，也算是为明朝松江人恢复名誉吧！顾炎武曾激愤地说，"若有明一代之人，其所著书，无非窃盗而已！"诚如钱大昕评论顾炎武这句话时说的那样，"语虽太过，实切中隐微深痼之病。"

　　清朝学界如何？虽比明朝人要好些，尤其是清初朴学兴起，学风谨严。但手脚不干净，在著书时作奸犯科者，仍并不罕见。清初王鸿绪剽窃、改窜历史学家万斯同《明史稿》，就是典型的案例。明清史专家、先师陈守实教授，20世纪20年代负笈清华大学国学研究院，毕业论文就是《明史稿考证》，得到导师梁启超先生的高度评价，他在论文上批曰："此公案……得此文发奸摘伏，贞文先生（按：万斯同）可瞑于九泉矣。

然因此益令人切齿于原稿之湮没,其罪与杀人灭尸者同科也。"真是义正词严,掷地有声!

但是,抄袭虽自古有之,于今为烈。这些年来,媒体不断揭露:老师剽窃学生者有之;学生剽窃老师、同窗、他人者有之;国内剽窃国外者有之;县检察长、高官亦剽窃者有之;凭剽窃当上教授、博导、大学副校长、校长者,有之,并呈集团化、年轻化趋势。前者如京中某名牌大学,教师勾结书商,组织学生,剪贴《大百科全书》,拼凑多种书籍,被人目为抄袭大本营。后者如某少年作家剽窃他人小说,出版后,被揭露,死不认账,后经法院判决,他确实是剽窃,必须赔偿、道歉。可该少年作家公然拒绝道歉,根本不知羞耻二字。近日,作家王朔接受记者采访,痛斥此君"完全一小偷","他怎么那么不要脸?"我看骂得好!早几年,王朔痛骂鲁迅、巴金、老舍,有人说王朔是"狗嘴里吐不出象牙",我看这次王朔骂"红学家"、骂"知识精英"、骂"80后"——包括骂那位少年作家,是货真价实的象牙,不亦快哉!

就像贪污、腐败短期内难以根除一样,我不相信愈演愈烈的抄袭现象,短期内能够收敛。对于文坛、学界的扒手来说,肯定"这一张旧船票",继续要登上他的贼船。当然,"多行不义必自毙",翻船只是迟早的事!

(《北京日报》2007年1月29日)

黄炎培所列九条教训

袁世凯一命呜呼后,举国称庆,有识之士相继著书、撰稿,论述袁世凯窃国的历史教训。管窥所及,以人称黄任老的黄炎培(1878—1965年)老先生的分析最为深刻。黄老是上海川沙人,清末举人,后加入同盟会,是辛亥革命的元老之一。他是位教育家,也是位政治家。1945年访问延安时,与毛泽东长谈,提出著名的历代王朝兴亡的周期率问题,直到今天仍堪称警钟长鸣。建国后,黄老在中央担任要职。黄老一口川沙官话,演讲时如昆剧老生道白,他的学生著名演员陈述模仿其声调,惟妙惟肖。1936年年初,著名记者白蕉著成《袁世凯与中华民国》一书,请黄炎培作序,黄老欣然命笔。清末民初政界要人,黄炎培几乎都见过,唯独未见过袁世凯,这就是"道不同不相与谋"。但是,他对袁世凯的倒行逆施,却是一目了然。袁死后,黄老当即撰文《吾教育界袁世凯观》,发表在各大报纸上。他认为袁世凯的垮台,"于其间获得……若干大教训",愿与吾全国人共试读之。他列出九条教训,在《序》中悉数引出。我以为其中几条是很重要的历史经验,具有普遍、永久的历史价值。可以说,是一面镜子,所有政治上的跳梁小丑、专制寡头、大开历史倒车者,在镜中都无所逃遁。如:"三、凡违反大多数人心理之行为,必败。"试看蒋介石,抗战胜利,全国人民希望重建家园、建设国家。老蒋却发动内战,这就违反了大多数人的心愿,最终被人民推翻。"四、其知识不与地位称,必败。"就看"文化大革命"中的暴发户王洪文好了,从棉纺厂的保卫科长一跟斗翻到中共中央副主席的高位上,他有何德何能?结局人尽皆知。"六、欲屈天下人奉一人,必至尽天下敌一人。"请看殷纣王之流,谁个不是这样?"七、以诈伪尽掩天下人之耳目,终必暴露。以强力禁遏天下人之行动,终必横决。"前者,就看"语录不离手,背后下毒手"的林彪的丑恶下场好了。

作为窃国大盗,袁世凯从反面给世人留下了丰富的历史经验。黄炎培总结这些经验不是就事论事,而是以如炬的目光高瞻远瞩,作出精辟的论断,显示了大教育家、大政治家的风范。我建议出版社将白蕉的《袁世凯与中华民国》重印,使今人从袁世凯身上、黄炎培的论断上学习历史,"知古鉴今"。

(《天津老年时报》2007年4月30日)

三十年藏书记

近日学界前辈吴江老人（90岁）书一条幅赠我："英雄到老尽归佛，唯有神仙不读书。"展读久之，何其有味也！不才侧身学界，自是无日不读书。

虽然图书馆的书有的是，但总不如自家有书读来方便。回顾"文革"前，我的藏书一共不过两个中等书架，几百册而已。那时每月只有几十元工资，斗室一间，养家糊口，再节衣缩食，也不可能有多少余钱买书。我的藏书基本上是一些史学、文学常用书，不少是从旧书店淘来的，5分钱、1角钱、5角钱，至多1元钱一本的《丛书集成初编》残本，唐、宋以来的文集、野史、笔记，占了很大一部分。偶得机会搜得稀见书，但不过寥寥数种而已。而近30年，我由沪迁京，随着改革开放的推进、人民生活水平的提高，我的藏书也不断增加，由几百册而逾万册。虽然我的住房在同辈学人中已属宽敞的了，但卧房、客厅、阳台，仍然放不下这些书，只好放到地下室的一小间车库里。

由于我身无长技，只会在文史两界觅食，又性喜杂览，故藏书仍然是平装本的人文科学类书籍，寻常百姓寻常书而已。但是，自20世纪90年代以来，我利用常至各地开会、考察、讲学的机会，逛旧书店、古董店、地摊。或许是冥冥之中自有书缘使然，我购得明末刻本《救偏琐言》、《寓意草》，雍正原刻袖珍本《圣谕广训》、《如面谈新集》等，乾隆十年稿本《板桥杂记》，乾隆中叶稿本《痘疹书》，嘉庆年间抄本《杂货便览》，道光十五年抄本《喉科秘书》，清末稿本《辞馆归乡》，抄本《中国镜》、《陈莲舫先生医案·喉症方治录要》等，以及进士卷、地契等，均为珍稀文化史料。其中有几种，我已编入去年出版的《中国稀见史料》丛书中,其余的正在编入《老牛堂珍本文化史料丛书》中,由国家图书馆出版社出版。

在踏遍天涯觅好书时,有的书真让我惊喜不已。

前年深秋,我在南京一条卖旧书的小街上闲逛,一无所获。走进一家卖真真假假古董的小店,问店主有无古书,他说没有。我忽然注意到一个比较凌乱的小玻璃柜内,有两本抄本,立即请店主拿出来瞧瞧。其中的一本,竟是清末抄本《陈莲舫先生医案·喉症方治录要》,我眼前顿时一亮!陈莲舫(1839—1916年)名秉均,是晚清江南名医、青浦名医世家,后经两江总督刘坤一、湖广总督张之洞力荐,5次奉诏为光绪皇帝治病,成效显著,获光绪皇帝亲笔赐匾额"恩荣五诏",并敕封为三品刑部荣禄大夫。后陈秉均因病辞职返乡,培养弟子,并常坐船下乡为贫苦农民看病,分文不收,乡里均感其大德。其嫡曾孙食品专家陈学峰先生,是我的姻兄,"文革"前他家客厅供有陈秉均大幅遗像,慈眉善目,还有他画的梅花一幅,给我留下深刻印象。可惜"文革"中,陈家被红卫兵抄走一卡车书籍,其照片、"梅花"等也均被破坏;学锋兄之父、沪上名中医兼评弹作家陈范我老先生,在批斗和监督劳动中郁郁而终,他老人家若能活到今天,能看到改革开放30年来翻天覆地的巨变,该有多好哇!我用1000元购下此书,并当即致电学峰兄,告知此事,他很兴奋,也很感叹此书不知何时流落到南京的小古董店里。此书内盖有"上海第一医学院眼耳鼻喉科医院图书病史室"图章,或许是在十年动乱中散出,也未可知。

2007年清明节,我返江南扫墓。在沪上陈宅,学峰兄告诉我,有一陈旧小木箱,很不显眼,"文革"红卫兵抄家时未拿走,现堆于阳台杂物内,或许其中有先人遗物。不久,他与漪元大姐一起清理这些杂物,打开旧木箱,果然有先曾祖遗著及相关医书。他托人用特快专递寄来,我一看,真正是如获至宝!其中有陈秉均稿本《临证举隅》5卷,装订精致;还有民国十年(1921年)私人出版的《前清御医陈莲舫医案秘抄》1册,民国十二年(1923年)上海广益书局出版的石印本《陈莲舫先生编女科秘诀大全》2册,同年广益书局出版的石印本张隐菴先生诠释、陈莲舫先生加批的《伤寒论集诠》3册;并另有民国二十四年(1935年)金山张堰崇济医室铅印本许尚文编《当代医家传略》1册,内载上海及外埠名医130余人小传。这些宝贵的中医典籍,除《前清御医陈莲舫医案秘抄》在海外大中华书局1977年曾重印外,其余均未再印,更不用说陈秉均稿本《临证举隅》是海内孤本、秘书,它的重新面世,绝对是中国中医药界的一件大喜事!目前,我正研读,写学术解题,编入前述《老牛堂珍本文化史料丛书》中。

买书、藏书,付出大量的时间、精力,自不用说。去年冬,我刚从武汉飞回,当晚接友人电话,说次日有农民进城卖旧书,我立即又在次日上午飞回武汉,果然大有收获,真是风尘仆仆,甘苦自知。更重要的是,购书所费不赀,动辄百元、千元、数千元,甚至数万元。例如,去年春天,我花数万元购得咸丰二年(1852年)杭州人夏锡麒进士试卷,完好无损,这样的试卷存世已甚少;去年冬天,我在成都花8000元购得民国初年的一部家谱,因为谱内有清末民初政界要人宋育仁(1857—1931年),宣统时期对他的委任状、民国初年民政部的通知单,都很有史料价值。我无意当收藏家,购买这些珍稀史籍是为了研究,也用于编书。但要是在30年前,我若能拿出这么多钱来,用句上海老话来说,不过是"捏鼻头做梦——睏扁头"而已。30年来,国家总体上政局稳定,书房平静一年又一年,这就保证了我能安心读书、写文章、著书立说。编书一年又一年,笔耕所得,足够用来购书,包括出重金买珍本。抚今追昔,我怎能不赞叹:足慰平生,不亦快哉!

(《光明日报》2009年1月9日)

好书不厌千回读

我是20世纪30代后期出生的,五岁入小学,读书至今,真是捧着书本,陪伴着本世纪的一半。读书分精读、泛读两种。作为一名史学家,我需要读大量的史籍,这里不必说了。作为一名性喜博涉的学者、作家,不管见到什么书,我都喜欢随便翻翻——事实上,这不仅是鲁迅先生的教导,也是我读大学时周予同老师的教诲。

尽管如此,有几种书,我是经常读、反复读,并要永远读下去,直至老到读不动为止。这就是:《史记》、《日知录》、《十驾斋养新录》、《文选》、《古文观止》、《唐诗三百首》、《绝妙好词》、《元人杂剧选》、《元曲选》、《红楼梦》、《西厢记》、《水浒传》、《鲁迅全集》(特别是其中的小说卷、杂文卷)。每当我出远门时,一想起这些书,真是魂牵梦萦。而晨昏月夕,每当我在静静的书斋"老牛堂"中重新展读这些书,如见故人,喜不自胜。值此世纪交替之际,我希望年轻的文史爱好者,也能常读这些书。好书不厌千回读!我坚信,这些书将薪火相传,与山河共存。

2000年12月29日于老牛堂
(《海南日报》2001年1月7日)

书海涛声

书 名

  时下雅俗共赏、过目难忘之书名,真乃凤毛麟角。有的书名如《丰乳肥臀》,俗不可耐;有的书名如《痛并快乐着》,莫名其妙;有的书名如《一个老太监的故事》,比太监还要乏味。书名乃智慧之结晶。如昔之《古今谭概》,因书名无特色,问津者寥寥。后经朱氏兄弟删削,取名《古今笑》,请文学家、戏剧家李渔作序,笠翁增加一"史"字,成《古今笑史》,读者一目了然,爱不释手,从此备受青睐,至今仍一版再版,畅销不已。近闻何满子将出版《千年虫》、牧惠将出版《沙滩羊》、邵燕祥将出版《谁管谁》、阎纲将出版《座右鸣》,诸先生皆起书名之高手也。正是:

  莫将书名视等闲,绝妙好词难上难。

  且看笠翁增一字,多少读者尽开颜!

2月22日于无风楼
(《文汇读书周报》2000年3月5日)

《咒枣记》

  明人邓志谟著《咒枣记》,列为禁书,遂艰于流传。中国戏剧出版社刊行《明清十大禁书》第四卷乃《咒枣记》,余购之,快读一遍,始知书中述萨真人除恶行善故事,并无淫荡语,竟遭官府查禁,正如今日流行语所述,无非"说你有问题就有问题"。该书第六回写一神道"把那童男童女除了头发、下除了脚趾、内除了骨头、外除了皮肤,尽皆活活的享而用之"。并规定,每年四月初三村民必须送童男女供其食之。如此暴行,令人发指!联想明人笔记、野史之类似记载,可证《咒枣记》所述,并非荒诞无稽。1955年,余在沪参观肃反除恶展览会,介绍杭州郊区一道士,专挖幼女阴部,烧灰作酒食之,谓可长生,害死数人。公安人员解救一幼女,向她述及道士真相时,有照片,女孩惊恐之眼神至今仍让余颤栗!由此推测嘉靖二十一年,宫女杨金英等十余人,趁世宗熟睡,用绳勒其颈部,差点毙命,后杨金英等全部凌迟处死。杨等均柔弱少女,为何斗胆欲杀死皇帝?有史家推测,杨等肯定受过嘉靖残忍性虐待,或目睹过性摧残,忍无可忍,才铤而走险,必杀之而后快。然终无史料确证。嘉靖沉湎道教,受方士鼓惑,欲长生不老,采阴补阳,炼丹,何所不为?联系《咒枣记》之神道、杭州市郊道士之劣行,杨金英等杀嘉靖帝之谜,似可解开矣。正是:

> 官定坏书未必坏,
> 其中亦有真相在。
> 恶道邪神能吃人,
> 嘉靖未必能例外!

4月21日于骇闻斋

(《文汇读书周报》2006年4月28日)

《水浒》气

当前社会弥漫着《水浒》气,实在是历史的悲哀。择其要者言之:当年梁山泊好汉聚首,以弟兄相称,似颇平等、民主,其实凡大事皆大头领独断。王伦那厮在世时,一切是王伦说了算,后晁盖夺权,晁盖说了算,晁盖中毒箭死后,是黑三郎宋江说了算。时下之多数单位,只要跻身大"头领"即一把手位置,哪怕仅是所长、科长,绝对是他说了算,不受监督,腐败油然而生,谁说此辈与王伦、宋江非一脉相承?

《水浒》中山头林立,小霸王周通堪称代表,客从山下过,留下买路钱,似乎是天经地义。理由呢?"此山是我开,此树是我栽",化国家资产为小团体所有。类似现象,时下举不胜举。笔者近日在首都、山西、江苏、上海访求善本书。夫善本书乃老祖宗留下之文化遗产也,理应国人共阅,增长知识。大约从20世纪90年代起,首都某些著名图书馆,首开先例:复制善本书,明刻本一页收费50元,清刻本一页40元,且只准复印该书三分之一,善本顿成残本!山西某大图书馆,竟提价至60元、50元。清贫学者,只能望而却步。尤有甚者,某些图书馆负责人视善本书为自家祖传珍宝,秘不示人,盐城市图书馆馆长堪称典型。该馆藏有道光时刻残本《射州文存》,20世纪80年代我曾阅过,今春再去,却被严拒。另两本不过是民国时期邑人之日记、史料汇编,亦同样拒阅。夏天南京媒体揭露,正是此馆长指使,该馆将解放后完整之报刊,竟用大卡车装载,当废纸出售,真乃实足之败家子也!此类至愚之馆长,比起前述以奇货可居、索要高价之馆头,更等而下之矣。正是:

    梁山本已似云烟,
    孰料余波惹人嫌。
    请君试看《水浒》气,
    漫卷邪风到眼前!

      ——《文汇读书周报》2006年12月4日

贼　讯

常见书讯,未闻贼讯,不料近日闻之。余讲学甬上,至宁波新华书店购拙著《中国人的情谊》,拟赠友。售货小姐谓此书已售出数本,尚余一本,遂领余至文史类书架,然遍寻无着,乃断言,已被书贼偷走。余不悦,谓《情谊》岂可偷乎?售货员谓:蟊贼焉知情谊二字?去年一年,本店仅底层,被窃图书即达万元,四个售货员,每人被领导罚款四百元,而阿拉月工资不过千元。此辈书贼,乃团伙,与杭州偷书贼亦有联系,所偷书均至个体书店销赃。余闻之甚惊讶,宁波乃经济发达之区,书店入口处均有电子监控设备,却对窃书贼奈何不得,联想全国大小书店,一年被窃之书,岂可胜计?昔日寒士孔乙己先生窃书,不过换区区几文酒钱而已,故被逮时口中喃喃"窃书不能算偷",一副可怜状。不料操其业者,继起多邪,竟呈集团化趋势,窃书竟成大宗买卖矣!若孔老夫子地下有知,当不胜惊诧,"常太息以掩涕"矣。正是:

> 并非夜雨江上村,
> 城中书市贼相闻。
> 写书买书均有盗,
> "而今世上半是君"!①

4月16日于孔家店

(《文汇读书周报》2007年4月20日)

---

① 唐诗人李涉《井栏砂宿夜过客》句。

好青年

　　最近北京大学、清华大学等校十名博士发文,声言"要将反对于丹之流进行到底"。虽然窃以为何必称于丹辈为"之流",因习惯上一入"之流",便意味着"流"入不三不四甚至反面人物一伙。即以于丹女士而论,虽绝对非美女,但聪明过人,伶牙俐齿,若拜吴宗宪、窦文涛为师,在央视主持脱口秀节目,肯定能迷倒众粉丝;亦不赞成文中某些贬斥过分语言,须知,对女性尤宜"温柔敦厚"也。但是,于丹所讲《论语》,不过是将《论语》当戏台,在台上唱念做打,作秀而已,于《论语》本身,尚未入门。《论语》也好,《庄子》也好,均系传统文化在特定历史时期产物,倘不潜心研究历史、经学史、经典,随心所欲解读,把古人现代化、摩登化,只能是糟蹋经典,败坏学风,使文化进一步低俗化、文盲化。近日凤凰卫视节目某女士竟肉麻吹捧于丹是"二千五百年来第一人",实在是无知者无畏之典型。于丹式妄解儒学经典者,何代无之?20世纪20年代,山西一青年,宣称已通晓《易经》奥秘,出版《易明灯》一书,媒体一时间沸沸扬扬,但行家指出,此书狗屁不通,不久即无人问津。曩年某曾整理李平心先生书目,得观此书,哑然失笑。于丹之书,大体亦不过《易明灯》之类而已。时下博士满天飞,勤奋治学,敢于抵制不良学风者,能有几人哉?一些人著文攻击十博士是"吃不到葡萄"心理作怪,某看此辈是以己之心度君子之腹,"燕雀安知鸿鹄之志"!某虽不才,且老矣,但敢为十博士——好青年喝彩!正是:

　　　　转眼麋鹿成骆驼,
　　　　沐猴而冠响破锣。
　　　　堪笑起哄捧场者,

胡将岁月空消磨！

作于 3 月 21 日参观粉丝作坊后
（《文汇读书周报》2007 年 3 月 30 日）

丽人出城

海南作家吉君臣著长篇小说《丽人出城》，写巴楚别墅区住着一群靓丽富婆，腰缠百万，终日一掷千金，赌博、"养鸭"……荒唐无耻，把虚幻当真实，以肉麻充幸福，全不知寒碜二字。但残酷的现实，终于使陆秋波、陈虹丽、史而复太太等富婆醒悟，告别寄生虫生活，走出虚幻围城，回到现实阳光下，创办企业，成为真正的人。吉君臣是某市银行副行长，交际广泛，生活底子深厚，揭示富婆阶层栩栩如生，在文坛独树一帜。社会转型期，千奇百怪。把虚幻当真实，把肉麻当幸福，不知寒碜，自欺欺人者，其实并不少见，非区区巴楚别墅区独有也。此辈应早日走出围城。正是：

莫把虚幻当成真，
肉麻难写幸福吟，
且喜吉君生花笔，
谱就富婆出围城。

7 月 21 日于大观楼
（《文汇读书周报》2008 年 7 月 25 日）

朱洪武董事长

三年前，余在京曾与武汉某文化商人闲聊，拟成立"大明王朝文化中心"，凡该中心出版物，封面均印上"永久名誉董事长：朱洪武老先生"。此人鼓掌称善，说一定成立。但离京后即无下文，余之言，春风过驴耳也。余说并非戏言。朱元璋对出版业之巨大贡献，自古及今，历代帝王、领导者，无人能望其项背。据《明史》卷二《太祖二》记载，早在洪武元年(1368年)八月，朱元璋即下诏免除书籍税。直至明朝灭亡，此项国策从未改变。以是故，明朝从中央到地方各级政府，从藩王到平民，大量刻书，现存总数，虽尚无定论，但仅明人文集，存世即逾五千种。2000年夏，台湾学术界曾专门召开明人文集研讨会，笔者亦曾赴会。朱元璋出身贫苦，在"绿林大学"自学成才，通文墨。他以惊人眼光、魄力，免除书籍税，使明代出版业繁花似锦，对文化发展功德无量。笔者藉此吁请政府：是否效法朱元璋，也免除出版书籍税？一个身处大乱之后国家贫弱、"识字不多"(毛主席评价朱元璋语)的古人能做到，身处国力强盛、文明社会之今人，为什么不能做到？事实上，我国连农业税都已免除，书籍税又何足道哉！正是：

<blockquote>
多谢明朝洪武爷，
免除书税史无前。
邪风无端常灭烛，
今日有司愧前贤！
</blockquote>

4月20日于老牛堂

(《文汇读书周报》2009年4月24日)

"无中生有"乎?

读萧鸣先生刊于《文汇读书周报》9月30日的《中国通史彩图版质疑辨析》文,让我吃了一惊。他居然断言王曾瑜先生和我对《中国通史彩图版》的批评,是:"两位先生提出的'硬伤'和'错误',一个都不能板上钉钉,可称无中生有。"果真如此,王曾瑜和我,不是对着戴逸先生、龚书铎先生"作战",而是像堂·吉诃德那样,对着风车作战了。但是,无知与褊狭,总是与真理沾不上边。萧鸣先生对我们的批评,根本经不住一驳。

萧先生说:"金生叹先生批评《通史》'无纲无目,无章无节'……《通史》以编年为纲,以历朝为章,以政治、军事、经济、文化为目……破除成例,耳目一新,正是其优点所在。"尽管作者自吹自擂什么"破除成例,耳目一新",但他自述的"年为纲"、"朝为章"、"……文化为目"恰恰暴露了他根本不懂文史学编撰的纲、目、章、节的逻辑架构,纲举目张,章节分明。他列出的《通史》纲、章、目,是什么货色?可谓不打自招,道出该书逻辑体系的混乱。目前,流行的范老、翦老、郭老主编的《中国通史》结构,是教科书结构,是史学演变的丰硕成果。当然可以标新立异,但不等于胡来。《通史》明明是历史故事汇编,却堂而皇之标榜《中国通史》,这分明是书商挂羊头卖狗肉的炒作伎俩。如果历史故事汇编也能叫中国通史,那么任何一部历史史话、历史演义之类的通俗历史读物,都可以标榜是中国通史,岂非乱套了?没有史学的严肃性,就不可能有史学的科学性。

萧先生说:"金生叹先生指责《中国通史》插图甚多,均未注明来源。《通史》为通俗历史读物,不是学术著作。3000余幅图片,都要注明来历没有必要。"首先我要指出,我在《休想封杀?》的原文中,批评"所有图片,均未注明来源",紧接着说,"有不少是国家历史博物馆、故宫博物院珍藏品,如注明,对读者也是普及历史、文物知识之重要环节。何况已构成侵权"。萧先生反批评时,却删掉这些话。试问,《通史》有不少幅文物图片,是国家博物馆、中国历史博物馆独一无二的珍藏,运用时概不注明,是不是已构成侵权?如两家提出起诉,你们将何言以对?难道因为是通俗读物就可以侵权吗?未免天真。注出了,对读者也是普及文物知识,尚是余事。我并未说对全书的所有图片,都要注明来源,但该书没有一张图片注明来源,显然是不妥的。妙的是,萧先生居然说"《通史》为通俗历史读物,不是学术著作"。故没有必要注明图片来源。其实,史学常识告诉我们,通俗历史读物也是学术著作(当然不是学术专著),写作时,必须严肃、认真,将学术研究成果通俗化。史学前辈范文澜曾写过《大丈夫》,胡绳曾写过《二千年间》,吴晗曾写过《从僧钵到皇权》,谁说这些通俗历史读物不是学术著作?这里,正是从一个侧面暴露出《通史》的作者,写作时缺乏从事学术著作的严肃、严谨,粗制滥造才使此书问题成堆。

萧先生说:"金生叹批评《通史》没有采用《舆地图》(按:我的原文是指正德初年绘的全国《舆地图》)、《南都繁会图卷》,经查《通史》各卷历朝首页,已配有统一绘制的全国行政区域图,编者有不同的取舍,未能赘附其他地图算不上错误。"从这段话看来,作者对明史相当无知,正德初绘的全国《舆地图》,是明代地理学的一项重大成就,《通史》明代卷介绍明代文化时,应该刊出此图,这对明史学者来说,是个常识问题。《南都繁会图卷》,绝不是萧先生所说的"地图",而是一幅名画,传为明代大画家仇英所绘。该画描绘了明代中期南京店铺林立,招幌匾牌林林总总,街上车马行人,热闹非凡。从这幅画中可以充分看出明中叶南京商业的繁荣,也是明中叶南方都市经济、文化的缩影。《通史》介绍明代商业发展,未配此图,难道不是一个失误吗?萧先生对此《图卷》一无所知,还著文说三道四,真是大言不惭。他对我的反批评,根本是所答非所问,风马牛也。

萧先生说:"金生叹先生所说明代宦官专权不始于英宗而始于永

乐,实闻所未闻。"原来萧先生是如此孤陋寡闻！他要是读过明朝嘉靖时王世贞著《弇山堂别集·中官考》,明末刘若愚著《酌中志》,及今人丁易著《明代特务政治》(群众出版社)、王春瑜、杜婉言著《明朝宦官》(紫禁城出版社)这些常见书,就不会这样大惊小怪了。要言之:明成祖朱棣从建文帝手中夺权,宦官起过耳目等作用,并在战场上出生入死,故谋反成功后,对宦官"多所委任"(《明史·宦官一·序》)。除派郑和下西洋外,永乐八年,都督谭青营内又派有内官王安等人,开始宦官监军；又命宦官马靖镇守甘肃,为宦官分镇地方开了先例；更严重的是,永乐十八年,置东厂,令宦官刺探臣民隐事,明朝成了臭名昭著的特务机构,为害百端,直至明朝灭亡。永乐年间,宦官还插手经济领域,宦官"齐喜提督广东市舶"。(明·徐学聚:《国朝典汇》卷二"市舶")掌握了对外贸易大权。宦官李进、马骐等还假传圣旨,滥用职权,在山西、交阯等地"假公营私","荼毒生民"(明·谭希思:《明大政纂要》卷十四)。如此等等,史实昭昭。故《明朝宦官》第一章节第7页谓:"洪武时期的宦官虽已干政,但尚未专权,而永乐时期,由于宦官的地位越来越高,便逐步开始专权。"这是历史的结论。显然,《通史》说宦官专权始于成化,不过是老调重弹的皮相之论,我批评其"似是而非",是确切的。萧先生仅知《明史》郑和传,却妄谈明朝宦官,怎能不捉襟见肘！

  还需指出的是,我在《休想封杀？》文中,另以铁的事实,批评《通史》存在"淡化封建专制淫威"等问题,萧先生却闭口不谈。难道故意视而不见,《通史》存在的问题就无影无踪了？这是徒劳的。

  我对《通史》的几点批评,都是事实,板上钉钉。萧鸣先生以为仅凭一声全是"无中生有",就能不费吹灰之力,拔去这些钉子,未免可笑不自量。想充当《通史》的辩护士,自无不可,但不要强不知为已知,贻人笑柄,给老戴帮倒忙。

2005年10月3日于笑看斋
(《教师报》2006年1月8日)

卷二

居高声自远

饱含血泪的《四禽言》

读了舒芜先生谈《四禽言》诗的《这个不是亲丈夫》一文,觉得很有意思。古人每作禽言诗,咏物抒怀,往往耐人寻味。

宋代泰山人王质,著有《林泉结契》四卷,其中的卷一,为"山友辞",写了拖百练、青菜子、泥滑滑、山和尚、啄木鸟等19种山鸟,每种鸟前有小序,简要介绍鸟的形状、特色,后有诗一首。如"泥滑滑",小序写道:"身焦黄杂黑斑点,如鸡而小,声焦急,多鸣则有阴雨,在篁箬间,故又号竹鸡。"诗则谓:"泥滑滑,泥滑滑,林雨林风交飒飒。苍皮翠荚啄鲜香,树外行人何时歇。山有果,山有蔬,枫脂松胶香有余。呜呼此友兮慰所须,野草山花满地铺。"此诗借写风雨中的泥滑滑,发出了对树外行人艰难路程的感叹。宋代诗人梅圣俞曾写咏四种鸟的诗,题作《四禽言》,这对文豪苏东坡很有启发。东坡谪居黄州时,住在定惠院,四周茂林修竹,荒池蒲苇丛生,春夏之交,百鸟鸣集,东坡遂用梅圣俞《四禽言》体作《五禽言》,其中的咏布谷鸟诗谓:"南山昨夜雨,西溪不可渡。溪边布谷儿,劝我脱破袴。不辞脱袴溪水寒,水中照见催租瘢。"(原注:土人谓布谷为脱却破袴。)字里行间,透露出东坡对"苛政猛于虎"的愤懑,对惨遭催租吏鞭打的贫苦农民的深切同情。

不过,就管窥所及,古代此类"禽言"诗,写得最为感人,也最有意义的,是南宋初年南通金沙诗人潘武子写的《四禽言》。记载《四禽言》的史料有好几种,多残缺不全。清末缪荃孙刻的《藕香零拾》丛书,收有元朝人蒋子正的《山房随笔补遗》,其中记载的《四禽言》,最为完整,全诗如下:"交交桑扈,交交桑扈,桑满墙阴三月暮。去年蚕时处深闺,今年蚕死涉远路。路傍忽闻人采桑,恨不相与携倾筐。一身不蚕甘冻死,只忆儿女无衣裳。不如归去,不如归去,家在浙江东畔住。离家一程远一程,饮食不同言语异。今之眷聚皆寇仇,开口强笑心怀忧。家乡欲归归未得,不如狐死犹首丘。泥滑滑,泥滑滑,脱了绣鞋脱罗袜。前营上马忙起行,后队搭驼疾催发。行来数里日已低,北望燕京在天末。朝来传令更可怪,落后行迟都砍杀。鹁鸪鸪,鹁鸪鸪,帐房遍野常前呼。阿姊含羞对阿妹,大嫂挥泪看小姑。一家不幸俱被虏,犹幸同处为妻孥。愿言相怜莫相妒,这个不是亲丈夫。"并说此诗"辞意婉切,诵之可伤,此金沙潘武子文虎《四禽言》词也。少有隽才善赋"。由此我们得知此诗作者的姓名、籍贯及年少时即开始创作的简况。而清初赵吉士著《寄园寄所寄》卷九引明朝人写的《新知录》谓:"金兵南下,宋室播迁,金沙潘武(子)目击中原之荼毒,而为《四禽言》诗以寓慨焉,辞意惋切,因录之。"由此我们可以进一步清楚地知道,潘武子是南宋初年人,亲眼看到被金兵掳掠的汉族妇女的悲惨遭遇,悲愤地写下《四禽言》诗,"以寓慨"于笔端。在很大程度上说,《四禽言》堪称纪实性的史诗。

如果与记录靖康之际惨变的野史、笔记对读,我们就会深切地感受到,此诗字里行间,饱含着血和泪,对金兵兽行的描写,实在是语极沉痛的控诉。显然,《四禽言》是洋溢着强烈爱国主义情怀的杰作。在各种版本的宋诗选、爱国诗词选之类书中,均未选录此诗,这不能不是一件憾事。

1997 年 12 月于老牛堂

乐与友人心海夜航

我将这套文丛起名"心海夜航",并未深思熟虑,只是灵机一动而已。昨晚得闲,插上炉香,听着悠扬的古琴声,闭目寻思这"心海夜航"四字,觉得还挺耐琢磨。心者,思也,我国最古老的诗集《诗经》中《小雅·巧言》那一首,不就吟咏过"他人有心,予忖度之"吗?虽说历代统治者实行牧民的愚民政策,总是想钳制、扼杀百姓——特别是士中有识之士的思想。但是,思想辽阔如大海,无边无际,永不停息地在激荡,在奔腾,在咆哮。中国有文字以来的文明史足以证明,有出息的学者、作家无一不是在心海中扬帆远航、中流击水的。加盟本丛书的老、中、青三代作家,自然是概莫例外,或许以杂文鸣于时的牧惠先生、邵燕祥先生,更以思想敏锐为读者所熟知。夜航,同样令人遐想,令人神往。就以近三百年来的书史为例,同样叫《夜航船》的就达三部之多,最有价值的还是明清之际著名文学家、史学家张岱(1597—约1689年)所著小百科全书式的《夜航船》。他在此书的序中引一故事,颇耐人寻味:"昔有一僧人,与一士子同宿夜航船。士子高谈阔论,僧畏慑,拳足而寝。僧人听其语有破绽,乃曰:'请问相公,澹台灭明是一个人、两个人?'士子曰:'是两个人。'僧曰:'这等尧舜是一个人、两个人?'士子曰:'自然是一个人!'僧乃笑曰:'这等说起来,且待小僧伸伸脚。'"这位高谈阔论的知识分子,连起码的历史常识都不具备,却有脸高谈阔论。一旦逮着机会,位居要津,肯定摇身一变,立马就成了大儒、文化名人。谓予不信,就看时下某些红得发紫、到处高谈阔论的"名士"好了,若问此辈澹台灭明是谁?恐怕不是张口结舌,就多半胡说是武侠小说里瞎编的人物,但这丝毫不影响其学而劣则仕,神气活现。加盟本文丛的作家皆饱学之士,我敢担保,倘若那位和尚活在今世,面对这几位是难以伸脚的。

俗话说:"三世修来同船渡。"我与本文丛的作家一起心海夜航,是难得的缘分。虽说都是我的友人,但能同舟共渡也并非易事。牧惠、邵燕祥、柳萌三兄,皆年长于我,他们的作品风行海内,自然无需我说多余的话介绍。刘庆林先生虽是老报人,但杂文、散文俱佳,其长篇巨构《倾斜的年轮》更是纪实文学领域揭露"文革"惨祸的优秀作品。伍立杨先生不断有散文佳作问世,享誉文苑,他的古文根基更属难得。前年文学评论家袁良骏兄给我打电话,说:"伍立杨的古文很好,大概有七十几岁了吧?"其实他生于1964年。郭梅小姐是加盟本文丛的青年作者。但是,她写的可不是令人难以回味的小女人散文。她是研究中国戏曲史有素的女学究,治学、教学之余,写了不少散文,这次能与她仰慕的几位前辈一起结集问世,她是深感欣慰的。这还是要归结"缘分"二字吧。

2004年1月19日

书海临风

今年春天,文友牧惠兄来电,说他加盟于一套散文(当然包括随笔、杂文)丛书,何满子先生也参加,邀我也编一本。牧惠年长我九岁,借他表扬我时说的一句话——"我向来对他是言听计从的",于是抽出时间编了一本《老牛堂三记》,以不辜负老大哥的雅意。但万万没有想到,仅仅到了夏天,素来身体很好的牧惠,竟突然去世,令我等朋辈倍感痛惜。牧惠的《沙滩碎语》也就成了遗著。鲁迅先生曾经说过,手里拿着亡友的遗稿就像捏着一团火。《沙滩碎语》的最后一篇文章是《惜别》。莫非冥冥之中,命运之神驱使牧惠以这样的方式向他的读者、亲朋告别吗?每念及此,不胜唏嘘。将亡友的遗著落实出版是对亡友最好的纪念。于是,我不仅邀请牧惠的好友邵燕祥先生加盟本文丛(燕祥兄立刻就答应了),并邀请早在20世纪70年代后期就向牧惠约稿,开始交往的散文家柳萌兄加盟,他很快就编出一本。徐怀谦先生虽然年轻,确是写杂文的好手,是这套文丛的热心催生者,早已编好了一本。有他的加盟,不仅显示了杂文、散文作者的自有后来人,而且也为我们这些老头儿带来了青春活力。

当今写散文、杂文的人不少,高手云集,这是好事。但我不喜欢那种"捡个芝麻当西瓜,拄个黄瓜当拐棍"式的浅薄杂文,哼哼叽叽、无病呻吟的小男人、小女人散文。我喜欢厚积薄发的散文、杂文。所谓厚积,一是饱读诗书,二是有丰富的人生阅历。没有这二者的积淀,及有机地结合,写出来的作品很难不落入轻描淡写、可有可无、读来过目即忘的俗套。加盟本文丛的作者都是手不释卷者,何满子老前辈、邵燕祥兄、柳萌兄。我本人更在"左"风猖獗、人妖颠倒的岁月里,多次被打倒,九死一生。直到"四人帮"粉碎后,才重见天日,再返文坛。因此,如果说书籍是大海,那么人生也是大海,更是一部永远也读不完的大书。因此,我们写的文字,不过是面对大海,临风挥翰而已,这就是本文丛取名"书海临风"的由来。我相信,从本文丛中,既能读出细雨和风,也能读出骤雨疾风。当然,我们都是大海的一点一滴,充其量也不过是几朵浪花而已。

时正大雪之后,空气特别清新。严冬来了,春天还会遥远吗?

2004年圣诞节于老牛堂

生命之树常青

《虎坊桥随笔》

肖黎先生在电话中告诉我,他将其散文集取名为《虎坊桥随笔》。我当然明白,他在虎坊桥畔的《光明日报》社已工作了二十多年,在那里编报纸,做学问,写文章。现在将散文结集,想起虎坊桥,可谓水到渠成,宜也。不过,虎坊桥使我联想起虎的种种成语来。其中我以为最耐人寻味的是"虎头蛇尾"。然而,这句成语与肖黎兄是毫不沾边的,这也正是他的难能可贵处。

就以友谊而论,古往今来,有的人未阔脸就变,有的人一阔脸更变,多了!我第一次见肖黎是20世纪80年代初,他在《光明日报》史学版当编辑,约我去看文章校样,他为人诚恳、认真。后来他当了史学组组长、理论部负责人,在史学界影响日大,我则始终是个普通学者,而老肖与我的友谊却"与时俱进",看了我写的《我的史学观》,述及"文革"中当"另类"的遭遇,他竟难过得掉下眼泪。他是研究《史记》的专家,对魏晋南北朝史的研究,也写有精品。但他一直坚持文史结合,写评论、随笔、散文,二十多年来,不管多忙,从未间断。读了他的这本散文集,便可清楚地看到这一点。

老肖也已年过花甲,但笔下依然虎虎生气。愿其虎气长存!

《文化屐痕》

人生至老苦怀旧,而我大概是特没出息,中年时就已写了好几篇怀儿时、怀同窗、怀老师的文章,以至我儿子看了不以为然,说我还没老,就这样怀旧。其实,特别怀旧,并一而再,再而三形诸笔端者,我看至少也是重感情、重友谊的人。何镇邦教授正是这样的人。

镇邦是我的复旦同窗,虽然我读的是历史,他读的是中文。但文史难分家,何况一度我们同住一幢楼,彼此面孔是熟悉的。他比我低一届,后因贵体不佳,休学静养一年,跟时下名气不小的杂文家陈四益同班了。复旦中文系名人辈出,镇邦作为文学评论家,20世纪80年代初即已声名鹊起,后又当了数年"鲁迅文学院"教学的掌门人,毕淑敏、莫言、刘震云、迟子建等皆其弟子,真是桃李满天下,走到哪儿都能在文学界呼风唤雨。当然,复旦中文系也有特殊名人,我有次跟镇邦说,"令师妹卫慧",他不禁呵呵大笑。镇邦访问美国,作学术报告时,有记者专门提问卫慧及其作品,他很客观地做了回答,但却不敢以大师兄自居,似乎不够仗义。不过,镇邦对我辈朋友是绝对仗义的,如有捞点儿外快的机会,肯定忘不了咱们几个"基干民兵"。柳萌兄就跟我说过:"镇邦仗义,对朋友没的说!"文如其人,我读他的散文,更偏爱他怀旧、写友人的作品。他是性情中人,而且不管遇到多大困难,谈笑风生依旧。

《天钥又一年》

最近与张克非先生一起专程去上海,分别探望王元化、何满子、贾植芳三位老先生。三位的道德、文章皆名重当世,元化先生更是学贯中西,一代鸿儒。快两年没有见到满子先生了。上一次是他偕夫人去天津小住,由《今晚报》杂文版的掌门人张金丰陪同来京,去探望何老夫人的老同学。杂文家朱铁志闻讯,约我、牧惠等聚餐,为何老洗尘。入席后,何老笑嘻嘻地说:"这次我是公主陪小姐出来玩玩的。"举座哄堂大笑,需知何老已年过八旬,比当年他的大同乡刚庆祝过79岁大寿的"九斤老太"还要大近三岁呐。睿智生幽默。几年前,好像是牧惠告诉我,何老在连云港花果山附近的宾馆里度假,一个星期居然连写了18篇文章讨伐某老,而且后来都发表了。虽然,愚蠢如我,窃以为"天地不仁以万物为刍狗",何不掉转枪口对准"皇天胡不仁"?但我惊异何老的写作速度,若非真正文思泉涌,"一日万言倚马可待",绝对做不到。这次在沪,我当面向他核实此事,他证明传言非虚。就此读者就能明白,为什么他的杂文成果那样丰硕,而且对中国古典文学,尤其小说史的研究,也成就骄人了。

《冷石斋沉思录》

吴江同志是位理论家,20世纪30年代中期就加入共产党并参加工作。我知其大名已是20世纪50年代后期,当时正负笈复旦大学历史系。那时在书店里就看到他的理论著作,我一是口袋里没钱,二是缺乏哲学头脑,故并不知他的书里究竟写了些什么。但是,在报纸杂志上,常读到他的文章,给我留下说理透彻、文字洗练的印象。

这些年来,吴江同志不仅继续致力于理论的思考和研究,同时还写了不少文史随笔,融思想、文化于一炉,令包括笔者在内的写随笔者刮目相看。自1994年至今,他一共出版了九本书,以其八十多岁的高龄,做到这一点已不太易了。何况这个时期他在重新研究马克思学说方面所表现出来的自由、科学精神,更非昔日可比。特别要提一下,收在这个集子中的他那篇拜谒耀邦墓后写的散文,感慨自有声势,而又不失深沉婉约,我看就有资格选入《今文观止》。我正考虑尝试编这样一本书,不知能如愿否?

吴江同志平易近人,为人宽厚。至今仍耳聪目明,步履轻快,著书不辍。这就是"仁者寿"!

《庙门灯火时》

　　大前年春天,我在拙著《老牛堂札记》的"后记"中说:"我自1977年春天以来,写了不少读史札记,大约已近百万字。"其中很大一部分是以杂文的面貌出现。这些文章分散在海内外的报刊上,以及我已出版的十几本书中。近年来,我很想将这些读史札记"化零为整",专出一部大书,恰好广东人民出版社来电为"手记、札记"丛书约稿,于是一拍即合。但限于篇幅只能编选一部分。好在还有若干我自认为值得看看的文章,打算有机会时再编入某个丛书中,"请看下回分解"吧。岁月匆匆,两年多过去了!我舞文弄墨,写书编书,直到近日,才腾出手来,编出这本《庙门灯火时》,塞进"常青藤文丛"中。

　　说到"塞"字,真有点不好意思。因为这套文丛正是由我主编的——或者用邵燕祥兄的戏言来说,是由我当"穴头"的,似乎有"瓜菜代"之嫌。好在关键是文章的质量,我不敢说我的文章好,但我敢说每篇文章的写作我都是严肃认真的。

　　喜新厌旧,人之常情,我亦不例外。故本书除了选编从20世纪70年代后期至2001年已出版的旧文外,特地编入去年至今几十篇已刊和待刊的文章。原则上,凡发表时被报刊无端删削的文字,这次选编时都补上,或直接用原稿排印。

　　我愿借此机会,向热心出版这套文丛的兰州大学出版社致谢。他们的谦谦君子之风,使我以及我的文坛好友看到了在商品经济大潮裹挟下,出版之希望所在。

　　　　（"常青藤文丛"共五册:《虎坊桥随笔》,肖黎著;《文化屐痕》,何镇邦著;《天钥又一年》,何满子著;《冷石斋沉思录》,吴江著;《庙门灯火时》,王春瑜著。兰州大学出版社2003年7月出版）

　　　　　　　　　　　按:这是我为"文丛"诸书写的跋

牛屋笔耕又一年

潮涨潮落等闲过,牛屋笔耕又一年。何谓牛屋？读过拙著《老牛堂随笔》、《牛屋杂俎》、《老牛堂三记》之类杂文、随笔集的朋友都知道,这是我的书斋"老牛堂"的简称。不才童年时乡居,曾与老水牛朝夕相伴,敝乡俗称老牛的栖身之所,即为牛屋。自知天资不敏,既不能下海经商,又不会炒股,甚至连自行车也不会骑,因此即使想跑单帮,倒腾一些真假难辨、稀奇古怪的水货,也无能为力。所幸天可怜见,助我薄技在身:在牛屋笔耕,脚踩文史两只船,将稀松平常的文字,换成杖头青蚨。

当然,我的笔耕,绝非仅仅是在江湖觅食。传统文化赋予的忧患意识,坎坷经历磨炼出来的战士品格,驱使我时刻关注民族的前程,人民的命运。4年前,我开始策划主编《中国反贪史》。经过几年的努力,在史学界10多位断代史专家、学者的共同参与下,一部上、下册逾90万字的《中国反贪史》,去年6月已由四川人民出版社隆重推出。去年入夏以来,我的主要精力,差不多都花在这部书上了:一是宣传。全国已有30多家报刊网站,对此作了报道,并发表了书评或重刊我为这本书写的前言、后记,也有几家报刊网站和电视台,对我作了专题采访。二是出版海外繁体字本。现在,经过签约,台湾远景出版公司出版的《中国反贪史》行将面世。三是出版25万字的简明本《中国反贪史》,让普通民众也买得起,看得懂。鉴于《中国反贪史》初版3000部已快告罄,还要尽快出版修订本。好在这些工作,正在有条不紊地运作中。而且目的只有一个:为当前的反腐败斗争提供历史的鉴戒,尽一个历史学家的应尽之责。我还计划由我独自完成一部反腐败的著作,书名暂时保密。我的本行毕竟是研究明史的。现在没有时间去写一篇又一篇的明史论文,但由我主编的《明史论丛》正准备出版第二辑,以后会不定期地继续出下去。藉此机会,我愿向支持明史研究的文化艺术出版社的卜键先生深表谢忱。

散文——包括杂文、随笔,是我的副业,但也是我乐此不疲、笔耕不止的园地。我正在替京中两家出版社主编《饮食男女随笔丛书》、《帆影随笔丛书》,可望年内推出。而我自己在去年发表的杂文、随笔,加盟由何满子先生主编的《瞻顾文丛》,将由福建人民出版社今年出版,我的这本集子,取名《铁线草》。

日出而作,日入而不息,在牛屋辛勤笔耕,这就是我生活的主要部分。今年是这样,明年以及明年的明年,也还是"涛声依旧"。

(《湖北日报》2001年2月28日)

别了，老虎屎

林雨纯、郭洪义著《天地男儿》（人民日报出版社出版），是一部令人精神振奋的好书。

但它首先是一部令人灵魂颤栗的书！作为特别理性的历史学家、杂文家，我向来有泪不轻弹。可是当我读了本书的第二章《天堂在哪里》，禁不住老泪纵横。请看四十多年前由于人祸、天灾交织造成大饥馑的年代里不堪回首的一页：随着深圳逃港狂潮的呼啸而起，南岭村有三分之一的人也涌向边境，演出了一幕又一幕的悲剧。在公社紧急召开的反"偷渡"现场批斗会上，南岭村邻村的两位有"村花"之称的姐妹，被捆绑着押了上来，姐姐的脸上留有两道长长的爪痕，裤子裂开了长长一个口；妹妹肩膀上的衣服已被撕开。这是碰上边防军的狼狗了！她们的父母都在香港，怎不想偎依在双亲膝下，过上幸福的日子？无路可走，选择偷渡；被抓回后，得到的是断喝声、怒吼声震耳欲聋的批斗。批斗会后，这对美丽的少女，感到无路可走了，服毒自尽。历年为赴香港而在山上、海中冻死、饿死，甚至被同伴谋财害命或为争夺一点余粮相互残杀而失去年轻生命的偷渡者，恐怕历史学家绞尽脑汁也难以考证清楚。呜呼！令我惊异的是，当时南岭村的民兵排长张春年，听说大狼狗怕老虎屎，特地托人到广州动物园辗转买来一块巴掌大的虎屎，揣在怀中，在夜幕下，闯过了闻到虎屎气味立即丧魂落魄的大狼狗的"狗门关"，跑到香港。自古以来，作为百兽之王，老虎有太多的传说、掌故，晚明时江南松江名士陈眉公著有《虎荟》一书，堪称洋洋大观。但是，此书却无虎屎能令狼狗闻风而逃的记载，眉公更做梦也不会想到，三百多年后，区区虎屎，竟然有此等妙用，这不能不是历史的悲哀。

香港曾被很多人,特别是当年的偷渡者视为人间天堂。几千年来,我们的在沧桑古道上挣扎、喘息、呻吟的贫穷先辈,做过多少富贵、安定的人间天堂梦?然而,从来没有,也不可能实现过;即使有少数人梦醒了,也无路可走。是党的改革、开放的政策,改变了南岭村的历史命运,铸就了张伟基为首的天地男儿,使千年梦想成为活生生的现实。逃港的噩梦,已被埋在历史的深处。曾被妙用的虎屎,无用了,不亦快哉!

2000年11月13日于老牛堂

《续封神》代序、跋

代　序

童年时读《封神榜》,觉得热闹,有趣;及长重读,觉得荒诞无稽,翻阅数回即止;最近老来重读,顿悟事实上人间在不断变相封神,古虽有之,于今为烈,方知《封神演义》演不完,与《大浪淘沙》淘不尽一样,乃国人之悲哀也,足见《封神榜》有大寓意存焉。神有两种:一为血食一方,让人顶礼膜拜;二为虽不受香火,却神乎其神,俨然是菩萨一尊。且第二种神,除被他人所封外,居然亦有自封者。聊举数例:梁启超、王国维、陈寅恪、胡适皆国学大师也,备受学人景仰。岂料近年来,国学大师竟然有雨后春笋之势,某出版社一口气封二十余位,且将续封,令文苑瞠目,如许国学大师驾祥云而来,莫非天有漏洞乎?又如,某地将某人封为"明史学界最高权威","权威"而又"最高",莫非欲将其胡扯变成"最高"指示乎?显然,此乃徒增笑柄而已。正是:

莫道《封神》化烟尘,人间至今犹封神;
阿猫阿狗登仙班,死活不做老实人!

跋

我用《续封神》这篇短文作为这本杂文、随笔集的书名,并代序。从政治文化角度来看,回顾我国的两千年史,在相当程度上说,就是一部造神或封神史。"文革"去今未远,把个人神化的恶果,我们更是记忆犹

新。古典小说《封神演义》很好看,但在现实生活中,无论是封大神还是小神,都很丑陋,有悖于时代潮流。可以说:

消除封神阴影日,方是中华腾飞时!

三年多来,我用真名及笔名金生叹、毛三爷先后在北京、上海、湖北等报刊上办过专栏,以《文汇读书周报》的"新世说"时间最久,现在仍未驻笔。有些读者猜测金生叹是何满子,毛三爷是湘潭人。岂敢!他们现在终于真相大白,失望吗?

我的经典选编观

编这本给中学生看的历史读本,不禁使我想起青年时代的一些往事。1954年秋,我因病辍学,乡居寂寞,便回母校建湖初级中学代课近一年,教过多门课程,其中包括历史课。当时我才十七岁,刚开始上课时,我面对的学生基本上是同龄人,实在有些胆怯,这并非我生性懦弱、怯场。不,在"二战"期间,我参加过儿童团,在区乡民大会上作为小学生代表上台演讲,还参加过演出,见生人从不发憷。而当我走上讲台时,就立刻感到自己仅修完了高中二年级课程,知识远远不够,而可供备课的参考资料,除了南京教师进修学院编的一本外,几乎找不到其他资料。学生想看历史课外的参考书籍,更是难上加难了。一年后,我以社会青年的身份,考取了复旦大学历史系。倍感欣慰的是,著名经学史专家、教育家周予同教授给我们上《中国历史文选》课。当时还没有统一的教材,由他亲自编讲义,发给我们。事实上,这本讲义差不多等于历史专业的辅导教材,不仅使我们从中获得了中国历史学发展的脉络,更提高了我们阅读古籍书的能力,也就是阅读古文的能力。

岁月悠悠,如江河不舍昼夜。弹指间,四十六七年过去了!承蒙山西教育出版社不弃,邀我来编这本历史课外读本,前述往事,一直在我的脑际萦回。是的,现在每年出版的书有几亿册,真可谓汗牛充栋。其中历史学的书籍,连篇累牍,谁也说不清楚究竟有多少。姑且不论那些粗制滥造的"假冒伪劣"作品,即使正经八百的著述,能引起中学生阅读兴趣的,恐怕打着灯笼火把,也难以寻觅到几本。事实上这些年来,历史教育被严重削弱,很多青少年对历史知识的无知程度,已经到了令人惊诧的地步。因此,编一本这样的书,确实很有必要。但是,怎么编?

我想起了先师周予同先生的《中国历史文选》。他给我们上这门课时，不仅仅是说文解字，单纯地讲解古文，而是不断介绍中国史学的演变。这一点，对我现在来编这本书，很有启迪。当然，50年代的讲课也好，编教材也好，无论是历史学、文学、经济学等，都不能不打上那个时期特定的烙印："左"，简单化。就历史著作而论，无论是当时的通史，还是专史，差不多都突出政治史，强调阶级斗争，后来则发展到以农民战争史为核心，把纷繁复杂、千姿百态的历史，强行阉割了。80年代以来，史学界的有识之士，逐步在扭转被歪曲的历史学，重视了经济史、文化史，特别是社会生活史的研究，取得了不少成就，我们从中看到了历史的本来面貌。因此，我在编这本历史读本时，充分考虑到当前史学的最新进展。

我把本书分成"政治篇"、"经济篇"、"军事篇"、"文化篇"。我希望中学生读了"政治篇"，脑海中对中国政治史有个简要的轮廓，特别是对皇权卵翼下的腐败、封建专制主义的危害、友谊的重要性，有所了解；读了"经济篇"，尤其是如能读懂"食货志"，对古代的国计民生，也就大体上有了初步的印象；读了"军事篇"，对于历史上的开疆拓土、争夺地盘的战争，以及近代人民揭竿而起反侵略的斗争，有所了解；读了"文化篇"，在欣赏优秀的文学作品之余，能够了解古人的衣、食、住、行，以及社会生活的方方面面。我不知道我的目的能否实现。这就有待于实践的检验了。

（本文是笔者编写的《新世纪中学生通才读本·历史卷》的前言。该书2002年2月由山西教育出版社出版。）

《水浒》与明代社会一瞥

《水浒》的作者与成书年代,是个学术界聚讼纷纭的问题。三年前,文史界关于施耐庵其人,曾热烈争论过,笔者不才,曾写了《施耐庵故乡考察散记》(刊于《光明日报》1982年4月25日"史学")和《施让地券与〈云卿诗稿〉考索》(刊于《学术月刊》1982年7月号),参与讨论。在笔者看来,由于某种原因,那场讨论后来并没有完全按照正常轨道进行下去,因而也就不再写文章;好在可研究的学术课题,真是多的不可胜数。现在看来,总的来说,我确信苏北今大丰县白驹乡有位施耐庵著成《水浒》的观点,并没有改变。对于那种说《水浒》是南宋人,或元朝人所作的观点,实在不敢苟同。一部好的文学作品,总是作家所处社会环境的一面镜子。作为我国古代杰出的现实主义文学巨著之一的《水浒》,明显地反映了明代的社会风貌。全面地论述这个问题,断非本篇所能容纳。这里,且举两例:

蒙汗药:《水浒》里经常写到蒙汗药,撒入酒中,谁喝下去,顷刻"望后扑地便倒",真是惊心动魄,神奇至极。建国初期何心先生的《水浒研究》,已经注意到蒙汗药问题,引了几条史料,但并未能将蒙汗药的谜底完全揭开。犹忆七年前,我在上海与科技史专家友人胡道静先生聊天时,他认为把蒙汗药的来龙去脉搞清楚,对于中国古代科技史,将是很有意义的。后来,我把读书时所得,写成《蒙汗药之谜》(刊于中华书局版《学林漫录》1980年初辑),求教于学术界。近几年来,读书时又偶有所获。现在可以断言,蒙汗药在明代社会是风行一时的,连蒙汗药的解药,也确实在使用了。

就管窥所及,史籍中较早提到蒙汗药一词的似为明代成化年间的郎瑛。他在书中载谓:"小说家尝言:蒙汗药人食之昏腾麻死,后复有药解活,予则以为妄也。……又《桂海虞衡志》载,曼陀罗花,盗采花之末,置人饮食中,即皆醉也。据是,则蒙汗药非妄。"(《七修类稿》卷下,《事物类》)这里,郎瑛断言蒙汗药并非小说家虚妄之谈,并将此药与曼陀罗花挂钩,是难能可贵的。古代史料和现代药物学都已充分证明,曼陀罗花,在明代又名风茄儿、山茄子、颠茄,今称洋金花、风茄花,是具有很强的麻醉性能的,万历时的文人沈德符曾这样写道:"嘉靖末年,海内宴安,士大夫富厚以治园亭、教歌舞之隙,间及古玩。……吴门新都诸市骨董者,如幻人之化黄龙,如板桥三娘子之变驴,又如宜君县夷民改换人肢体面目。其称贵公子、大富人者,日饮蒙汗药,而甘之若饴矣。"(《万历野获编》卷二十六)据此可知,蒙汗药一词,成为当时人口头上颇为流行的贬义语。这条史料,是蒙汗药在明代风行天下的一个佐证。

蒙汗药的解药是什么?明清之际的方以智,曾记载了一个案例,谓:"魏二韩御史治一贼,供称:威灵仙、天茄花、精刺豆,人饮则迷,蓝汁可解。"(《物理小识》卷十二)天茄花是曼陀罗花的别称。据此可知,蓝的汁,是蒙汗药的解药。事实上,宋人洪迈在《夷坚志》中,即已指出蓝能"解百毒,杀诸虫",明代的谢肇淛,特予转引(《五杂俎》卷十一,《物部》三);蓝汁既能解百毒,解用曼陀罗制成的蒙汗药之毒,也就是理所当然的了。关于此问题,笔者已撰有《蒙汗药续考》,将在《学林漫录》刊出,此处不赘述。

牛二:《水浒》中曾描写市井流氓。诨号"没毛大虫",在街头蛮不讲理、胡作非为的牛二,更是个典型。有趣的是,明代万历年间,北京城里有个横行霸道的流氓,名字就叫牛二。当时的"巡视西城,陕西道监察御史郑锐",曾经给皇帝上了一道题为《棍徒结党虐害良善凌辱大臣疏》,其中叙述北京城中的流氓"韩朝臣等平日倚恃锦衣卫声势,结义十弟兄,号称十虎,横行各城地方,非朝夕故矣。在西城则有李七即李拱……在南城则有李二、景永受焉。在中城则有牛二焉。……挟众逞凶,凌虐平民,赌博局骗,霸占巢窝之类,难以枚举。姑即其甚者言之,为夺人妻女,则李拱有陈爱儿……牛二有陈香儿,各妇见在可证……大为都城之蠹"(《伯仲谏台疏草》卷下)。显然,像牛二这样的流氓,横行霸道,确实是都市生活中的蠹虫。需要指出的是,流氓并非始于明代,大体说来,牛二之流的孳生史,是与城市发展史同步的。但是,明代自成化以后,社会经济进一步发展,中、小城镇勃兴,这在江南地区,尤为明显。随着城市的发展,作为城市经济的寄生层,流氓也就日益繁衍起来,至明中叶后,无论南方还是北方的城市中,流氓为患,成了社会问题。万历年间北京城中的牛二,与《水浒》中的牛二同名,当然是个巧合。但是,透过《水浒》中的牛二,以及北京城中的牛二,表明了《水浒》反映出明代社会的一个侧面——流氓阶层,则是显而易见的。

1984年秋于北京

我为何赞赏《中国小通史》

作为一个中国人,要不要懂点儿中国历史?按常识说,答案应当是明摆着的。我在少年时代就爱好文史,成年后,更在名牌大学专攻历史近九年,比抗日战争的时间还要长一些,当然熟悉中外圣贤强调历史重要性的经典言论。但是,那些教导,都不及20世纪80年代初,一个早春的夜晚,我在扬州听到的一位老前辈的一席话,对我的震撼之深。他叫孙达伍,30年代毕业于大夏大学,后入党,抗日战争时期曾任江苏建阳县(今江苏省建湖县)民主政权的文教科长,解放战争时期曾率领全县民工大队支援淮海战役。我读小学时就知道这位乡贤的名字。我在扬州夜访他时,他担任扬州师范学院党委书记。谈起历史,他神情严肃地说:"一个人如果不懂点儿历史,还能叫人吗?!"请不要以为这是孙老的极而言之,似乎太情绪化。仔细想来,假如一个人连父亲、祖父的来龙去脉——也就是家族史中的现代史都一无所知,他能够珍惜祖辈、父辈的荣誉,或他们的教训吗?大而言之,如果一个人对自己的国家、民族的历史一无所知,肯定是个愚民,在一定条件下,很有可能干出有损于国家、民族尊严的勾当,或其荒唐行径令人难以容忍。

岁月不居,达伍老先生已谢世多年。近几年来,我碰到几件事,使我又一再想起他的话。前年春天,有关机构及新闻界曾经做了一番调查,发现当今的很多青少年,对历史知识的无知,已经达到了令人惊诧的地步。多家媒体报道后,引起教育界、史学界的震惊。

前年夏天,冯小宁导演的弘扬爱国主义的电影《紫日》在天津放映,当小学生看到日本法西斯用刺刀捅中国母亲时,他们竟然哄堂大笑起来。这使冯小宁感到悲愤莫名,我看了多家报纸报道后,深感悲哀。在孩子们的幼小心灵里,怎么一点儿民族是非感、善恶感也没有?去年夏天,我更切身经历了让我感到更悲哀,乃至于十分愤怒的一幕。当时我住方庄小区,居委会放映《紫日》,请居民看,我也去了。看到前述令人惨不忍睹、惊心动魄的镜头时,我身后的四个二十岁左右的青年,三男一女,竟然放声大笑!我的灵魂为之颤栗。这四位的灵魂居然麻木不仁到如此地步!倘若他们稍有一点儿历史知识,知道日本法西斯在我国曾经犯下的滔天罪行,怎么会笑得起来?当然,正如我在电话中与上海的学林前辈王元化先生交谈时他指出的那样,这不仅仅是对历史的无知,更是人性的迷失。但是,身为史学工作者,不能不使我更迫切地感到普及历史知识的重要性。否则,会有更多的青年,像上述那四个人一样,让人有理由怀疑他们"还能叫人吗?!"

这套《中国小通史》,正是向青少年普及中国历史知识的读本。我想,即使不是青少年,文史爱好者也不妨读一读本丛书。比起洋洋几百万字的皇皇大著《中国通史》,本丛书每册只有十万字左右,共八册,加在一起,也只有八九十万字,故称小通史。而且更重要的在于本书不是史话,更不是时下泛滥成灾、肯定后患无穷的戏说历史,而是严肃、严谨的通史著作,只是尽可能简明、通俗罢了。各册的作者,都是断代史的专家、学者,本丛书堪称是专家写的普及读物。我不敢保证每册的文字都能如行云流水,文采斐然。但我敢保证,每位作者都紧紧把握住历史脉络,将断代史的主要内容,高度浓缩,交代得明明白白,一览无余,史实准确。读者读的是信史。每册的最后一章,都是同一历史时期的世界各国概况,如果读者能读完全书,就会清楚地看到,我们的大中国,怎样由屹立于世界的强国而走向衰弱,直至最终天朝崩溃——清朝垮台的,我们的老祖宗是怎样从先进一步步走向落后的。事实上,《中国小通史》的目的正是为了让青少年在思想上树立起一块金色盾牌,抵御有害于国家、民族的种种非理性、反人道的错误思潮的侵蚀。我坚信,只要广大青少年越来越懂得历史,"还能叫人吗?!"的人将越来越少,甚至消失。

(《中国小通史》,金盾出版社出版;
《北京日报》2003 年 10 月 20 日)

风中的眼睛

我请铁志选编一本牧惠杂文选,名曰《风中的眼睛》。

何以名之?

我以为,杂文家的职责,说得形象一点,无非是在形形色色的风中,睁大眼睛:在刚"起于青萍之末"时,即能指出风向;在狂风漫卷、飞沙走石时,不为所惧、所惑,继续睁着眼睛,辨风源,识风势,照样用笔迎风抗击。即使实在抵御不了,也起码封笔,而不会对狂风俯首叫好,甚至昧着良心大唱赞歌"呵,真是春风骀荡……"

牧惠一生——尤其是在他参加革命工作、以文做刀枪之后,经历大大小小的风可谓多矣。他是凡人,不是圣人——而且我一直怀疑,世界上到底有没有圣人?他在一本书的小传中,就曾直言不讳地坦承:"写过大批判文章,认罪书,但从未写过检举信,打过小报告。"在20世纪50年代到70年代前期,在错误路线影响下,左风越吹越猛,终于导致"文革"红色怪风、狂风、飓风漫卷神州大地,贻害无穷。即以"文革"初期而论,我曾经被红风吹得头昏脑涨,迷了双眼;尽管牧惠比我年长,但大体上也不会例外。

但是,自从1976年粉碎"四人帮"后,尤其是在党的"三中全会"后,牧惠以他的"忽如一夜春风来,千树万树梨花开"般势头所写的大量杂文,以及一系列社会活动表明:将近28年来,无论国际、国内刮什么样的风,他始终屹立风中,保持着火眼金睛,以他那支犀利的笔,永不疲倦地揭丑恶,剥画皮,辨源流,明真相。文坛头上插着顺风标的跳梁者,在牧惠的杂文前,真该愧死矣。

明朝人有句口头禅,"大风吹倒梧桐树,自有后人说短长。"1976年

10月，当时以华国锋为首的党中央，粉碎"四人帮"这棵"枯藤老树"后，牧惠写了多少批判"左"的、封建专制主义的文章！真的所向披靡，令人神往。老杂文家严秀先生曾激情地写了一篇文章《牧惠文章是我师》。前苏联垮台后，牧惠写的揭露前苏联体制弊端，总结其亡党教训的"说短长"的文章，接二连三，简直是连珠炮，已发表的，就有十几万字，这在中国杂文界当属首屈一指。

宋玉的《风赋》，是中国古代散文中的经典之作。他巧妙地用对比方法，指出了社会上的不平等现象。牧惠的大量杂文，是投向封建特权、官本位等腐败、丑恶现象的匕首、投枪，显示出对普通百姓、弱势群体的赤子之心。他的某些杂文，堪称是杂文中的《风赋》。

世事难以逆料。我做梦也没有想到，去年6月5日与牧惠在一次座谈会上分手后，竟成永诀；并由我给他的杂文选作序。我与牧惠交往多年，过往甚密，一直把他当做兄长尊敬、亲近。我会时时想起他——无论是在狂风大作时，还是在无风的夜晚。

牧惠不信灵魂、天堂之说，因此诸如祝他灵魂永远安息、到天堂里见什么人之类柔风般的话，也就免了。呜呼！

(《风中的眼睛》由兰州大学出版社出版；
《教师报》2004年8月29日)

明清史研究的重要资料
——重印《明清史料》序

研究历史,必须从搜集第一手原始史料入手,这是治史者的常识;明清离我们所处的时代较近,各种史料虽没有到浩如烟海的程度,但假设能置于一处,肯定是堆积如山。由于种种人为因素,这些史料的真实性问题甚多。比较而言,明清留下的档案,无疑是有很高可信度的第一手史料。1911年,清朝灭亡。存于内阁大库中的明、清档册,后被教育部所属市史博物馆妄视为废品,卖给纸店造还魂纸。幸经罗振玉等人的努力,从商家高价购回,几经辗转,已损失不少,最后于1928年由"中央研究院历史语言研究所"(简称"史语所")买下,并成立了由陈寅恪、朱希祖、陈垣、傅斯年、徐中舒等人组成的"明清史料编刊会"。这几位都是当时中国史学界泰斗级的学者,由他们来主持明清史料的编刊,可见"史语所"对这项工作的重视。中研院院长蔡元培对这项工作也高度关注,后来亲自为《明清史料》作序,亦可见一斑。其实,这里所说的《明清史料》,全称是"国立中央研究院历史语言研究所编刊明清内阁大库残余档案",文字太长,故简称《明清史料》,"便于口说笔录也"。经过"史语所"工作人员对这些残余档案的缮写整理,所录题本揭帖,从明天启、崇祯迄清顺治末康熙初年,不分门类事实,前后次序,随录随编,先后出版了甲、乙、丙三编。这些珍贵史料,涉及天启、崇祯朝的辽东战事,毛文龙、袁崇焕等史事以及明末农民大起义、清兵入关的残暴行径、清初各地的抗清斗争、民族英雄郑成功收复台湾等。由于其史料价值远远高出曾屡经修改的《清实录》,以及由前清遗老编撰的《清史稿》,故《明清史料》出版后,一直受到明、清史学者陈守实、谢国桢、吴晗、黄云眉等前辈的重视，谢国桢更将其中关于农民起义史料辑录成《清初农民起义资料辑录》一书，1956年由上海人民出版社出版。某虽不学，20世纪60年代初负笈复旦大学历史系研究生班，从陈守实师攻读明清史，即曾通读《明清史料》，摘录了不少卡片，惜毁于"文革"中。1977年春，我获得平反，重新研读明清史。盛夏，我冒着酷暑，去上海图书馆再读《明清史料》，在当年的日记中，曾留下这样的记载："6月29日，星期四，大热。至上图翻检《明清史料》甲、乙、丙编，有所获。"与我同辈以及年青一代的明清史学人，有谁没有读过这部书呢？尽管限于人手不足，这部书所收史料，未遑仔细整理，但编辑者的工作态度是严肃、认真的。出版第八本时，即将已出版的第一至第四本之排印错误，编成勘误表，附订在第八本中，并郑重刊出"史语所"的启事。这是对史学负责、对读者负责，也是对"史语所"信誉负责的表现，事实上，当时的中华书局、商务印书馆等出版社也常常在一些书中附上勘误表，这无损于出版社一根毫毛，只能使读者对出版社更敬重。反观时下某些出版社，不认真校对，错字甚多，从不勘误，更有甚者，作者建议勘误，竟遭攻讦，可见此辈较诸"史语所"前贤那样的学风，相差不可以道里计也！

《明清史料》出版至今，已经很久了。现在北京图书馆出版社重新影印出版，实在是一件功在学林的喜事，特别值得明清史学者庆贺。当然，对于年轻学人来说，他们应当注意到，在1949年后，中国科学院曾在1951年又出版了《明清史料》丁编，1953年至1975年台湾又出版了这套书的戊至癸编，因此最好一并参看。此外，内阁大库档册散出后，流传各地，1949年东北图书馆出版了历史学家金毓黻编的《明清内阁大库史料》20卷，共收录东北图书馆所藏清内阁大库明清档案中明代天启、崇祯时期的档案500余件，也是研究明末政治、军事、经济等方面的重要史料。"板凳需坐十年冷"，有志于坐冷板凳的史学学子，要重视这些史料的价值。

（《光明日报》2008年2月20日）

胡康和《我的革命生活》

我的童年是在盐阜抗日根据地长大的。从记事起，在我家居住的蒋王庄上，不断有新四军驻扎，我家也常有战士居住，一位姓乔的伤兵，在我家养伤半年多。其中一位战士、一位大姐，对我非常好，留下终生难忘的印象。还有位新四军大姐，我并未见过，却让我惦记，她就是胡康同志。20世纪50年代，我在复旦大学历史系读书，有位同窗送我两本书，一本是陈允豪的《征途纪实》，另一本是胡康的《我的革命生活》。这两位都是抗战初期由上海进入苏北，参加了新四军，前者担任过《盐阜大众报》记者，也曾在淮安敌占区打过游击。他们的书都是新中国成立后，1950年由上海的元昌印书馆出版。这是我见到的记述在盐阜、淮安从事革命斗争回忆录中最早的出版物。陈允豪同志在人民出版社离休，仍健在，《征途纪实》我影印编入《中国稀见史料丛刊》中，去年已出版。《我的革命生活》，佚于"文革"，前几年我曾经寻觅此书，并打听过胡康同志的下落，但无结果。

2008年夏天，我的一位学生居然通过"孔夫子网"在天津帮我买到了《我的革命生活》。此书保存甚好，封面上有胡康在红旗下身穿军装的木刻像，真个是飒爽英姿。书上还盖有总参政治部图书馆、军委直属队政治部图书室的红色印章，不知何时散出。

我打算将《我的革命生活》编入我正在编辑的《四百年来中国珍本文化史料汇编》丛书，但不知道1949年胡康随大军渡江后，在何地工作。从书中的记载推测，她已是望九高龄。我推测她可能留在上海，经上海的两位学生也是老朋友热心打听，近日终于明白胡康生于1921年，20世纪80年代从上海市仪表电讯工业局党委书记的岗位上离休，已于 1994 年逝世,享年 73 岁。

《我的革命生活》确实是一本优秀的革命回忆录,文笔优美抒情。胡康出身于书香门第,大学生,20 岁从重庆经艰难跋涉到苏北参加新四军,在盐城、阜宁、淮安经历了艰苦卓绝的抗日战争、解放战争,经过生与死的考验。书中的第二章"战胜死的恐惧",第四章"苦闷",回顾、剖析自己思想逐渐演进升华的历程,真挚、感人,这在革命回忆录作品中,是并不多见的。第三章"战斗",也写得扣人心弦。我希望以此书的重新出版,作为献给胡康大姐的一瓣心香。

2008 年 10 月 30 日于老牛堂
(《文汇报》2009 年 1 月 6 日)

一部幕僚史　千年鸿图录

不久前,我曾经打算编一套《鹅毛扇摇动江山的人》文丛,叙述历史上那些曾起过重要历史作用的幕僚,并也曾和几位学者、作家谈过此事,其中就包括伍立杨先生。我因瞎忙,兼之一时未找到理想的出版社,这事就耽搁下来。但曾几何时,立杨已写出厚厚一本书《烽火智囊——民国幕僚传奇》,真让我佩服。先睹为快,阅后,大开眼界,这是立杨继《铁血黄花》、《读史的侧翼》等名著后,奉献给读书界的又一本佳作,可喜可贺。

刘备、关羽、张飞是人也是神。考察他们由人变为神的异化过程,探讨其对中国政治文化的深刻影响,是很有必要的。关羽不仅在与刘、张的异化过程中,有其特殊性,而且后来成了众神之神。

刘备由人变神的原因之一,是国人精神深处的英雄崇拜传统。刘备成神的象征是雄踞庙中,血食一方,在香火缭绕中接受世人的磕头作揖。但这一完形的过程,经历了六百余年。

有资料说,从北宋到南宋,关羽先后被封显烈王、忠直公、义勇王、英济王等。至明代,关羽作为神,达到辉煌的顶点。

1644年,明朝灭亡。清兵入关后,开始打出的旗号,是为崇祯皇帝复仇,此后他们一直声称是从李自成手里夺得天下。因此,"清承明制",连祀奉关羽也被全盘继承。但是满清毕竟是外族入主中原,让祀奉曾经坚决抗击过他们先辈(金)的岳庙滔滔天下皆是,显然对大清王朝的统治不利,而进一步抬高忠孝节义俱全的关羽的地位,盖过岳飞,就势所必然。经过顺治、康熙、雍正、乾隆诸帝的不断提倡,关羽成了武圣人,与文圣孔子平分秋色,这是关羽生前做梦也没有想到的。

这当中就透着幕僚的精密策划，作为政治、军事的考量，成为一种指导性的策略，影响时代的方方面面。幕僚的作用，作为一种历史的杠杆，实在不可小觑！同样，《三国演义》上，袁绍不用田丰之计，反而将其杀灭，后来兵败，头给割下来送到千里之外去报捷。罗贯中作诗悼曰："头颅行万里，失计杀田丰。"近代以还，正如王学泰先生所说：北洋以来，内忧外患，政出多门，此正纵横捭阖人物用事之秋，倘得妙笔写之，必有许多好看情景。

本书作者伍立杨引述光复会的大诗家来裕恂先生叙写当时情状的诗作：

"纵横挟策太纷纷，北走南驰几度闻。才本雕龙兼炙輠，手能覆雨复翻云。汉兴鼎欲成三足，楚间金常费万斤。颠倒是非淆黑白，要从口舌立功勋。"（《匏园诗集》卷三十《政客》）

确实如作者所言，活画出当时社会上各种智囊门客的姿态，其汹汹奔走、无所不用其极的嘴脸如在目前。北洋以降，是历史上罕有的幕僚登台搬演活剧的时期，每临大事有静气，不信今时无古贤。他们之中确有不世出的真英雄，胸怀大志，腹有良谋，有包藏宇宙之机，吞吐天地之志；也有的智囊军师、参谋幕僚，驾驭主宰事物的本能仿佛夺路而出，亦欲借强梁之手，遂一己之欲望，但却为历史潮流所挟裹，载沉载浮，身不由己，事到临头，幻梦醒来，场景凄凉。民初世道变迁的场景，加深了强梁争强好胜天性的发挥。其间的事功及其过程，以条贯别致的角度叙述出来，对今天的人生亦有无尽的启发，我们叹惋、感慨、惊异、拍案之余，不禁嘉许"必有许多好看情景"这个判断。

坊间有关幕僚或谋士的著述，线条色彩较为单一，结撰谋篇，率多某某的某个幕僚，某某某的几个幕僚，仅将其平生资料罗列成书，缺乏专题解剖，至于幕僚本身的作业及其前因后果，不问矣。而本书依循大幕僚的概念，凡秘书、谋士、纵横家、谋臣、处士、幕宾、参谋、高参、幕僚、智囊、军师……所有出主意想办法者,均在搜索之列,而于叙说之中,则又紧扣谋略一端,回到狭义幕僚的轨道。作者在难度很大的课题面前另辟蹊径,譬如陈布雷是一绕不过去的必须论述的人物,然而坊间已有山垒海积的论述,但作者仍在其中挖掘新材料,辅以新视角,描出新境界。至于描述饶汉祥则显示作者深厚的文学修养,描述蒋纬国则追溯辛弃疾,大开大合,别出慧眼,种种意料之外,无不回环于情理之中。

历史上的幕僚,大大小小、形形色色,何可胜数。但能在帝王、重臣、权要身边,能将鹅毛扇摇动江山的人,毕竟还是少数。如对这群人以良劣分类,无非是国师良臣,如先秦时的晏子、苏秦、张仪,汉代的张良、萧何,三国时的诸葛亮、鲁肃,唐朝的魏征,元代的耶律楚材,明代的刘基、杨升庵,等等;再就是某伟人经常说的"狗屎堆",即狗头军师,如古之赵高、秦桧,当代之张春桥之流。前者或助开国者夺得江山,或治理天下,使社会稳定,人心大顺,促进了生产力发展,因而推动了历史前进,他们不愧是历史星空里的启明星;后者或助纣为虐,祸国殃民,或教唆帝王、权贵贪贿、施暴,残民以逞,他们是遗臭万年的扫帚星,永远钉在耻辱柱上的罪人。这些正反两面摇鹅毛扇者的足迹,都给我们强烈的历史震撼力,但中国近代现代的人物,毕竟离我们甚近,因此,这种震撼力,肯定是"古虽有之,于今为烈",这就是立杨这本书更值得读者重视的价值所在:吸取正、反面的历史经验,引以为戒,警钟长鸣。

正因为如此,我们有理由希望领导干部及其秘书班子、机关的研究室人员,更应当读一读这本书,领导者要虚怀若谷,采纳幕僚的良策,勤政为民;也要善于识别其中的奸佞、宵小、出馊主意、坏点子、以权谋私,危害国家、社会,从而把自己拖进深渊。一部幕僚史,千年鸿图录,壮哉!但是,一部幕僚史,也有千年耻辱柱,哀哉!为政者千万别掉以轻心。历史总是日日翻过,页页翻过。但是留下英名?还是污名?全在于自己。

(《中华读书报》2009年4月8日)

《新世说》后记

　　1996年初夏,我在上海。当时《文汇读书周报》的主管,请我吃饭,并送我几份报纸。常言道:吃了人家东西嘴短,拿了人家东西手软。于是我当场灵机一动,说:我在报上辟一专栏,名《新世说》,每篇几百字,采用梁启超式的文体,即半古文,评判世相。时下五花八门、千奇百怪的事层出不穷,让人叹息不止,因此就具笔名金生叹吧。我没有金圣叹的才气,有的是看不惯丑恶现象而生的闷气,就让它发到《新世说》里,省得憋在心里。每篇配一幅漫画。赏饭者说好。我又说:倘读者哪天不喜欢这个专栏了,我立即取消。我生平最讨厌言而无信。返京后,我很快就将稿件寄出。由沪上一位漫画家配上插图,在这年的6月1日刊出。"六一"是儿童节,儿童是花朵,是未来,我很高兴:《新世说》开张大吉。

　　转眼间,《新世说》已进入第八个年头。它的先后二任责编何倩女士、朱自奋女士都很负责,按时寄来样报,并附笔写上一段话,问寒问暖。从第二篇起,由徐良瑛女士介绍,漫画家叶春旸先生为我插图。叶兄比我年长,为人木讷,言谈举止,毫无幽默感。但他的漫画,却很幽默,有不少插图,看了让人捧腹,使我的短文生色不少。显然是由于人为的原因,一度《新世说》的版面越排越小,插图成了尾花,这使我与春旸兄不快。但近年来,则有明显的改进。

　　本来,我打算每月写二篇,但很快就打消了这个念头。这不仅在于我在治史之余,还在别的报刊上辟有专栏,真的很忙。更主要的是,我以为,这样的文章还是少而精为好,写多了就难免降低文章的质量,也就是批评的分量。当然,这里说的少而精,只是努力的方向,不是说不才如我,每篇文章都是少而精。老实说,有的文章是我深有所感,并深思熟虑后写的,较有深度;有的文章,是偶有所感,匆匆写出的,就比较肤浅。七年多来,《新世说》只有三篇文章因故未能刊出(好在后来又在别的报刊"起死回生"),其余都风调雨顺,平安无恙。

感谢海峡文艺出版社为《新世说》的短文结集出版。当然,收在这本集子中的文章,也有一小部分是发表在别的报刊上的,但性质与《新世说》相近。《新世说》问世后,产生一定的影响,文坛有人猜测金生叹是谁?林东海先生曾当面问我"是不是何满子?"韩石山先生也曾当面问我"是不是你?"后来我在出版《续封神》这本杂文集的后记中,坦承金生叹就是我。何满子先生年过八秩,是古典文学界及杂文界的老前辈。林兄居然认为我写的短文,似乎是何满子老先生写的,如此抬爱,我屁股上的尾巴简直有蠢蠢欲翘之势。正是基于这种缘分吧,我请何老为本书作序,感谢何老很快写好寄来,使我受宠若惊。当然,我毕竟也快六十八岁了,久经沧海,尾巴至多是欲翘,而不会真的翘起来,敬请何老与读者宽心。

我也要感谢小丁老爷子丁聪先生。他已八十八岁高龄,仍然终日作画不辍,在百忙中为我画了漫画像,使我这个平头百姓,立马风光不少。还需要说明的是,本集中《阿Q千秋》的插图,是漫画界的另一位老爷子方成先生画的,一并叩谢了!

2004年3月于京华老牛堂

明沙带雪惊寒夜

前年夏天，电影导演彭小莲女士在电话中与我再次谈起她母亲朱微明的《往事札记》。当时，我正积极与出版社联系，争取正式出版这本书。我说，等出版社定下来后，你请王元化先生作序，我写跋，而且题目我都想好了，叫《明沙带雪惊寒夜》。小莲颇颖慧，马上就兴奋地说："太好了！这个题目正暗含我妈妈的名字朱微明。"说真的，我本来并未想到这一点，经她点破，不免额手称庆。其实，"明沙带雪惊寒夜"，是句古诗，出自清初著名盐城爱国诗人宋曹的《吊司石磐墓》（按：司石磐是抗清殉难烈士），全诗为："击鼓天门剑气收，淮阴一死自炎刘。明沙带雪惊寒夜，白骨披星逼素秋。怀抱独龙归帝宅，指挥精卫复神邱。应怜中土成荒塞，万里长风吹古愁。"诗句悲壮、苍凉、感人肺腑。我想用"明沙带雪惊寒夜"这句诗来为朱微明老大姐的集子作跋，是用以描述在极左年代里——特别是"文革"的漫长寒夜里，在霜欺雪压下，朱微明及其一家，如何俨然成了一小堆黄沙，横遭践踏，在非人的生活环境中挣扎、喘息。所谓的"胡风反革命集团"案，是个惊天冤案，但又是千真万确从"天"上掉下来的；而在这起震惊全国、流毒深广尤其让知识分子不寒而栗的大冤案中，朱微明的丈夫彭柏山，时任中共上海市委宣传部部长，是所谓"胡风分子"中职位最高的人，所受迫害之深，也就可想而知。因此，当今年春天小莲写的《他们的岁月》出版后，我写的书评，用了《彭家风雨动神州》的标题，那是丝毫也没有夸大的。

《往事札记》终于面世。广东人民出版社的本书责编林秀珏小姐打来电话，说："这本书的软件都做好了，您的跋还没写呢，请快点写好，传真过来。"这真使我惭愧。成天忙忙碌碌，竟然将作跋的事搁到一边去了。王元化先生虽然因忙未遑作序,而年近九十的胡风夫人梅志先生,却在病中强打精神,早已作好序,并已先行在《新民晚报》上发表,老人的序写得深沉、感人,很受好评。我赶紧提笔写这篇跋。我在电话中建议小林将拙作《彭家风雨动神州》附在书末,因此这篇书评中说过的话,我不想再重复。

令我深感遗憾的是,我在上海生活过25年,小莲的哥哥在上海师院物理系读书时,我正在该院政史系执教。但是,却无缘结识朱微明一家人。看着她的遗像,使我想起童年时在盐阜抗日根据地见过的那些新四军的大姐们。朱大姐一生奋斗,半生坎坷,一生辛劳。倘若她地下有知,得知她的遗著出版,当会感到些许安慰吧!我坚信,虽然明天的大地、征途上,还会有冰雪、寒风、冷气,但"明沙带雪惊寒夜"的日子,毕竟是一去不复返了!任何人想开历史的倒车,都不过是白日做梦。这正是彭柏山、朱微明夫妇生前的期望。愿他俩英魂归来,微笑着审视神州大地的沧桑巨变。

非常感谢广东人民出版社出于对朱微明这位《大公报》老记者、新四军老战士的尊敬,将她的遗著收入"手记·札记"丛书中。我作为本书的推荐者,真是倍感欣慰。

(《湖北日报》2001年2月21日;

《解放日报》3月6日;

《中华读书报》3月21日)

居高声自远

"居高声自远，非是藉秋风。"近读著名学者白钢主编、人民出版社出版的十卷本四百余万字的《中国政治制度通史》，我不禁想起了这两句古诗。纵观时下学术界，"居高"者不乏其人，但有虚实之分。有的凭借有权、有钱者的"秋风"，炒作大书，舆论呼啦啦吹过林梢，越过山坡，飘然而至，俨然是高水平的著作，"当惊世界殊"；但经行家审视，吹来的不过是流俗学者与权、钱交易的不正之风，彼辈哪里懂得"高处不胜寒"，"大有大的难处"！此谓虚，也就是假也。另一种著作，是货真价实居于高水平线上，《中国政治制度通史》就是这样一部值得刮目相看的优秀著作。

我以为，《中国政治制度通史》能否成为高水平的学术著作，取决于三个条件：著者必须对政治学研究有素；对断代史的研究在史学界居于领先地位；由简入繁，不可一步就"跃上葱茏四百旋"。这里，我们就不妨用这三条标准，来衡量此书。

白钢本来是研究历史的，后攻政治学，可谓由史"从政"。把政治学引进史学研究领域，在我国起步很晚，因为严格地说，政治学作为一门独立学科的恢复、重建，不过是十几年前的事。难能可贵的是，白钢没有像有的学人那样，仅仅接过政治学的模式、术语，去简单化地模拟中国政治制度史的逻辑架构；老实说，那样做，不过是徒有其表，"换汤不换药"而已。白钢在设计本书的学术思想体系和总体结构时，没有从概念出发，而是从中国历史实际出发，对政治制度史的内涵进行严格的政治学规范，把研究的重点，放在对历代元首制度、中央决策体制和政体运行机制的探索上，并以此为轴心，铺陈各单项政治制度，力求能比较准确地反映出历代政治体制运行机制的特点。通览全书,这个题旨贯彻始终,构成特色,是运用政治学去剖析政治制度史的成功范例。

我曾经在一篇文章中说,专史必须立足于断代史的深入研究上。令人欣慰的是,本书各卷的著者,都是饱学之士,而且多数人与我稔熟,因此我敢说他们是史学界的一流学者。如殷商史、先秦史专家王宇信、杨升南研究员;秦汉史、魏晋南北朝史专家孟祥才、黄惠贤教授;宋、辽、金史专家朱瑞熙、白滨、李锡厚研究员;元史专家陈高华、史卫民研究员;清史专家郭松义研究员及清史学界后起之秀杨珍副研究员等。事实证明,他们名不虚传。如元代卷,历来读史者因元朝疆域辽阔、种族繁杂,其设官分职,往往与前朝有异,名称更杂糅多种语言习惯,每感头痛。然而,陈高华、史卫民博览元代史料,稽考甚勤,对元朝政治制度叙说简明精当,分析鞭辟入里,给人以廓清迷雾、耳目一新之感。这是浅学之士所不能为的。

1992年春天,我在刊于《人民日报》的《评〈中国政治制度史〉》一文中说:"全书70万字。我以为,这是迄今为止,学术界奉献给读者的最有分量的中国政治制度史,值得一读。"这本书的主编,也是白钢,而且作者都是断代史及专门史的专家。正是在这个基础上,经过专家们的不懈努力,以及白钢的精心筹划,数经寒暑,才产生了百尺竿头更进一步的《中国政治制度通史》。由简而繁、逐步深入,是本书一项成功的经验。从中我们不难得到这样的启示:与其相反的是,想一鸣惊人、一步登天,以字数多、分量大取胜者,绝非成功之道。

(《光明日报》1997年6月21日)

语文守望

读胡开第先生的《语文守望》，翻罢目录，不禁勾起我对几十年前短暂的语文教学的回忆。那是 1954 年秋，我读了高二后，因病辍学，乡居寂寞，特别是阅读书报太困难，便去母校建湖初中代了十个月的课，教过历史、美术、体育，也教过语文。当时，我才 17 岁，学生有的跟我同龄，甚至也有比我还大的。但是，我从未在课堂上出乖露丑过，也没有被问倒过。诚然，四十多年前该校大部分为农家子弟，知识、见解，当然不如现在的初中生，思想更远不及现在的少年活跃。而我虽年轻，深知"老师"二字的分量，教初二语文时，每天都备课至深夜。冬夜，苏北平原，寒风凛冽，滴水成冰，教员办公室、宿舍，均无取暖设备，真乃虽低处亦不胜寒也。但我查找资料，分析课文，解释词语，批改作文，未敢稍有懈怠，确实辛苦备尝。次年秋，我考取复旦大学历史系，从此告别了中学的教席。1976 年 10 月，粉碎"四人帮"后，百废待兴。亡友谢天佑教授，时任上海师大历史系中国古代史教研组主任，几次敦请我开"历史文选"课，虽然我的专长是明清史，但盛情难却，只好硬着头皮答应下来。其实，天佑兄找我来开这门课，也是事出有因的：我在复旦读研究生时，曾参加周予同教授主编的《中国历史文选》（高校统一教材）的解题、注释工作。教历史文选，不仅要教给学生版本目录学知识、史学史脉络、经籍基础，更重要的，经过十年动乱，文化沙漠无处不在，不少学生的古汉语知识几乎等于零。因此，课堂上还得说文解字，解释什么是古音，吴音与古音的关系，以及何谓双声叠韵之类。这部分讲课内容，其实仍属于高中语文教学的范畴。当时，我获平反不久，学殖荒废多年，岂敢不认真备课？好在家住复旦大学教工宿舍，去复旦历史系资料室或校图书馆阅览室查书,都很方便。不久,我奉调至京工作,这门课程便只好请了一位老先生继续教下去。回顾我这两次与语文教学直接、间接有关的往事,我深深知道,面对莘莘学子,守望语文教学的讲台,育人、树人,实在是重任在肩,其中的甘苦,非局外人所能道也。

胡开第先生是位很称职的语文讲台的守望者。他的这部著作,便是最好的证明。冬来暑往,月圆月缺,他已在这个讲台上守望了38年,可以说,他把锦绣年华都献给了语文教学事业。他的学历不算高,也无缘拜师于王力、吕叔湘、张世禄等著名学者门下,蒙教诲,受指导;襄樊图书馆的藏书,亦相当有限。然而,这些因素丝毫未妨碍胡开第先生对语文教学的研究、探索。他在繁忙的教学与行政工作之余,刻苦研读,潜心思索,写出一篇又一篇的教学札记、备课札记、学术论文、学术随笔,有些已经发表过,但多数还未发表。现在他将这些文章选出45篇,结集成书,我认为可喜可贺。说可喜,是他多年来的教学心得,辛勤笔耕,终于在一本书中充分反映出来了,而且凝固在铅字中,得以保存、流传;说可贺,对于一度从事过语文教学、平素又性喜杂览、文友中也不乏这方面的专家学者的我而言,完全可以实事求是地说,这是一本富有学术价值的著作。作者多年积累的教学经验,固然难能可贵,而更可贵的是他的那些从字义入手,旁征博引,探讨词语的文章。其中,有的是对前贤的补充,有的则发前贤所未发,也有的是对前贤的纠谬或商榷。我不敢说他的每篇文章都尽善尽美,每一个论点都无懈可击。但是,他的学风是严谨的,言必有据,逻辑严密,文字也很简洁。有几篇,即使名牌大学中文系的讲师、副教授,恐怕也未必写得出来。显然,这本书是值得高中学生、中学语文老师一读的,也值得大学中文系有关教师参考。因此嘉惠士林,不亦乐乎!

论同堂,未必尽茂材异等,望中原,怕没有锦绣前程。读书人猜不透官场性,还是种桃李遍江城。便一盘苜蓿也值得通儒饱,三径蓬蒿只落得处士清。休争兢,待他年凭高北极,话旧南京。

——这是词曲泰斗吴梅教授六十多年前写的《仙吕解三酲·示南雍诸生》。他的淡泊明志、甘种桃李的精神,虽百代之下,也仍值得后人师法。这里,我抄下此曲,借花献佛,赠给胡开第先生和所有在中学语文讲台上的守望者们。他们虽然未必能听到掌声如雷、看到沸鼎烹油的壮景,但能年年看到桃李芬芳,秋实满枝,这就足以令人羡慕了。

(《湖北日报》2000年5月20日)

我与"老牛堂"

身为读书人、写书人,拥有一间书房,是我多年的梦想。童年乡居,家贫,年年搬家,靠租别人家的茅舍栖身,固不必论矣。我自己的小家,建于1961年。当时我正在复旦历史系读研究生,全靠研究物理学的亡妻过校元女士(1937—1970年),费尽九牛二虎之力,分到复旦教工宿舍的一间不足12平方米的房间,在这里起居、研究、写作、育儿。偶而与人说起书房,颇有"山在虚无缥缈间"之感。经过十年浩劫,我从上海调到中国社会科学院历史研究所工作。很多已在所工作多年的研究人员,都无住房,挤在研究室里过日子,何况我是新来的外来户?不过,所办公室对我倒不见外。1976年大地震时,他们自己动手,在楼下盖了个简易值班室,不足十平方米,外形极像乡间的小土地庙。有一天,我住了进去。晚上听到室外过路者惊奇地说:"咦,土地庙里有灯了,看来有神有香火了!"这自然是笑谈。80年代初,我的一些文章,包括较有社会影响的《"万岁"考》、《论八旗子弟的盛衰》、与姚雪垠先生的笔墨官司等,都是在"庙"中炮制的。美国一位史学家来访,大吃一惊,说:"没想到你住在这样的斗室里!"后来,我在出版第一本杂文随笔集时,就起名《"土地庙"随笔》,难忘"庙"门灯火时也。

1986年,我终于在古城八角村北里,分到一套小三居室。我把最大的一间,用做书房兼餐厅、会客室。读书、写作疲倦时,遥望窗外,蓝天上的朵朵白云,冉冉飞去,每每牵起我的童年梦、故园情,以及想天涯、思海角的绵绵情愫……从这时起,我往往在文末署上某月、日于"老牛堂",表明我的书斋已由"土地庙"升格为"老牛堂"矣,联想封建社会称朝廷曰"庙堂",我一介书生,居然亦"庙"亦"堂",不禁暗自好笑。

1989年深秋,台湾历史学家、掌故大家苏同炳(笔名庄练)先生来京旅游,光临寒舍,一见如故。在他的介绍下,我给台湾《自由时报》、《大成报》写文史随笔,并在《中央日报》副刊"长河"版上开辟专栏,说文谈史,弘扬中华民族传统文化。我深信,同一的文化传统是祖国大陆与宝岛台湾统一的根系。这个专栏维持了一年多。我在台湾《历史月刊》、香港《大公报》以及美国《世界日报》等报刊上著文时,也常常标出"老牛堂"。可以说,"老牛堂"不仅在此间渐露眉目,而且跨出国门,漂洋过海,似乎比中国足球幸运多了。1993年冬,我在团结出版社出版了一本随笔集《阿Q的祖先——老牛堂随笔》。该社总编张宏儒先生见我的书名居然是"老牛堂随笔",不禁哈哈大笑,问为什么起这么个古怪的书名?我说"老牛堂"是我书斋的名字,他才疑团冰释。其实,我将书斋命名为"老牛堂",是有几层含义的。1994年早春,我给后来由成都出版社出版的杂文集《牛屋杂俎》作序时,写道:"不才属牛。童年乡居,随先父恒祥公、母亲曹孺人耕读,与牛同居一室(敝乡称牛屋),至今每一思之,老牛之反刍声、叹息声,犹在耳畔回响;'文革'中遭迫害,蹲'牛棚'达七年之久;近年言寒斋曰'老牛堂';不才与牛真可谓拴在一个桩上矣。""老牛堂"者,原来如此也。

我在八角村的住所,是相当安静的。白天,只有我一人在"老牛堂"里研读、写作。我喜欢音乐,古今中外,雅的俗的,都能在我的心灵深处兼收并蓄,亡妻故里的《二泉映月》,更是千听不厌。每年夏、秋,从"老牛堂"中会传出蝈蝈声,午夜梦回,其声更是凄楚、激越,一阵阵叩我心扉,在夜风中轻轻飘散。我曾写过一篇《蝈蝈声声秋梦回》,刊于《光明日报》,这是"老牛堂"中温馨的一页。1994年1月7日,从这天起,平静的"老牛堂"再也不平静:女儿天天(芃芃)出世了!她爱哭,嗓门又特大,三个月时,她一哭,六层楼的邻居无不相闻。说来不无自豪的是,天天呱呱坠地后,我即将此喜讯告知远在澳洲定居的长子宇轮,分别在墨西哥、美国定居的小姨子二平、三平,在我这个"寻常百姓家",居然爆出一条"国际新闻",不亦快哉!这年的夏天,也就是天天七个月时,经《光明日报》高级记者肖黎先生介绍,《中华英才》的编辑张安惠老大姐,特邀《光明日报》史学版记者马宝珠女士采访我,她写成《老牛堂主人——王春瑜》,刊于《中华英才》第99期。文内配有我与天天的合影。我的坎坷经历,在书斋中对文史的执著追求,引起了读者的注意。中央人民广播电台的"午间半小时",曾将此文全文广播。这是"老牛堂"的福分。

1994年年底,我用古城的小三居室和刘家窑的小一居室,换得方庄的大二居室、一居室各一套。我将一居装修一新,窗明几净,摆上花草,书插架数千册,从此有了真正名副其实的书房。知足常乐——我相信,包括自己在内的中国绝大多数知识分子,在生活上,历来是容易满足的,曾在"土地庙"那样的陋室里笔耕不辍的我,现在居然有了独门独户,只属于我一个人的小天地——书房,心中的愉悦,可想而知。我拿起毛笔,在宣纸上写下"老牛堂"三个大字,置于镜框,悬在门额,直到如今。1995年年底,我编成随笔集《喘息的年轮》,后由上海东方出版中心出版;1996年春,著成《交谊志》,后由上海人民出版社出版;1997年暮春,编成随笔集《老牛堂三记》,后由山西古籍出版社出版;同年盛夏,评点完金庸小说《碧血剑》,后由文化艺术出版社出版;1998年年初,编成杂文、随笔集《漂泊古今天地间》,后由百花文艺出版社出版;1999年冬,我策划、主编了一套《南腔北调丛书》(原名《说三道四丛书》),计十二本,收有方成、何满子、牧惠、舒展、朱正、邵燕祥、蓝英年、阎纲、何西来及丛小荷、陈四益、朱铁志等杂文家、文艺评论家的集子,其中也有我的一本《续封神》,均已由广东人民出版社出版;今年春天我编成的《老牛堂札记》,也已作为广东人民出版社的《手记、札记丛书》之一种面世……我性也愚(至多只有中人之资,读中学时数学常不及格,足以说明),但不抽烟,不会下棋、打扑克、搓麻,也不泡茶馆、咖啡馆,主要精力,都消磨在"老牛堂"的书海里、写字台上。我在刚出版的《续封神》作者小传里有谓:"1937年4月9日生于苏州桃花坞尚义桥街,与唐伯虎同里,惜未沾上才气,至今只好在老牛堂耕田。"这并非戏言,乃实情也。我从放牛娃成长为学者、作家,别无长技,只会读书、写作,倘一日不读书、写作,岂不是愧对"老牛堂"乎?

莫道牛屋天地小,位卑犹存忧国心。在我的历史著作及杂文、随笔中,差不多都贯穿着一根主线:批判封建专制主义及在现实中的种种流毒。1992年,我曾写过一篇"夫子自道"式的文章《今古何妨一线牵》,刊于《光明日报》及广东人民出版社的《我的史学观》一书中。文内有谓,我的著述"在相当程度上,都是在清理封建专制主义的精神垃圾,深挖其历史与现实的土壤"。应当说,这是"老牛堂"的基调。封建专制主义的遗毒,是历史步伐的绊脚石。从80年代后期以来,我越来越强烈地感到,附着在党和国家肌体上贪污、腐败的毒瘤,有越长越大、不断扩散之势。这是党和国家的大患,百姓对此深恶痛绝。每当我看到腐败分子丧心病狂地将扶贫款、救灾款这些百姓的活命钱中饱私囊,以及高官厚禄的陈希同之流也吞食民脂民膏,胸中顿时燃起怒火万丈。我先后花了差不多四年功夫,没有向国家有关部门申请过一分钱、一张稿纸的补助,主编(并参与撰稿)了一套90万字的《中国反贪史》,现已由四川人民出版社出版。我希望本书能给当前的反腐败斗争,提供历史的鉴戒,走出中国封建社会两千年间反腐败的悲剧轮回。愿历史的警钟长鸣!可以说,"老牛堂"传出的不仅有蝈蝈声、我的笛声、箫声……更有历史的警钟声。我愿在此向读者坦露心迹:有时候真想请一位擅狂草的书法家,写一幅"悲怆老牛堂",悬于素壁。

"莫放春秋佳日过,最难风雨故人来。"儿孙从国外归来,在"老牛堂"小住,畅叙天伦,固然是赏心乐事;与来访的文友在"堂"内谈天说地、衡文角艺、话历史兴亡轨迹,更足慰平生。史学、文学、新闻出版界等众多学侣、文友不时来此品茗、交流,使"老牛堂"蓬荜生辉。独学无朋则不乐。倘若一个读书、写书人,既不问世事,又离群索居,终日枯坐书斋,即使能够做点死学问,又有多少人生乐趣?

我爱"老牛堂"。牛年那年,我写《老牛堂三记》序文时说:"我喜欢辛辛苦苦、踏踏实实独自牵磨、拉车、耕田的牛,但并不喜欢成群结队打打闹闹的牛,更不喜欢被人拿着鞭子在屁股后面吆喝、鞭打,无奈只好连大气也不敢喘、低着头走成系列的牛……正是:抬头忽见夕阳天,转瞬又是本命年。且喜和风吹绿柳,抖擞精神再耕田。"今后咋样?俺老牛在"老牛堂"的笔耕依旧呗!

愿"老牛堂"与风雨、雷电、冰雪同在,与新世纪的春花秋月同在……

2000年9月10日于京南方庄老牛堂
(《中华英才》2000年第24期;
《开卷》2000年2月第2卷)

养得雄鸡作凤看
——读咏鸡诗词

鸡是人类最早驯化的动物之一,与人类密切的程度,甚至超过牛、马、羊、犬、猫。因为对占先民人口绝大多数的农家来说,买不起马、牛、羊,犬、猫可养可不养,但鸡价廉,公鸡司晨,母鸡下蛋,是不可缺少的。鸡还是祭坛上必备的供品。唯其如此,甲骨文、金文中有很多关于鸡的记载。

古文献《尚书》中的《牧誓》篇,是记载周武王起兵灭商,在牧野(今河南淇县境)决战前的誓词。篇内有"古人有言曰:'牝鸡无晨;牝鸡之晨,惟家之索。'"是说:母鸡是不报晓的,倘母鸡报晓,家就败尽了。这是用以形容殷纣王听信宠妃妲己的话,把国家搞得一团糟。

两千年前,没有女"旗手"之说,故民间只好把"妖婆"妲己形容成胡乱报晓的母鸡,实在晦气。

古人咏鸡的诗词,读来比古文献对鸡的记载,当然更有味。我国最古老的诗选《诗经》中,就有非常生动、形象的咏鸡诗。《郑风·女曰鸡鸣》:"女曰鸡鸣,士曰昧旦。子兴视夜,明星有烂。将翱将翔,弋凫与雁。"(译文:妻说公鸡已歌唱,夫说天色尚未亮。妻说快起看夜空,金星(即启明星)闪烁在东方。野鸭大雁将飞翔,你要将它齐射伤。)《郑风·风雨》:"风雨如晦,鸡鸣不已。"更是传诵千古的名句。徐悲鸿曾以此诗句为题,作鸡鸣图,笔力雄浑,意境深远,令人振奋。

明代中叶高邮作家王磐写《满庭芳·失鸡》,是中国文学史上的名篇:"平生淡薄,鸡儿不见,童子休焦。家家都有闲锅灶,任意烹炮。煮汤的贴他三枚火烧,穿炒的助他一把胡椒,倒省了我开东道。免终朝报晓,直睡到日头高。"老先生的豁达幽默,跃然纸上。

　　当然,雅也要有雅的条件。王磐家道殷实,丢个鸡算得了什么?而对于穷苦百姓,丢个鸡就是一件大事。比王磐稍晚的吴康斋,是位穷得叮当响的小知识分子。他家报晓的公鸡,被狐狸所啮,痛心疾首,特作诗一首,焚于土谷祠:"吾家住在碧恋山,养得雄鸡作凤看。却被狐狸来啮去,恨无良犬可追还。甜株树下毛犹湿,苦竹丛头血未干,本欲将情陈上帝,题诗先告社公坛。"(明·董谷:《碧里杂存》卷下)悲苦莫名,令人同情。而对于比吴康斋老先生更贫穷的农妇来说,家中失鸡,其焦急心情可想而知。清代乾隆时有首俗曲《骂鸡王奶奶住在街西》,谓:"偷鸡人儿你是听知,我养活鸡儿,不是什么容易。积攒钱钞,去买好鸡……从不野性,只在家里。"(《霓裳续谱》卷七)这么老实的鸡,居然被偷了,难怪王奶奶心疼死了。

元月二十六日于老牛堂
(《大公报》2005年)

同饮明朝酒
——序《与君共饮明朝酒》

晚明时江南名士袁中郎在《觞政》中说："饮不能一蕉叶，每闻铲声辄踊跃，遇酒客与留连，饮不竟夜不休，非久相狎者，不知余之无酒肠也。"(《袁中郎先生全集》卷十九)如此看来，中郎好酒，实属有酒心，无酒量者。前辈风流，我辈后生小子，岂能企及？以不才而论，比起中郎，惭愧的是，我并不好酒，只是岁月催人老，每感供血不足，为了活血化淤，才喝点酒，但一瓶茅台，自斟自饮，半年才能瓶空。因此，我谈酒——可以说好谈酒，与传统文人就酒谈酒不同，也无曹孟德煮酒论英雄的豪气，而是"三句不离本行"，用自己的职业本能——明史学者的眼光，回眸几百年前明朝的酒文化。语曰"滴水观沧海"，滴酒也可观世界。透过明朝的酒，我们可以看到明朝的政治、军事、经济、文化的若干层面或剪影：用毒酒让政敌闭嘴；贪官治酒高会；十字坡下的黑店用蒙汗药下酒麻翻投宿者；多少雅士饮酒高歌，多少落魄者借酒消愁；"头脑酒"让今人似乎摸不着头脑；夕阳下乡间树梢上的"酒望"，给田夫野老带来几多欢欣、几多温暖……

朋友，让我们端起明朝酒杯，浅斟低酌，细品明朝酒文化，感悟明朝风流余韵，面向未来，祝福炎黄儿女明天月常圆，人长久！

(《宁波日报》2007年5月21日)

《中国封建意识形态研究》书后

从学术发展史来看,有些学科常常遭遇来自学科外的挑战,从而有力地推动了这一学科的发展。不必扯得太远,就说20世纪的初叶或前期吧,写小说的作家裴文中、尚钺(按:他们的作品,鲁迅在《中国新文学大系》小说卷的前言中,都曾经提及)进军史学界,对中国古人类学、中国通史的研究都起了促进作用,裴文中更以发现"北京猿人"头盖骨驰名于世,被学术界尊为"北京猿人之父"。也许更为人们熟知的是,轰轰烈烈的中国第一次大革命失败后,文学家、诗人郭沫若亡命日本,本着对胡适为首的"整理国故"派的挑战心情(按:他在《中国古代社会研究》的序言中,曾说自己研究古文字,目的就在于用此来"打胡适这个狂妄的家伙"。语虽火药味太浓,但足以说明他研究古文字学的目的),深入、系统地研究甲骨文、金文,大大推动了先秦史,尤其是殷商史的研究。20世纪40年代后期,经济学家王亚南经过五年研究,写成《中国官僚政治研究》,对中国自秦汉迄于民国的官僚政治形态作了深刻的系统分析,成为至今仍有现实意义的史学经典之作。

我有幸拜读吴江教授的近著——《中国封建意识形态研究》,再一次强烈感受到来自另一学科对史学界的挑战。但这次挑战的不是文学家,而是理论家吴江先生。他比我年长20岁,是学林前辈。我在50年代负笈复旦大学时,就已经是他的哲学、政论文章的读者了。但是,我曾在一篇文章中公开坦承,余性也愚,既未学好数学,也缺乏思辨能力,因此既未读懂《资本论》,也未读懂黑格尔等大师的哲学著作。因此,虽然我是捧史学饭碗的,但从未系统研究过中国思想史——儒家思想自然是其中很重要的组成部分,也从未认真读完时贤的任何一部思想史著作。对于侯外庐的名著《中国思想通史》,我也仅仅读了第四卷。因此,当1979年初,我调入中国社科院历史所工作不久,即听说胡耀邦在"文革"靠边站时,居然去侯外庐家,向他借了一套《中国思想通史》,从头到尾,认真读了一遍,耀邦如此好学,对思想史如此关注,委实使我大吃一惊。当然,我不系统研究思想史以及经学史、儒学史等专史,不等于我对这些领域的某些著作,毫无自己的看法。亡友杨廷福教授(1924—1984年)曾当面批评我"好臧否人物",当然包括某些人物的著作,这是老大哥的诚恳忠告,但我很可能是常写杂文之故,积习难改,没办法。依愚见,时下包括儒学史在内的某些专史,或繁琐不得要领,读了好久,仍有一头雾水之感;或拾洋人牙慧,"拄个黄瓜当拐棍",虚构所谓的异端思想体系,打着灯笼火把寻寻觅觅,然后煞有介事地宣称在沿海地区,特别是"天堂"江南,甚至在贫穷山区(!)找到了明中叶后即已喷薄而出的资本主义萌芽,并由此断定中国早已有了单独的市民阶层,因而也就必然有了反封建的市民思想。我虽不学,但总算对明、清史还下过一点功夫,深知这些说法,根本脱离历史实际,所引材料多半经不起科学检验。

反观吴江先生的这本书,虽然他并非历史学家,研究历史不过是最近二十多年来的余事,但展读此书,确实使我眼睛一亮。亮点在哪?在这里:一、儒家思想派别林立,你中有我,我中有你,头绪多而乱;吴老以哲学家的思辨特长,辨源流,明得失,读来有快刀斩乱麻之感,明快于目,朗然于胸。二、前人曾慨叹"百无一用是书生",其中某些人的文字,为文、治学,始终如钝刀割肉,离肯綮总是"隔三差五"。吴江先生立论则是深思熟虑,一语中的。因此,用哲学和政治的眼光看待封建意识形态中的若干问题,往往能独具慧眼,一针见血。如:吴老说"儒家思想,说到底,就是封建宗法等级思想";说"可见不少今文学家是靠说废话吃饭的";说"所谓'天理',不过是指封建纲常名教的绝对性、永久性和普遍性";说"元、明、清三朝,孔子虽被尊为'至圣先师',但他在实际上已被架空,朱熹成了孔门的'内阁总理'";说李贽是"进入道学殿堂而敢于起来焚烧这座殿堂的第一人",等等,都非惯于笔下喋喋不休的我辈书呆所能道也。

封建意识形态,是盘踞在国人精神领域的一座大山。"文革"去今未远,种种封建法西斯的倒行逆施,我们记忆犹新。历史的悲剧在于,新中国成立以来,封建意识形态并没有得到彻底清算。"四人帮"粉碎后,党中央及邓小平、后来主管意识形态的胡乔木,曾一度很重视批判封建意识形态,特别是封建专制主义残余。我的切身经历能够证明这一点。1979年夏,胡乔木曾派他的秘书,联系历史所,要求提供一个批判封建专制主义残余的书目,后来这个书目是我开的。不久召开了中国社科院党代会。胡乔木在大会的报告中,仍然强调批判封建专制主义残余的重要性,并肯定了我的文章《"万岁"考》。但是,曾几何时,随着两日雨、三日风,人们已很难见到报刊上有批判封建专制主义残余的文章了。在一些地方,有些人又把孔子、儒学"抬到吓人的高度"(借用当年鲁迅语),有人甚至建议把《论语》列为整党文献,说"一个仁字就可以治天下"。封建特权思想滋长,皇帝意识、草民意识蔓延。让人感佩的是,吴老以耄耋之年,发扬愚公挖山不止的精神,在其一本旧著的基础上,重新写作这本《中国封建意识形态研究》。这对一个85岁的老人来说,能是件轻松的事吗?吴老的治学、战斗精神,堪称学林典范。

先师陈守实教授(1893—1974年)是梁启超弟子中唯一精通马列主义的史学家。他很敬重王亚南,推崇《中国官僚政治研究》及《中国经济原论》,甚至拟对《中国官僚政治研究》详加注释,以弥补该书史料之不足,因为王亚南毕竟不是历史学家。惜未果。不才如我,也希望史学界的有识之士,能在吴老这本书的基础上,写出一部皇皇大书来,其学术意义、现实意义,是不言自明的。

(《中国封建意识形态研究》,吴江著,兰州大学出版社出版;
《北京日报》2003年7月21日)

喜见鄂南思絮飞

我认识马世永同志快八年了。他是鄂南的领导干部,担任过仙桃市副市长、通山县委书记、咸宁市副市长,现任咸宁市委常委、宣传部长。但在我的心目中,他是朋友,而且是文友。

说真的,我经常被邀开会、考察、讲学,接触的领导干部,从中央到地方,可谓多矣,被我视为朋友的,世永同志就是其中之一。第一次见到他,时任通山县委书记。不仅感到他为人谦和、热情,更感到他好学深思,具有学人气质。通山的老朋友们告诉我:马书记的座车是仙桃市提供的,每月的汽油费仍由仙桃市支付;他来通山主政后,回家过春节,通山不少干部去他家拜年,送了不少礼品。节后,他用车全部拉回,送给了干休所、幼儿园,并在大会上批评了送礼的干部。通山经济落后,属于贫困县,县委、县政府干部的工资,也发不全,老干部的医药费,报销无门。马书记一次又一次地往省里跑,终于解决了老干部的医药费,人称"讨米书记"。"桃李不言,下自成蹊"。这些事虽不轰轰烈烈,但实实在在,"润物细无声",我以为这样的同志是可以信赖的,以交这样的朋友为幸。于是我们成了朋友。

世永同志虽是位领导干部,但为人方正,律己甚严,他的最大爱好,就是读书写作。他当了副市长后,工作更忙了。有次我们在电话中聊天,我问他:"还有时间读书、写文章吗?"他说:"有。晚上回家后,我谢绝应酬,继续读书,写作。"并寄来一些杂文、随笔,我读后感到这些文章不仅富有思想性,也很有文采。我曾挑了几篇推荐给我熟悉的报刊发表。我在推荐信中都介绍他是我的鄂南文友,这是名副其实的。

随着职务的升迁,世永同志的工作更为繁重,但他发扬鲁迅"韧"的精神,抓紧业余时间,读的书更多,写的文章也更多了。今年秋深时节,我在武汉。世永同志闻讯赶来看我,并携来他的一部文稿《思索散墨》。返京后,我抽空陆续认真拜读一遍。我的第一个感觉就是:喜见鄂南思絮飞。自古及今,为政者捉笔弄文,印成文集者多矣。但多数均不足观。有相当一部分,正如古代批评家所抨击的那样,不过是"俗吏公牍,了不足观"。也有一部分,是讲话、报告的汇编,不是事先由秘书起草好,就是事后由秘书整理、润饰,虽经本人认可,但实在是秘书的创作。大体而言,此类作品最大的弊端,是充斥着老八股、新八股,"代圣贤立言",语言老掉牙,缺少思想灵魂。而世永同志虽然身在官位,但一直保持清醒的头脑,对世事冷峻地观察着、思索着,以理性的、批判的眼光去评析、解剖,并付诸笔端。他的文字处处闪烁着思想的火花。即以本书的第一篇《脚的品质》而言,读之即令人开卷有益:"脚的品质给人以宝贵的启示:处于最低层的往往是最伟大的。"余如《端正"父母"观》、《顺向与逆向》、《立足平衡》、《示弱的启示》等,都无不显示了他心潮涌动,思絮纷飞。这在当今领导干部的作品中,堪称凤毛麟角。

本书的最后一部分,是世永同志在通山县任县委书记时对民情的调查。我认为这是珍贵的第一手资料,也很值得一读。现在党中央不是提倡构建和谐社会吗?但领导干部如不深入基层,亲自了解民间疾苦,又怎能知民瘼,并解决他们的困难?

清代乾隆时期朝鲜来华使臣有诗曰:"心静云从衣上住,窗虚月在酒中行。"愿世永同志在领导岗位上、创作上,都能有此如水心境。

2006年12月16日

老树春深更著花

王赓唐先生虽然并未在大学历史系执教,也不在史学研究机构工作,但实在是一位史学前辈。我在20世纪50年代负笈复旦大学历史系时,就已读到赓唐先生的文章,其中与华山先生合著的刊于《文史哲》的经济史论文,更给我留下深刻印象。但直到20世纪80年代,我们才得以相识。我去无锡筹备国际明代经济史研讨会,得到赓唐先生的支持。交谈之下,不仅感到他是谦和、儒雅的学者,更为他几十年如一日,坚持史学研究——而且差不多都是利用业余时间——的精神所感佩。他与赵承中先生合写的《胶山桂坡馆安国的家世》论文,是为出席前述会议而写的,我拜读之后,认为这是一篇无论是对研究无锡地方史,还是研究明代经济史,都有价值的学术文章,后来编入《明史研究论丛》第五辑。他曾担任无锡史学会会长,承蒙他与我的同窗赵永良学兄的青及,曾邀我在无锡教育学院,向无锡史学界同好及青年学子作《明代江南重赋》的学术报告。王公厚谊,至今我记忆犹新。

赓唐先生学养深厚,治史面甚宽,政治史、经济史、文化史无不涉猎,在纵向上,更是从古至今。但是,他的治史重点,仍然是以无锡为中心的江南经济、文化,取得了丰硕的成果。这些文章,我读来尤觉亲切。我的先祖,是苏州人,后因政治原因,被赶至盐城西北滩地垦荒。1931年,先父母返苏州打工,1937年生我于苏州桃花坞尚义桥。大学毕业后,我娶妻复旦物理系高才生过校元女士,她是世世代代在无锡生活的无锡人,因此,我与江南无锡,有难分难舍的情愫。在我写的文章中,不时会涉及江南,也写过研究明代江南政治、经济的专题论文,但在数量上,不逮赓唐先生远矣,实感汗颜。

更让我感佩的是,赓唐先生在晚年,先有丧子之痛,近几年,又为帕金森氏顽疾所苦。但他不仅整理旧作,在学苑出版社出版了洋洋数十万言的文集,又笔耕不止,发表了研究吴文化及无锡地方史、东林书院专探等数十篇论文。这对一位年逾八旬的衰翁来说,实在是难能可贵。明清之际的大学者、思想家顾炎武,曾作《又酬傅处士次韵》诗二首,悲壮苍凉,充满忠于故明的爱国情怀。第二首是:"愁听关塞偏吹笳,不见中原有战车。三户已亡熊绎国,一成犹启少康家。苍龙日暮还行雨,老树春深更著花。待得汉庭明诏近,五湖同觅钓鱼槎。"(《顾亭林诗文集》中华书局1959年版,第366页)"苍龙日暮还行雨,老树春深更著花",何等令人击节!仅就学术文化界而言,而且仅限与我有交谊的前辈而言,如上海的王元化先生、何满子先生、贾植芳先生,北京的吴江先生、冯其庸先生、丁聪先生、方成先生等,有的已年届九旬,多数也到了望九之年,但都孜孜不倦,笔耕不辍。他们是学人的典范,一辈子在务真求实。他们是"日暮还行雨"的"苍龙","春深更著花"的"老树"。赓唐先生也是其中之一,当之无愧也。

(《天津老年时报》2000年6月5日)

"学而时习之"

"学而时习之,不亦乐乎!"孔夫子的这句名言,教育了多少人!我在上初小时,虽然是新式教育,老师已不教《论语》了,但仍从寒族中一位曾任塾师的长者口中,知道了这句经典。他跟我解释说,孔夫子教人读书,要常常复习,这样才能有长进。读高中时,我从曾任过塾师的乡贤韦景尧先生处,借得清末盐城鸿儒、曾受过张之洞青睐、其著作后来又受到过梁启超、阿英重视的陈玉澍老前辈的《后乐堂集》知道了"学而时习之"的"习",是致用之意;也就是说,学习书本知识,要经常在实际中运用,这才是最快乐的。上了大学,听了经学史专家周予同先生的课,查了《十三经索引》及《论语》的相关资料,知道"时习之"习,有各种各样的解释,有些纯属腐儒的凿空之谈,废话也。唯有陈玉澍及与其观点相近者的致用说,最近实际。

读了何开四先生的《制胜十三韬——百战人生的另类攻略》,我觉得这是一本值得正在漫漫人生长路上跋涉的青年、中年"学而时习之"的书。为什么?因为何先生在书中总结了古今中外——当然,主要还是当代中国人"时习之"的成功经验,而且,最难得的,其中有不少他本人的切身经验,读来甚为亲切。

常言道,"文韬武略"。翻开历代书目,政治、军事的谋略书籍,为数甚多。说老实话,我认真重读过的很少。岁月不居,按虚岁说,今年我已届古稀矣。我这大半生,经历过种种艰难曲折,大悲大喜。过几年,也许我会写一本回忆录,回顾、总结我走过的足迹。我是个普通学者、作家,并未创造出非凡的业绩,只是在文、史二界觅食,"报上户口"而已。但仅就这一点来说,我,一个贫苦的农家子弟,得来又谈何容易！一切诚念总能相通。读何先生的书，我感到每有相通处。如：

　　第二韬取法乎上——我的体会是，这一条，对做人、读书，都至为重要。我在盐城中学读高一时，有次班会，主题是谈未来的志向。我说：当文学家。几十年过去了，也许我还算不上文学家，但毕竟是当上了作家。我指的不仅仅是参加了中国作家协会，因为该会会员很多，实有龙、虎、狗之别，而是指我在治史之余，出版了十本以上的杂文、随笔集，这是读者知道的。当初我要是"法乎其中"，说当一名中学教师，也许我现在就是一位退休的小学教员，说不定因为吃粉笔灰太多，得上肺病，现在即使还活着，正辗转床榻，苟延残喘呢。我读完高中二年，即因病辍学。其时在1954年，后去家乡的初中代课。月工资是27.5元。当时的小学教师、合作社营业员，每月工资是18元，能养家糊口，在他们的眼睛里，我——当时虚年才18岁，已经拿的是高工资了。我口才不错，上课受到几乎是年龄相当的学生们的欢迎，只要我坚持教下去，二年后转为正式教员，是不成问题的。但是，我没有满足现状，没有忘记"法乎其上"，我的目标是上名牌大学。我一边教学，一边阅读相关书籍，第二年夏天，我以社会青年身份，考取了向往已久的复旦大学历史系。五年寒窗后，又读了三年研究生班，走上了坐冷板凳治史的道路。只是在"四人帮"粉碎后，才怀着对封建专制的一腔怒火，拿起杂文的武器，投入战斗。但比起我的正业——史学，文学毕竟是副业。想当初，我要是囿于因出身农家，最易满足的小农意识，以当上中学教员沾沾自喜，怡然自得，就很难有我今天在史学、文学方面的建树了。

　　——此仅一例也。何书中其余的韬略，对我而言，多数都能触类旁通，心领神会。这就充分证明：这是一本有品位的书，切合读者实用的书。

　　我的好友冯其庸先生20世纪80年代曾赠金庸先生诗一首，其中有一句是"世路崎岖难走马"，我后来在一封公开信中，狗尾续貂，加上一句"重压每从头上来"。世事诡谲,道路艰辛。读者朋友,当你"难走马",遇重压时,不妨读一读何先生的这本书,肯定会有所悟的。

(《中国新闻出版报》2006年2月10日)

《永乐大典》正本殉葬说溯源

今夏虽酷热,但赶不上媒体炒作的文化热——电视里是小燕子搞鬼,报纸上是侃《永乐大典》。

不错,中国社科院文研所栾贵明研究员出版了一部1,500多页的厚书《永乐大典索引》,这为学术界翻检《永乐大典》,提供了方便,自然是一件功在学林的好事。但是,读了该书洋洋洒洒的长序《〈永乐大典〉之谜》,却让人实在不敢恭维。无论是材料,还是观点,从总体上看,并无新意。早在20年代,著名学者袁同礼先生即在《学衡》杂志第26期刊出《永乐大典考》,并在《北平图书馆刊》七卷一期刊出《永乐大典现存卷目表》,启近人研究《永乐大典》之先河。其后,著名历史学家陈登元教授在1932年秋完成名著《古今典籍聚散考》(商务印书馆1936年版)。该书第十章《外患与永乐大典之最后散亡》,长达25页,逾万字,在袁同礼等学者的研究基础上,广征博引,将《永乐大典》从编纂到正本亡佚、副本散失的过程,条分缕析,一目了然;遂后,他又在所著《国史旧闻》第三分册(中华书局1980年版)中,单辟《永乐大典》一卷,补充新的材料,引用史料二十余种,比《外患与永乐大典之最后散亡》,增色不少。及至1986年,中华书局出版了该局资深编辑张忱石编审的《永乐大典史话》,逾十万字,正文二万言,余为附录《〈永乐大典〉中辑出的佚书书目》、《现存〈永乐大典〉卷目表》。此书简明扼要地概括了前人研究《永乐大典》的成果,以及作者的研究心得。文字浅显,功力深厚,是研究或阅读《永乐大典》的入门书。《永乐大典索引》千元一部,一般读者难以问津。好在该书的序文即《〈永乐大典〉之谜》,经栾贵明先生压缩整理后,已由《文汇读书周报》于1999年7月3日用一半的版面刊出。将栾文与陈登元文、张忱石文对照,便不难发现,被当作重大文化新闻披露的栾贵明研究《永乐大典》如何筚路蓝缕、独辟蹊径云云真乃岂有此理!应当说,这是旧闻,而非新闻。更令人吃惊的是,栾先生在文中提出《永乐大典》正本"没有毁亡,更没有佚失",而是可能"做了嘉靖帝的陪葬物",亦即埋于永陵玄宫。对于这一观点,媒体当作爆炸性的新闻报道、渲染,在十三陵召开的研讨会上,立刻有人喝彩、捧场。但是且慢!姑且不论这种殉葬说有多少科学性,老实说,本人就不敢置信,正撰专文,应邀将在《寻根》杂志发表。不过,提出殉葬说,毕竟不失为一种《永乐大典》正本下落的新假设,有助于活跃学者的思考。问题在于,这种假设的首创者,真的是栾贵明吗?非也!早在1986年,张忱石即撰《永乐大典正本之谜》一文,刊于中华书局出版的《书品》第2期,引起一些期刊编者的兴趣,他将此文作了补充修改后,又先后刊于《历史大观园》1987年第2期、《百科知识》1988年6月号,并为《新华文摘》杂志转载(按:由于《新华文摘》编者的粗心,误将张忱石排为张忱召)。这些杂志并非珍本秘籍,乃学人的常见读物。现在笔者依据手头的《百科知识》1988年6月号,将张忱石关于《永乐大典》正本之谜的主要论点,节抄于下:"归纳起来,正本下落大体上存在五种说法。首先,毁于清乾清宫大火……其次,毁于明亡之际……第三,毁于明万历宫中火灾说……第四,藏皇史宬夹墙说(按:这是王仲荦教授私下与张忱石先生聊天时提出的看法,张在此文中,首次予以披露)……第五,殉葬说。《永乐大典》修于明代,而明代帝王阅读《大典》者,仅孝宗、世宗二人而已……更为喜爱《永乐大典》的还是明世宗,他'几案间每有一二帙在焉','按韵索览'……嘉靖三十六年宫中大火,他一夜下三、四道命令抢救《大典》;之后他又决定'重录一部'……由于明世宗对《永乐大典》'殊宝爱之',笔者认为极有可能正本为其殉葬于永陵(按:重点号系笔者所加)……安葬世宗在《大典》重录完成之前,在时间上存在矛盾……依笔者之见,重录工作在嘉靖四十五年至隆庆元年三月之间就可能完成了。由于世宗之死,有许多重要的事要做……直至这些急务处置妥当后,才下达嘉奖令(按:指嘉奖重录《大典》的有功人员徐阶、张居正等人),这是情理之中的事……从永陵的建筑规模,也存在殉葬《大典》正本的可能……正本如能发现,那将是轰动世界文化学术界的奇迹。"读了这段白纸黑字,我们立刻就会明白:创《永乐大典》正本殉葬说的是张忱石,而非栾贵明。令人吃惊的是,栾先生在《〈永乐大典〉之谜》文中,煞有介事地称"吾之畏友张忱石先生"云云,引用他在《永乐大典史话》中驳诘《永乐大典》正本毁于明清之际说、"送归"南京说。但是,对于关键的殉葬说,为什么却只字不提是由张忱石先生首创,而归到自己名下呢?这样的行为方式,该如何定位?

栾贵明先生在发表《〈永乐大典〉之谜》长文的同时,记者采访他的谈话,也在同一个版面刊出,说:"这篇长文,是经钱锺书先生杨绛先生反复指导和一再删改之后,才得以完成的。"真相究竟如何,笔者是局外人,不便悬猜。但是,钱、杨二老,学问再大,毕竟一不是明史专家,二不是《永乐大典》专家,他们显然是不能对这篇长文中存在的学风问题负责的。据一位知情者透露,钱老生前在一封致友人书中曾尖锐批评一位名声很大,却学风粗疏的学者是"无米而炊,无衷而嚎,真才子也"。这种当头棒喝,难道不值得某些学人引以为戒,深长思之么?

(《北京观察》1999年第11期)

世相种子世相花

歌谣、谚语与成语一样，都是现实世界的神髓，正如鲁迅先生论及成语时说的那样，"既然从世相的种子出，开的也一定是世相的花"（《何典·题记》）。我国历代谣、谚遗产的丰富，在全世界肯定是首屈一指的。仅就童谣而论，自古以来，两个方面的人，都很重视。一是统治者，有些朝代专门设置相应机构，派出专人至民间搜集童谣，借以了解民情、社会动向。二是文人、学者，搜集童谣，作为记录、研究当代或前代社会历史的重要资料。其中最著名的是明代嘉靖年间的学者、才子杨升庵编的《古今风谣》、清初学者郑旭旦编的《天籁集》、清末学者杜文澜编的《古谣谚》、民国年间顾颉刚先生编的《吴歌》甲、乙集。这些书中都有大量的童谣。我是研究历史的，又忝为作家之列，一直注意历代童谣。有关的书，能买到必买，买不到的，必设法借来，边阅读，边摘其要者，抄成卡片。而可以复印的，则复印。20世纪80年代，我的工作单位——中国社会科学院历史研究所的一位同事，在本所图书馆（按：我所图书馆所藏线装书甚丰，在北京仅次于国家图书馆、北京大学图书馆，位居第三。）工作的杨志清先生，示我馆藏民国十一年（1922年）上海世界书局出版，由雅仙居士金华陈和祥编辑的《绘图童谣大观》，翻阅之下，喜不自胜，当即复印，并请人装订成书。

这部书尽管有四册，字大，且有很多精美插图，但加在一起，也不到一百页，很适合儿童阅读。编者很有见地。常言道："三里不同风，五里不同俗。"编者所编的童谣，以上海周围——也就是江浙地区的童谣为主，但也有广东、四川、湖北、河北等省的童谣入选。这就必然带来语言、民俗方面的隔膜，使儿童看不懂。难得的是编者加了不少必要的简明扼要的说明,使儿童一目了然。童谣很多,难免夹杂着糟粕。本书除个别童谣(如嘲笑麻子等生理残疾现象的童谣)选入欠妥,又缺少批判的说明外,绝大多数童谣都选得很精当,而且涉及政治、经济、伦理道德、社会生活的许多侧面,内容广博。第二册有首无锡县的童谣《戒奢侈》:"著衣看家当,吃食看来方。种田钱,万万年。做工钱,后代延。经商钱,三十年。衙门钱,一蓬烟。"这是对官府贪贿的抨击。当然,这首歌谣也透露出农业社会的农本思想,以种田为第一要紧。虽已是民国了,但吴江县乡下仍然是以种地为主,故小孩子仍然唱着这古老的歌谣。第四册选了一首武昌童谣《警备队》:"……人家妇女陪他睡,他的妇女陪官睡。强盗土匪他不管,只把有钱的百姓来问罪。"尖锐地揭露了警备队的腐败。第二册还编入一首《错算命》的童谣:"姐在房里绣花枕,耳听门外弦子声。开开门来请先生,先生请到里头坐,报个八字给你听。拿起八字算一算,还有三年才动婚。姐儿一听就生嗔(怒也),骂声瞎子滚出门!头胎生过了!二胎要临盆!"这是对算命之类迷信活动的有力揭露,而且很幽默,儿童读后,肯定会笑出声来。破除迷信最好的办法,就是普及科学知识。《童谣大观》的编者,很重视这一点。如第三册选了一首常州童谣《显微镜》:"显微镜,真好顽,让我过来看一回。看见鱼子像鸭蛋,看见头发像门闩,看见丝线像草把,看见针眼像天窗,蚊子撒尿像大海,苍蝇屙屎像高山。人若不肯信我话,请他买个镜子顽一顽!"这首童谣形象、夸张,真是活龙活现,即使用今天的水准来衡量,也不失为一首优秀的科普儿歌。

我不时翻阅《童谣大观》,近几年来我写的发表在《瞭望》杂志上的《闲话蛤蟆滩》、刊于《人民日报》上的《谣谚说龙》等文,都引用过这本书中的童谣。我曾经建议出版社重印此书,未能如愿,引以为憾。

但想不到的是,最近浙江永康市《永康日报》社的陈李新先生给我打来电话,说读了我登在《人民日报》社主办的《大地》杂志上的文章《千手观音赞》,文中引用了《童谣大观》中的童谣,而此书的编者陈和祥先生,就是他的祖父,已于解放前去世。他很想找到祖父这本书看一看,并且该市已有个出版地方史文丛的计划,拟将此书列入。他希望我帮忙,提供本书的复印件。这当然是一件泽被后人、功在学林的好事,我当即答应一定帮忙。他又提议请我为这本书写个序,我也同意了。现在本书已托人复印、装订成书,我赶紧写了对这本书的一些粗浅看法,权作为序。我还希望陈李新先生能认真写一篇乃祖陈和祥老先生的小传,连同其遗照,刊于书首。因为包括笔者在内的一般读者,对陈老一无所知。前辈笔耕的辛劳,我们岂能忘却!何况编的是一部优秀的儿童读物,就更应该永远铭记了。

乙酉年七月二十五日于京华老牛堂

《老牛堂三记》序

读者看到拙著,大概首先感兴趣的是,何故曰"老牛堂"? 1993年春天,我在写《阿Q的祖先——老牛堂随笔》序时,有谓:"浮生难得几回雅,我倒也雅过一回:用'老牛堂随笔'的名义在台湾报纸上辟专栏,并维持了一年多。所谓老牛,此无他,不才属牛,又年过半百,名副其实也;也想借此聊表心迹:继续像老牛一样在文史园地老老实实地耕耘。"一年后的早春,我在自己另一本杂文、随笔集《牛屋杂俎》的序中,加了这样一条注释:"不才属牛。童年乡居,随先父恒祥公、母亲曹孺人耕读,与牛同居一室(敝乡称牛屋),自今每一思之,老牛之反刍声、叹息声,犹在耳畔回响;'文革'中遭迫害,蹲'牛棚'达七年之久;近年言寒斋曰'老牛堂';不才与牛真可谓拴在一个桩上矣。"我想,看了这一些,读者就会知道本书《老牛堂三记》名称的由来了。有人曾猜测,我在搞自己的牛系列丛书。其实,非也。我喜欢辛辛苦苦、踏踏实实独自牵磨、拉车、耕田的牛,但并不喜欢成群结队打打闹闹的牛,更不喜欢被人拿着鞭子在屁股后面吆喝、抽打,无奈只好连大气也不敢喘、低着头走成系列的牛。今后,我还会出杂文、随笔集,是否还会在书名中以牛字当头?现在很难说,只能且看下回分解了。

大画家黄永玉先生在他的一本画集上写道:本书献给谁呢?这没有心肝的世界,还是献给我自己吧!黄先生是大手笔,不才如我自然不敢作此想。我将本书献给我的本命年。愿牛年大吉:学术界、政界说大话、吹牛皮的人越来越少;像牛一样勤恳耕耘的人越来越多;俺老牛亦垂垂老矣,"世路崎岖难走马",况老牛乎!牛道难,难于上青天,但愿牛脾气少发。正是:

抬头忽见夕阳天,
转瞬又是本命年。
且喜和风吹绿柳,
抖擞精神再耕田。

是为序。

1997年暮春5月1日于老牛堂

蒙汗药与武侠小说

中国武侠小说为什么能风行世界？对这个问题，"贤者识其大，不贤者识其小"；这里，笔者拟从蒙汗药与武侠小说的关系这个小问题入手，予以管窥。难免有打边鼓之嫌，非所计也。

一

读过《水浒传》的人，谁都不会忘记那动辄将人麻翻、昏睡如死猪般的"洗脚水"——蒙汗药。其实，仅《水浒传》中多次描绘了蒙汗药，在别的不时叙述到武侠故事的小说如三言、二拍中，以及在传统武侠小说《七侠五义》、《小五义》之类中，都涉及蒙汗药或香型剂的蒙汗药——安息香；在中国大陆近几年地方小报及某些杂志上发表的新武侠小说中，蒙汗药仍然是一部分侠客或其敌手的利器；在金庸、梁羽生等人的笔下，虽然侠客掌握了更神奇、有效的新式武器，诸如"剑气闭穴"、"菩提指封住气血"等点穴法，以及"迷心药"、"散功迷药"等，其奥妙无穷，自然是古典小说及传统武侠小说所不能望其项背；但是，"迷心药"之类，实际上仍然不过是蒙汗药的翻版或摩登化而已。如此看来，蒙汗药与中国的武侠小说，真是结下了不解之缘。

蒙汗药究为何物？这一直是中外学者及一般古典小说读者所关心的问题。50年代初期出版的何心著《水浒研究》，及马幼垣在1978年冬发表的《小说里的蒙汗药和英雄形象》（此文收入台北出版的时报书系二六五：马幼垣《中国小说史集稿》，最近承友人陈学霖教授托人从美国捎来此书，我才有机会读到）一文，都对蒙汗药有所探讨，但并未能将它的来龙去脉完全搞清楚。犹忆1977年秋,我在上海与友人胡道静讨论蒙汗药的内容,他说这是一个谜,李约瑟老博士也未能解开它,如果把蒙汗药的原料及解药完全搞清楚,对研究古典文学、科技史,都将是一大贡献。随后,我曾试把自己的读书心得,陆续写成《蒙汗药之谜》(刊于中华书局版《学林漫录》初集,1980年6月。笔名村愚)、《蒙汗药续考》(刊于光明日报出版社出版的拙著《"土地庙"随笔》);大约是1982年,广西有位大学生看了拙作《蒙汗药之谜》后,很感兴趣,便结合他在广西家乡的民间调查和试验,写了《蒙汗药续谈》(刊于《学林漫录》九集,1984年12月),读来饶有兴味。现在似乎可以说,蒙汗药之谜,已经基本上被解开了。

蒙汗药是否是小说家向壁虚构的妄谈?非也。早在明中叶,郎瑛即指出:"小说家曾言:蒙汗药人食之昏腾麻死,后复有药解活,予则以为妄也。……《桂海虞衡志》载,曼陀罗花,盗采花为末,置人饮食中,即皆醉也。据是,则蒙汗药非妄。"(《七修类稿》卷下,事物类)显然,郎瑛告诉人们,蒙汗药是用曼陀罗的花末制成的。曼陀罗花,是茄科一年生草本植物曼陀罗的花冠,在明代又名风茄儿、山茄子等,今天中医的处方用名,称为洋金花、风茄花。这种花何以叫曼陀罗花?李时珍在《本草纲目》卷十七中解释说:"《法华经》言:'佛说法时,天雨曼陀罗花。'……曼陀罗,梵言杂色也。"据此可知,曼陀罗花是从印度传入我国的。但是,系何时传入?有待考证。据管窥所及,我国史籍最早记载曼陀罗花的,似为北宋周师厚在元丰初年写成的《洛阳花木记》(《说郛》第一〇四册)。此书在"草花"类中,载有曼陀罗花、千叶曼陀罗花、层台曼陀罗花三种。但并未指出此花的特性。那么,首先记载曼陀罗花具有麻醉性能的书,是何书?前述《七修类稿》曾引南宋范成大著《桂海虞衡志》的一段有关记载。但查《古今逸史》、《知不足斋丛书》等收录的《桂海虞衡志》,均无此段记载。看来,如果不是郎瑛别有所据,就是他搞错了。其实,早在北宋,司马光即记载:"杜杞字伟长,为湖南转运副使。五溪蛮反,杞以金帛官爵诱出之,因为设宴,饮以曼陀罗酒,昏醉,尽杀之,凡数千人。"(《涑水记闻》卷三)杜杞诱杀少数民族达数千人之多,实在残忍。而他用以施展阴谋的武器,正是"曼陀罗酒"。一次下药,竟使数千人昏醉而丧命,于此不难看出宋代从官府到民间,已经是使用蒙汗药成风。不过,记载绿林豪客用曼陀罗花药人的史家,最早的,恐怕还是南宋的周去非。他载谓:"广西曼陀罗花,遍生原野。大叶白花,结实如茄子,而遍生小刺,乃药人草也。盗贼采干而末之,以置人饮食,使之醉闷,则挈篋而趋。"(《岭外代答》卷八)显然,令人感到扑朔迷离的蒙汗药,确实是用曼陀罗花制成的。南宋建炎年间窦材在论及"睡圣散"这种药方时,即已明确记载说:"人难忍艾火灸痛,服此即昏不知痛,亦不伤人,山茄花(按:即曼陀罗花)、火麻花共为末,每服三钱,小儿只一钱,一服后即昏睡。"(《扁鹊心书》)可见至迟在南宋,用曼陀罗花作为麻醉药,已普遍应用于外伤等科,曼陀罗花的麻醉性能,是尽人皆知的了。

在明朝,蒙汗药将人麻翻的故事,化为小说家言,不胫而走,使蒙汗药的名声越来越大。明代史料中,对曼陀罗花入酒或它物中,人食后的麻醉性能,时有记载。如杨循吉载谓:"以曼陀罗酿煮鸭,日食则痴。"(《吴中故语》)又如:"用风茄为末,投酒中,饮之,即睡去,须酒气尽乃寤。风茄产广西,土人谓之颠茄。"(《岭南琐记》)再如:沈德符写道:"嘉靖末年,海内宴安,士大夫富厚者以治园亭、教歌舞之隙,间及古玩。……吴门新都诸市骨董者,如幻人之化黄龙,如板桥三娘子之变驴,又如宜县夷民改换人肢体面目。其称贵公子、大富人者,日饮蒙汗药,而甘之若饴矣。"(《万历野获编》卷二十)这里,沈德符是从批判富豪生活的奢靡、无聊这个角度,谈到蒙汗药的;蒙汗药一词成了人们口头上颇为流行的贬义语。与此相类似的是,万历时赵南星作的小曲"喜连声"中,有谓:"……吃了也蒙寒(汗)药,平身里扑腾地跌了一交,空合他犯了好。"(路工编:《明代歌曲选》,上海古典文学出版社1956年版,第132—133页)这些记载堪称是蒙汗药在明代风行天下的证据。(上述文献记载,已为当代的科学实验所证实。差不多二十年前,江苏、浙江、上海、西藏等地研究中药麻醉的大夫,根据《水浒传》的线索,经反复试

验,终于发现蒙汗药的主要成分,正是曼陀罗。他们并不了解历史文献)

蒙汗药的解药是什么呢?《广西志》及《本草纲目》卷四"诸毒"条中,都说用"冷水""喷面,乃解",但这不过是权宜之计,绝非有效之法。查考文献,明清之际的大学者方以智的记载,为我们提供了重要线索:"醉迷术……曼陀罗花酒,饮之醉如死。魏二韩御史治一贼,供称:威灵仙、天茄花、精制豆,人饮则迷,蓝汁可解"(《物理小识》卷十二)天茄花是曼陀罗花的别称;据此条记载可知,蓝汁能解蒙汗药,是干过用蒙汗药麻人勾当的贼人供出来的,弥足珍贵。所谓蓝汁,即靛。方志中记载说:"靛,即蓝汁。种宜于圃,立伏后取蓝投水,掺以石灰,以棒搅之乃成。业染家贩之。《本草纲目》:蓝汁浮水面者为靛花,其色胜母,所谓青出于蓝而愈于蓝也。"([清]赖昌期总修:《阳城县志》卷五《物产》。同治十三年刊本)蓝作为解药,宋代洪迈的《夷坚志》即有所记载,明代谢肇淛还特地加以引证,说它能"解百毒,杀诸虫"(《五杂俎》卷十一《物部三》)。蓝既能解百毒,其汁作为蒙汗药的解药,自然是不在话下了。当然,毒扁豆碱(毒扁豆碱是毒扁豆种子的有效成分,又称依色林(Escrinm)。1972年,我国已经人工合成,并作为以曼陀罗花为主要成分的中药麻醉手术后的清醒剂而用于临床实验,"静脉注射,一般经过十分钟左右,就能达到完全清醒。"见《中药麻醉的临床应用与探讨》,上海人民出版社1973年版,第164页。)及甘草绿豆汤(刊于《学林漫录》九集,1984年12月),都可以作为蒙汗药的解药,但在历史文献中,我们还没有发现有关记载。

从上所述不难看出,蒙汗药的存在是千真万确的,在我国至少已经流传了一千多年,是中国老资格的奇特产品之一。蒙汗药化为武侠小说中的神品、利器,原本是中国历史文化的特有产物。西方固然也曾经有数百年武侠小说风靡于世界的历史,并塑造出永不磨灭的武侠迷堂·吉诃德的典型形象。但是,西方的武侠小说中,不会有蒙汗药出现,这是因为,古代西方的很多国家,根本就没有麻醉药,医生在给病人动手术时，为使病人暂时昏迷，只好用棍棒打头，或者放血。因此，即使如塞万提斯那样想象波谲云诡的大作家，笔下也绝对不会有蒙汗药出现。而我国，早在汉代，神医华佗就发明了高效能的麻醉药"麻沸散"，后来，更有各种麻醉药相继问世。因此仅从蒙汗药这一点加以观察，就不难看出，中国的武侠小说，是深深扎根于中国历史文化层之中的；而中国的文化早已雄辩地证明，凡是愈能充分保持、反映中国历史文化特点的文学艺术作品，便愈有生命力。我想，中国武侠小说的"永远健康"、历久不衰的原因之一，也正是在于此。

二

中国武侠小说源远流长，罗忼烈认为，《左传》记载的鉏麑、灵辄的简单故事，是后世武侠小说的老祖宗（罗忼烈：《非三代两汉之书不敢观？》，载于《明报月刊》1983年1月号），那是不错的。固然正宗的武侠小说要从唐人传记小说《红线传》、《昆仑奴传》、《聂隐娘传》算起，但在古代武侠小说中，对后世武侠小说影响至巨、至今还拥有读者群的，当数《警世通言》中的《赵太祖千里送京娘》、《拍案惊奇》中的《刘东山夸技顺城门，十八兄奇踪村酒肆》、《二刻拍案惊奇》中的《神偷寄兴一枝梅，侠盗惯行三昧戏》、《古今小说》中的《宋四公大闹禁魂张》等。这些作品，虽然大部分写的是前朝故事，但实际上却是明朝社会生活的反映；其实，在这一点上，连《水浒传》也不例外。在这些武侠故事中，往往充斥着对蒙汗药的描写。如前节所述，这正是明朝风行蒙汗药在小说中的流露。与蒙汗药不是小说家凭空捏造出来的一样，前述的那些武侠，也不是小说家头脑中的幻化物，在明朝，确确实实存在着侠的阶层，他们的种种行径，被小说家高度观念化、艺术化的结果，便成了武侠小说或武侠故事。

对于侠的定义、变迁，人言人殊；我以为鲁迅翁关于侠的界说，是符合历史实际的。他说："司马迁说：'儒以文乱法，而侠以武犯禁'，'乱'

之和'犯',绝不是'叛',不过闹点小乱子而已,而况有权贵如'五侯'者在。……然而为盗要被官兵所打,捕盗也要被强盗所打,要十分安全的侠客,是觉得都不妥当的,于是有流氓。"(鲁迅:《流氓的变迁》,载《三闲集》)明朝自成化以后,随着经济的发展,出现了越来越多的城镇——特别是中小市镇;大城市更愈益发达,都市生活日趋繁荣多姿。但是,作为城市生活的派生物——流氓阶层,也随之日渐孳长。万历以后,其况更甚。以杭州而论,"省城内外不逞之徒结党为群,内推一人为首,其党与每旦会与首恶之家,分头探听地方事情,一遇人命,即为奇货,或作死者亲属,或具地方首状,或为硬证,横索酒食财物,稍不厌足,公行殴辱,善良被其破家者,俱可指数。"([明]陈善等修:《杭州府志》(万历七年刻本)卷十九《风俗》)在吴中地区,有"假人命,真抢掳"之谣;这是因为,一些流氓"平时见有尪羸老病之人,先藏之密室,以为奇货可居,于是巨家富室,有衅可寻,有机可构,随毙之以为争端,乌合游手无籍数百人,先至其家,打抢一空,然后鸣之公庭,善良受毒,已非一朝矣。"([明]许自昌:《樗斋漫录》卷十二)在北京,万历初年,就活动着一个以锦衣卫成员韩朝臣为首的流氓团伙,"结义十弟兄,号称十虎,横行各城地方";其中的一"虎",与《水浒传》中杨志的刀下鬼同名——叫牛二,与西城的李七、詹大、贾三、白云,及南城的李二、景永受等互相勾结,为非作歹,"科敛民财","诈骗人户","白昼打抢","盗拐人财";牛二还霸占民女陈香儿为妻。他们甚至还"毁骂赶打"从宣武门大街经过的兵部尚书杨兆,公然"口称我们兄弟十虎,谁怕你官"([明]郑钦:《伯仲谏台疏草》卷上),十分猖狂。而至明末,在北京城内,"又或十五结党,横行街市间,号曰'闯将'。"(《钦定日下旧闻考》第一四六卷引《白头闲话》)他们比起牛二之流更形猖獗。在江南的名城松江,出现了"名以拳勇相尚"的"蓝巾党",其中的一个成员,叫张半颠,其父还是进士。有人写了一首劝他迷途知返的诗,谓:"卓卓张公子,如何入斗场?读书君子静,击剑小人狂。不见当时侠,都因非命亡。迷途须亟返,亲泪已千行。"([清]章鸣鹤:《谷水旧闻》,《四溟琐纪》第八册)产生于崇祯初年、风行于明末清初的江南"打行",实际上也是流氓组织。史载:"鼎革时,市井少年好习拳勇,结党羽,是谓打行,遂以滋事。……小者呼鸡逐犬,大则借交报仇,自四乡以至肘腋间皆是也。昨步郭门之外,有挺刃相杀者,有白昼行劫,挟赀走马,直走海滨者……而百子之会,歃血禁城,幸旋就缚,惜处之未尽法耳。"([清]沈葵:《紫堤村志》第63页,上海史料丛书1961年编)值得注意的是,这些人明明是流氓,却以侠自居,连女帮闲、女流氓也不例外。如松江"虽称淫靡,向来未有女帮闲名色,自吴卖婆出,见医生高鹤琴无后,佣身与生一子,吴遂以女侠名。而富室之家争延致之,足迹所临,家为至宝,因托名卖婆,日以帮闲富室为生。工制淫乐,纵酒恣欢乐,自是起家数千金,乘兴出入,号三娘。"([清]范濂:《云间据目钞》卷二)有的人甚至用猪头冒充人头,声称为人报了仇,以大侠自居,从而骗得大宗银两;无怪乎时人沈风峰对此感慨系之地说:"自易水之歌止,而海内无侠士千年矣,即有亦鸡鸣狗盗之徒。"([清]吴履云:《五茸志逸》卷七)此语也许有失之偏激之嫌,但仍不失为一针见血之论。

  在明代——也可以说在整个古代,在所谓侠中,固然确有少数人除暴安良,劫富济贫,扶困救危,在历史上留下美名;但是,从总体上看,特别是在明清,侠实际上是封建统治者的帮闲、打手,也是流氓的别称。明代——包括清代的武侠故事、武侠小说,是明清流氓阶层生活的一面镜子。即以明代的武侠小说而言,如"大闹禁魂张"的宋四公之流,分明是在黑吃黑,落得个"鳖咬鳖——一嘴血"。当代的武侠小说,是明清以来武侠小说发展的结果,某些明清时期的侠,至今仍是一部分武侠小说讴歌、描绘的对象;这样看来,中国武侠小说的先天不足之一,就是追溯其历史渊源,赞美了流氓阶层,而且说真的,今日风行的某些武侠小说,即使是正面描写的武侠英雄人物,我们从他们往往粗暴、乖张的行为中,仍不时感到流氓气息的阵阵袭来;而一些武侠小说的"拳头加枕头"的所谓新潮流的出现,更使这种气息浓重了。近日与一位学者聊天,说起武侠小说,没想到他竟这样说:"老兄不是研究过蒙汗药吗?我看有一些武侠小说,就是青少年的蒙汗药!"现在看来,此话虽偏颇、尖锐,但却隐隐道出了一个道理:不能忽视武侠小说的消极面。事实上,这也正是武侠小说在中国乃至世界文学之林中,能占有一席之地,但始终成不了参天大树的一个重要原因。

三

半个世纪前,鲁迅曾经说过:"中国确也还盛行着《三国演义》和《水浒传》,但这是为了社会还有三国气和水浒气的缘故。"(鲁迅:《叶紫作"丰收"序》,《且介亭杂文二集》)这种深刻的洞察力,实在让人佩服。说到武侠小说,之所以能风行当代中国,固然有种种原因,但主要的,我以为正是中国社会还有武侠小说气的缘故。这个气不是别的,正是传统武侠小说所刻画的封建主义气息。是的,在中国大地上,早已实行了社会变革,但封建主义残余还严重存在,《水浒传》、《三国演义》及武侠小说里所描绘的一些人和事,还以老模样或新形式,继续活动着,有时简直让你难以置信,千百年的古今界限竟然似乎根本不存在,但这却是铁的事实。聊举一例——让我们还是回到蒙汗药的老话题上来,大概很多人难以想象,至今还有人干着用蒙汗药谋财害命的勾当,近年的报刊,时有所闻。如:就在1989年年初,《安徽日报》载:

前一时期,安徽省沿江一带连续发生几起"蒙汗药"案。

铜陵一工人李某,去望江县华阳河买河蟹,有一青年要当场教他"药功防勇"术,说是吃了他的药,会有"爆发力",就抓出一把似油菜籽般的药粒,让李某吞下。李某吞下后……始则兴奋,继则晕乎,最后不省人事。那青年就……将其身上四百元钱和一块钻石手表劫走。

不多久,又出一事。一个从浙江萧山来的推销员潘某,在贵池县青峰岭摆药摊的老妪处诊肩周炎。忽来一年轻人,说吃他的药可治肩周炎。潘某……接过药吞服,立时觉得迷糊起来,跟着年轻人东转西拐,……等苏醒过来,他发觉自己在芦苇丛中昏睡了一日两夜,又发现身上千元巨款、手表、衣服统统没有了。

公安机关侦查时,又出了另一案。在铜陵县大通镇姚凤嘴山上松林中发现一男尸,一千四百元被夺,检查尸体,发现其腹中有油菜籽般的药物。不久,被通缉的罪犯李俊终落法网。经有关部门检验,犯罪分子李俊所用的"蒙汗药",是一种名叫曼陀罗的一年生草本植物,含有莨菪碱毒性,服过量能导致神经麻痹直至窒息死亡。犯罪分子李俊已被判处死刑(转引自《每周文摘》1987年1月22日,总第319期)。

你看,这里的罪犯李俊,与武侠小说中用蒙汗药麻人的人物,不是如出一辙吗?这就是现实社会中的武侠小说气!我想,诸如此类的"气",作为重要因素之一,也正是新武侠小说产生、存在、衍化的土壤。至少在祖国内地,这种"气",成了武侠小说得以传播的合适的氛围。

1989年春于北京八角村
(台湾东海大学《中国文化月刊》第115期)

佛头着粪乎？
——《评〈碧血剑〉》序

按照武林中的行话来说，冯其庸大哥拉我入伙，参加由他开山的评金庸小说这宗名山事业，不才虽然不免有几分惶恐，但他比我年长十三岁，不才岂敢抗命？自去年十二月底得令，至今日交差，转瞬间，岁月的江河，已流淌了一百五十余日。其间，我不断忙着别的事，诸如维持在几家报刊上的小地盘——专栏、编了一本自己的随笔集、主编了一套北京地区的学者随笔丛书，为李自成的遇难与人打笔墨官司，等等，真个是忙得脚丫朝天。但再忙，我对评《碧血剑》不敢有丝毫懈怠，断而相续，今天终于画上句号。看着这个圆圈，不禁长舒了一口气，心情之愉悦，真有点类似一只母鸡向老大哥献上刚下的蛋。

这只"蛋"味道如何？老实说，我倒是无所谓。正像不管谁写的小说，一旦面世，只好任由读者评说一样，不才评《碧血剑》的文字，很快面世后，也只好任由读者评说。擦鞋底乎？作为史学家对大作家金庸不够体谅乎？文字幽默还是尖刻或嘻嘻哈哈乎？听凭读者发落，而且是"广阔天地，大有作为"。

不过，话又得说回来，我当初的"不免有几分惶恐"，并非是纯属多余的假客套。平生舞文弄墨以来，从未评过小说，更遑论武侠小说。虽然金庸是武林宗师，我倒不担心对他的小说评得不好，遭世人佛头着粪之讥。果真如此，也不过是在小说界添了一条倏忽即逝的黑色风景线而已；在遥远的天际，不是固然有五彩缤纷的彩虹时时出现，但偶尔也挂上一条不美的黑龙吗？我惶恐的是用什么手法来评论？但坦白地说，当我提起笔来，便几乎是不假思索地采用这种办法：跟着感觉走。

好在以前我只是随手翻翻《碧血剑》，并不熟悉故事情节、人物命运，现在认真细读，随手写下此时此刻的读后感，可谓与书中人物同命运、共呼吸；或者说对形形色色人物表达我的喜怒哀乐。读者会发现，我的文字有不少前后不一致处，如开始对夏青青、何铁手，几乎骂得狗血喷头，但后来则渐生好感，甚至爱上她们；即使对何红药，开始我对她大肆挞伐，最终也为她的痴情、她的悲剧，深深叹息。

历来对《碧血剑》的评价是贬多褒少。贬得最厉害的是金庸的挚友、冯其庸戏称为"倪无框"的倪匡。见仁见智，他们当然不能牵着我的鼻子走。倘若说，读者人人都是《碧血剑》的裁判官，那么我也不妨当一次裁判：这是一部优秀的武侠小说，尽管它存在严重缺陷。除了塑造出一群栩栩如生，呼之欲出的人物外（主人公袁承志由于作者将他过于理想化、道德化，反而让人摸不着他。这再一次证明，"高大全"式的文学形象非失败不可。金庸也自承"袁承志的性格并不鲜明"），他勾画出明清之交纷乱如麻，犬牙交错、"闹哄哄你方唱罢我登场"的那一页兴亡史、血泪史。但是，由于作者对明末农民战争史缺乏深入研究，对李自成进京后的种种描绘，是违背历史真实的，整个小说给人以虎头蛇尾、草草收兵之感。就小说体现的历史而论，金庸的成功之处，是在于他有进步的历史观，对明史下了相当功夫；他的不足之处，在于对明末的历史，仍然隔膜。真是"成也萧何，败也萧何"。

我把《碧血剑》当作一座舞台，在上面当票友，唱、念、做、打。每页所写评论文字，有冬烘式的，有杂文、随笔式的，而且作可能只配叫"打水"的打油诗，"青山易改，本性难移"，难免臭毛病"涛声依旧"：以古讽今，"皮里阳秋"，严肃起来引经据典，开起玩笑来全无正经。我已年届花甲，看来这辈子"改造好"是无望了。

附带说一下：《碧血剑》后所附作者长文，因非小说，而是长篇史学论文。金庸非史学界人士，本着武林惯例，我不应与他过招，故未予置评。尚望读者明鉴，并非不才偷懒也。

读金庸《碧血剑》札记

磨剑十年成大器

　　童年时读贾岛的名诗"松下问童子,言师采药去。只在此山中,云深不知处"。不禁对云雾深处的千仞高山及隐者,充满了神奇而又迷茫之感。稍长,读武侠小说,尤其读《蜀山剑侠传》,对峨眉山及剑客、剑仙的无限向往,简直不可名状。直到前几年,有机会登上峨眉山巅的金顶,眺望茫茫云海,回想起童年情愫,不禁哑然失笑。近读《碧血剑》第三回,无异于重温我童年的旧梦。这正是包括金庸小说在内的优秀武侠小说的魅力所在。君不见,在常人根本无法攀登,几乎举手可摘星辰、"不敢高声语,恐惊天上人"的高山之巅,穆大侠、木桑老道一庄一谐,向袁承志传授武艺,承志幸何如也!并有救过他性命的哑大汉及两只通人性的猿猴为伴,实在是他的福分。把棋子当作武器,是金庸的一大发明。在远离尘嚣的巨石上、古松下,练棋子、棋盘的攻防不二法门,委实让人眼睛发亮。至于金庸写金蛇郎君绞尽脑汁地设置诡秘、歹毒、神奇的种种机关,是不是"机关算尽太聪明,反误了卿卿性命"?袁承志无意之中发现了机关,从而得到了重宝秘籍,对于已苦学了十年武艺,成了华山派后起之秀的他,究竟有何意义?不过是金大侠祭起悬念的法宝,让读者眼花缭乱,想定一定神,再往下瞧个究竟罢了!正是:

　　　　莫道居高声自远,
　　　　全仗明师细指点;

> 磨剑十年成大器,
> 况有金蛇遗宝典!

且看大河浪淘沙

看这第六回书,我们不难悟出,人生的一大悲哀,莫过于梦醒了,无路可走。金蛇郎君行将诀别人世时,才悟出即使用十万两黄金换见温仪一面,又岂可得乎?此君聪明绝顶,但他却不懂这句大俗话:没有钱是万万不能的,但钱不是万能的。清人龚定庵曾说过,安得黄金百万两,交结天下美人名士,不亦快哉!金蛇朗君已是美人在抱,却不知珍惜,实在是大俗人一个,死不足惜。

世末多丑角,吕七先生就是其中的一个。区区烟袋,拿在手里吞云吐雾,也就得了,却偏要把它当成似乎所向无敌的法宝,结果成了一钱不值的哭丧棒,自己只落得哭丧着脸,夹起尾巴,溜之乎也。此类庸才,并非江湖特产,政治舞台上又何尝少见?正是:

> 手持烟袋丑巴巴,
> 装腔作势有名家。
> 莫道吕七何其多,
> 且看大河浪淘沙!

历史关节仔细看

六十年代,有人发挥著名历史学家陈守实教授(梁启超弟子)的观点,著文论述明末社会矛盾与清初各项措施,认为清初的重大政治、经济措施解决了明末的社会矛盾,使清初的社会得以稳定,生产力得以发展,从而推动了历史的前进。洪承畴、范文程、冯铨辈,因熟知明朝的症结所在,故各项条陈建议,均能对症下药,被清王朝采纳、实行,因此,他们所起的历史作用,是正面的,应当肯定;清朝人坐稳了江山,修国史时,把洪、范等人列入贰臣传,并不能作为我们今天评价这些人物历史作用的标准。此文作者,在"文革"中红得发紫,活像从酱缸里爬出来的,随着"四人帮"的倒台而被扫进历史垃圾箱。但是,不因人废言,我以为此文的根本观点,今天看来,仍是可取的。令人佩服的是,金庸在本回书中,写范文程、宁完我等在盛京宫殿上向皇太极出谋献策,正是从一个独特的视角,展示了这一历史进程的部分面貌。读者看本回书时,不可被刀光剑影沉醉,而忽略了这部分内容。须知,这些才是明清之际历史风云变幻的一大关节也。正是:

历史关节仔细看,
刀光剑影只等闲。
若知身后贰臣传,
范文程辈早心寒。

开怀大笑能有几

在香港中文大学举办的首届国际武侠小说研讨会上,有次一位小姐风风火火地赶到会场,很不以为然地说:"这样讨论太严肃了!武侠小说是写给读者看的,只要好看就行。"我小声问身边的《明报》记者林翠芬小姐:"这位是谁?"她也小声地告诉我:"吴霭仪。博士,写社评的。"久闻吴小姐大名,这次总算"闻名不如见面"。当时我心里不很自在:这是学术讨论会,包括我在内的学者,当然要严肃地把武侠小说放到学术层面上讨论。不料后来在晚宴上,倪匡直言不讳地说:"我看了会议的论文。真严肃得让人吃不消:武侠小说是写给读者看了玩的,哪有那么多的思想性、学术性,不要去拔高!"现在看来,二位的高论,可谓入木三分。金庸、古龙等写的武侠小说,为什么历久不衰?最重要的一点,还不就是因为好看、好玩么!就这第十回书而言,相当好看、好玩。

袁承志与山东帮、河北帮群盗的斗智、斗勇,将他们玩弄于股掌之间,令我多次捧腹大笑。有几处描写,显然采用了电影蒙太奇手法,美轮美奂,精彩之至;而袁承志的掷人、叠箱、登箱等细节的描写,俨然在放卡通片,令我童心复萌,几乎要与青青、阿九一起拍手称快。看过法国电影《勇士奇遇记》吗?这回书,称得上是中国勇士奇遇记,热闹、开心,妙极了!正是:

人生识字忧患始,
开怀大笑能有几?
刀箭丛中觅欢乐,
武林金侠谁能比!

五毒苦斗鬼神惊

这第十五回书的最精彩处,恐怕要数五毒之争。中国历史文化太悠久,坏东西、怪东西,几乎与好东西一样,也是源远流长,甚至地久天长。太远的不说,即以宋朝而论,南宋学者曾敏行撰《独醒杂志》卷九载"南粤俗尚蛊毒、诅咒,可以杀人,亦可以救人,以之杀人而不中者或至自毙",可知宋代南粤蛊毒风行。在明代,蛊毒更形猖獗,有蛇毒、蜥蜴毒、蜣螂毒等若干种,"食之变乱元气,心腹绞痛,或吐逆不定,面目青黄,十指俱黑"。([明]李乐:《见闻杂记》卷七)但是,蛊毒并非无药可治,全赖如小说所描写的冰蟾解毒、救命。事实上,李时珍的《本草纲目》(八)卷四《蛊毒》条中,记录治蛊之药多达163味,其中颇有神效者。光绪年间申报馆曾做聚珍版印《四溟琐纪》,该书卷七,载苗家夜间"放蛊出饮",竟然"空际如流星闪电",岂不吓杀人也么哥!而明清其他一些笔记、野史的记载,蛊之神秘莫测,更使人目瞪口呆。武侠小说往往被人视为作家随意编造的故事。"此邦焉可托?唯有乌托邦。"其实,至少金庸的武侠小说,涉及太多的人文知识。正是:

五毒苦斗鬼神惊,

　　千年蛊害更揪心；

　　绝色教主长已矣,

　　孰料贻害直到今?

报国无门谁之过

　　"老天爷,你年纪大,耳又聋来眼又花。你看不见人,听不见话。杀人放火的享着荣华,吃素看经的活活饿杀。老天爷,你不会做天,你塌了罢!老天爷,你不会做天,你塌了罢!"([清]艾纳居士:《豆棚闲话》卷十一)过去,某些史家曾大肆歌颂这首"歌谣"是明末农民的"革命歌谣",反映了农民所谓"塌天改世"的"哲学思想"。我曾著《〈边调曲儿〉辨》(见拙著《明清史散论》)一文驳诘。读了本回书中被大顺军搞得家破人亡的老妇的悲愤呼号,更使我坚信,这是一首咒骂农民军的民歌式的诗。李自成既向封建皇帝转化,一部分部下既已干着杀人放火的勾当,百姓为什么不能痛骂?我以为,老妇骂得好!而且我相信,博学多才的金庸所写的老妇的控诉,与这首《边调曲儿》何其相似乃尔,他肯定是从此《曲》顺手拈来,化为"散文"的。事实上,40年代有人曾将此《曲》谱曲,改名《老天爷》,用以发泄对当局的愤懑。金庸当时风华正茂,对此歌当耳熟能详。

　　全书归结为袁承志等心灰意懒,去国远行,让人感慨万千。诚然,"道不行,乘桴浮于海",这是我们的老祖宗提倡过的,原本无须大惊小怪。但回首古月今尘,有多少志士仁人乘桴而去?即以金庸本人而论,50年代初,不是也曾满怀报国志,北上京华,想在外交界一显身手吗?结果是被拒红门,只好再次"乘桴浮于海",凭着他的天资英发,勤苦不懈,终于在海外成就了一个金色的金庸。

　　我为袁承志掷笔长吁。金庸并没有把他去国前悲愤、无奈的心情

充分描绘出来,未免太惜墨如金。明代大手笔屠隆写过一曲《大江东》,抄录如下,或可形容袁承志心情于万一:

骇世路,羊肠太行。论人心,罗刹瞿塘,委实难防。狠戈矛,从容笑里藏;毒羽箭,一霎间中放;墨漆漆装下了陷人坑,响当当直说出瞒天谎!那里讨一副奸人面孔,高力士肚肠?直弄得人裹鸱夷饮剑铓……(屠隆:《娑罗馆逸稿》卷一)

正是:

全书一曲浪深沉,
长江黄河水不停。
报国无门谁之过?
挥泪行行复行行……

霜欺雪压见精神

"霜欺雪压见精神",这是前人题在修竹图上的诗句。近读《光明日报》老编辑、高级记者张安惠的新著《往事知多少》(新华出版社出版),不禁想起了这句诗。她比我年长九岁,称得上是老大姐。虽说她年近七十,面容清癯,身材瘦削,但说话、做文、办事,仍然风风火火,如同一首歌所唱的那样,"我心依旧"。

张大姐这样好的精神状态,从何而来?我以为,正是源于"霜欺雪压"。

她13岁时,父母双亡,和三个弟妹成了孤儿。贫困像一张无形的网,缠得她透不过气来。所幸她进了流亡学校,终于活下来,并有书读。抗战时期流亡党校的艰辛,现在的青年是难以想象的。她在书中写道:"学校没有医生护士,连碘酒、红药水这最一般的救护药品也没有,生了病,只有'扛'着。学校的伙食差,同学们普遍生疥疮,奇痒无比。疥疮红肿化脓,没有药怎么办,我们就少吃两口稀饭,蘸些稀饭在化脓的疥疮创面上,因稀饭滚烫且有盐,烫能止痒,盐能杀菌……学校养了几条大黄狗。清晨,狗如啼哭,同学们则怕,因为,每次狗一哭,就死人。这是迷信,又似乎不是迷信。"呜呼,校门闻犬吠,黄泉添新鬼。这是什么样的学习环境呵!但是,正是在这样的环境里,她凭借坚忍不拔的毅力,读完中学,又上了大学。"十年树木,百年树人"。一个孤女,经过在贫困线上的十年挣扎,宛如一棵黄巴巴的小竹,栉风沐雨,终于长成挺拔傲立的劲竹了。幸运的是,随着重庆的解放,她踏上新闻战线,开始了记者生涯。不久,她找到了终身伴侣高丽生——一位当年《晋绥日报》的骨干、后来主持过几家大报编务、德才均优的老同志。

但是,这对互相敬重、相濡以沫的夫妻,并未能相伴终生。六十年代后期越来越左的妖风,使他俩深受其害,而"文革"的狂飙,终于使她家破人亡。康生一手炮制的小说《刘志丹》事件,使时任《工人日报》社长的高丽生遭受严重迫害,"文革"开始后,更升级为"反革命",张安惠也被打入"牛棚"。他们的独生女儿高迟,此时还在幼年,"因红卫兵不许黑帮家里用阿姨,托儿所也不收黑帮子女",他俩只好托保姆将高迟带到江南的乡下去。张大姐在书中写道:"丽生想得周到,将我的弟弟、妹妹的照片找出来,并在照片的背面写上他们的姓名、单位、地址,并嘱咐谭阿姨,等平静了,必要时她可领高迟去找她的舅舅和姨姨……他不忍父女离别,几十年来第一次哭了。"杜甫有诗曰:"死别已吞声,生别常恻恻。"这样的情景,真使人不忍卒读。她作为一个母亲,饱受与幼女生离的煎熬;1974年,在萧瑟的秋风中,又作为妻子,遭受了高丽生含冤病逝的死别之痛。"辗转兰床独抱衾,起来重读柏舟吟。月明霜冷人何处?影薄灯残夜自深。入梦相缝知不易,返魂无术恨难禁。哀思惟奋酬君愿,报国何时尽此心!"这是何香凝老人悼念廖仲恺先生的名诗。张大姐肯定熟悉这首诗;当时,她从此诗中,当激起多少感慨!

但是,历史毕竟很快将黑暗的一页翻过去。"报国何时尽此心"——"四人帮"被粉碎,此其时矣。张安惠勤奋地工作着,退休后,仍白发打工,为《中华英才》杂志编稿、组稿,写出了一篇又一篇人物采访记,构成了《往事知多少》的下半部。这些文章的特点,我看与书中前半部回忆录一样,可用八字概括:朴实无华,有血有肉。

是的,这本书中没有时下某些畅销书中的杂事秘辛、稀奇古怪、互揭隐私、嬉皮笑脸之类。这是一本严肃的作品。但我相信,前述那类作品,尤其是靠传媒在亿万人中"混个脸熟"者写的哗众取宠文字,很快就会随风而逝。而《往事知多少》,正因为有那样的八字特点,不但值得今人一读,而且也值得后人一读的。

生于忧患,死于安乐。艰难使人成玉。透过张大姐的桩桩往事,我再一次领悟了这些古老格言的魅力。我以为,张大姐这种在"霜欺雪压"中崛起的自强自立、敬业不懈、老而弥坚的精神,是很宝贵的。

1997年10月12日于牛屋

"沉舟"浮出水面
——读向阳湖书两种

"沉舟侧畔千帆过,病树前头万木春。"这是中唐诗人刘禹锡《酬乐天扬州初逢席上见赠》诗中的名句。犹忆"四人帮"被粉碎、结束了给中华民族造成空前浩劫的"文化大革命"后,不少人都喜欢吟诵这两句诗,庆贺制造黑暗者已被钉在历史的耻辱柱上,迎接我们的是万木争荣的无限春光。但是,学术界、文化界的有识之士,并没有一味地陶醉在春光里。他们坚信必须将"文革"置于理性审判台前,对其产生的土壤、沉重的教训,进行历史的、多层面的反思。否则,谁又能保证摧残春天的那种严寒永远不再来?二十多年来,若干有心人,一直以各种方式,克服重重障碍,在从事这项工作。其实,形象地说,他们干的就是打捞"沉舟"、医治"病树"。如果不打捞"沉舟",找出"沉舟"沉没的原因、教训,"侧畔千帆过"的船队,仍会有下沉的危险;而不医治"病树",查明病因,参天大树仍有枯萎的可能。近读李城外同志编著的《向阳情结——文化名人与咸宁》(上)及《向阳湖文化人采风》(上)(均由人民文学出版社出版)这两种书,我深感城外就是一位孜孜不倦的打捞向阳湖"沉舟"的人,而且可喜可贺的是,经过多年努力,"沉舟"已经浮出水面,这两种书的出版,便是明证。

向阳湖位于湖北咸宁,就是古代赫赫有名的云梦泽。在"文革"中期,从1969年至1973年,文化部在此设立"五七"干校,先后聚集了六千多名干部及家属,一边劳动,一边"斗、批、改"。真可谓"向阳湖畔凄凉地,风雨五年置此身"。当时,"五七"干校遍布国中,但今天看来,没有一处干校能够具有向阳湖干校广泛、深远的影响。这是因为,在文化部干校内,文化名人荟萃,作家冰心、曹禺、张光年、陈白尘、沈从文、萧乾等,在国内外具有广泛的影响;而单士之、牛家潛、顾学颉、王利器等,则是公认的文物专家、古文献及古典文学研究家。应当说,他们都是国宝级人物。他们在向阳湖度过的朝朝暮暮,经历过的风风雨雨,遭受过的屈辱、损害,以及抚慰过他们受伤心灵的鄂南山水、明月清风、朝露夕晖,特别是贫苦农民那份淳朴、真挚的情谊,他们不会忘记,历史更不应忘记。多年来,李城外在繁忙的行政工作之余,积极组织当年的向阳人写回忆录,陆续在《咸宁日报》或别的报刊发表,现在汇编成册,这就是《向阳情结》一书的由来。书中有萧乾、臧克家、张光年、楼适夷、韦君宜、牛汉、陈早春等35位著名作家、学者的回忆文章,这是研究"文革"的珍贵文献;而这些文章,又由于出自大家手笔,情文并茂,行云流水,读来令人或笑,或哭,或哭笑不得,实在是文学的珍珠滩。

《向阳湖文化人采风》,是李城外多次风尘仆仆,在京中采访冰心、楼适夷、张光年、萧乾和文洁若夫妇、周巍峙、严文井、陈原、张兆和、牛汉、吴雪等三十多位著名文化人的访问记。这些文章文笔清新,是很好的散文。城外不仅忠实地记录了他们对向阳湖如梦往事的回忆,不管是不堪回首,还是蓦然回首,既是为历史作证,更是斜阳系揽;须知,其中不少人已是风烛残年,时不我待。端详本书所刊四十多幅彩色照片,我不胜感喟。冰心老人、曹禺先生、楼适夷先生、韦君宜先生的照片,都是他们住在医院里,由李城外摄的。冰心老人与本世纪同在,是中国文坛的幸福;曹禺先生亲笔为《向阳情结》题签,却未等到此书出版,即遽归道山;而小说家、编辑家韦君宜,她只能躺在病榻上艰难地读报,令读者心酸。显然,李城外的这些采访,可以说是一种文学、史学的抢救活动,功不可没。

"沉舟"浮出水面,这对文学界、现代史学界、政治文化界,都是一件令人瞩目的幸事。我们应当为脚踏实地、锲而不舍打捞"沉舟"者李城外及大力支持他的咸宁地委及文坛前辈们,表示祝贺与感谢。愿有更多的志士仁人参与打捞"文革"的"沉舟",根本目的当然只有一个:神州纷纷"沉舟"、参天大树日渐凋零的噩梦,永远不再来,而千帆竞发,万木交辉的美景,永远伴随我们走向未来!

3 月 16 日于京南牛屋

奇书一瞥

时下书摊上,常见有的书赫然印上"奇书"两个大字;有的书更被特制成彩色海报,大书"千古奇书,不可不看"之类字眼,让你心跳。但,一看书的内容,不对了,平淡无奇,味同嚼蜡。此辈之所以一再标出"奇书"云云,如同明朝一首小曲所形容的那样,不过是"一个个兔赶獐,一个个卖狗悬羊"而已。

当然,此类等而下之的书贾制造的奇特文化现象,绝不等于说天下无奇书。管窥所及,就有好多种,现略举三种,聊备一格。

《胠箧秘诀》:又称《暴客阴符经》,明代万历年间江南大盗邱老四著。据明末学者徐复祚《花当阁丛谈》卷七记载,邱老四在江南作恶多端,后栖身江阴,白天佯为双瞽,为人算命,人皆不识其庐山真面目,夜则聚伙行劫。此盗从未失手,并安享天年。狡狯可想而知,但更重要的是,看来他很善于总结经验,并写出上述专书。这是一本道道地地的强盗经。可惜此书已佚,要不然很值得认真研究,以便以毒攻毒。

《杜骗新书》:全称是《新刻江湖历览杜骗新书》,明万历浙江夔衷张应俞撰。夔衷是何地?我请专攻历史地理的专家查考,无结果。张应俞的生平也不得而知。此书原有万历刻本,国内极罕见,但在日本却很流行。三年前,我偶得此书复印本,曾策划整理重印,惜未果。所幸不久百花文艺出版社出版了孟昭连整理的《江湖奇闻杜骗新书》,现在我们读来就很方便了。本书奇就奇在:形象、真实地揭露了明朝中叶后光怪陆离的骗子及五花八门的骗人勾当。全书按照骗子的行为方式,分成 24 个门类,即脱剥骗、丢包骗、换银骗、诈哄骗、伪交骗、牙行骗、引赌骗、假银骗、妇人骗……真是洋洋大观,把骗子一个个揪到你面前示众。

更难能可贵的是,张应俞在每则故事后面,均写有评论,分析骗子的所用手法,以及被骗者应当吸取的教训。此书与《肱箧秘诀》恰成鲜明的对比!正如作家爱伦堡所说,一边是庄严,一边是无耻。阅读此书,对于我们识别当今江湖涌现出来的形形色色的骗子,显然是很有帮助的。

《花间梦词记》:蜀人谢重开著,1934年上海喜怒用功社印行。这是一本流传甚少的书。全书分"高会"、"求女"、"三谪"、"听歌"、"酒会"、"艳运"、"病浮"七个部分,为古今谈词之书所仅见,如此分类、标题,便有几分怪诞。在"高会"中,作者写道:"每岁花朝,词灵大集花间,其人士集者:前辈屈原、宋玉、贾生、王粲、庾信;宾客庄生、司马相如、杜甫;府主李白;掌院前席刘禹锡,后席温飞卿;西苑韦庄,南苑冯延巳;录事赵崇祚……词境诸仙女、巫山女、长命女、薄命女、柳青娘、武媚娘……"然后写他们穿过历史的隧道,从天上人间飘然而至,谈词论道,有欢悦、有感慨、有愤懑、有悲歌。上海有句话说:"东搭西搭,七搭八搭。"谢重开的这种"七搭八搭"的功夫,令我称奇:想象奇诡瑰丽,而并未越出词境。须知,如"搭"得不好,就会像另一句上海话所形容的那样,是"瞎七搭八",徒增笑柄。

上述三种书,书名上并未标出"奇书"之类字眼。但至少在不才看来,确有奇特之处。可见,书之奇,在内而不在外也。

1995年1月17日于老牛堂

一本奇特的伪书

明代万历年间,有一本颇引人入胜的奇书,在士林间悄悄流传;书前有因嘉靖大礼议案而遭贬斥云南的大名士,也是大学者杨慎的题辞,说是得于安宁州土知州董氏家,是海内孤本,书名叫《汉杂事》,一卷,但卷首又有"秘辛"二字,故名《汉杂事秘辛》。杨老先生还特别指出,书中"吴某入后燕处审视一段,最为奇艳,但太秽亵耳",这就越发激起读者的好奇心;好睹秘辛、奇艳,乃不少文人之常情也。因此,读者争相传抄,嘉兴的包衡先生购得一本,视为珍宝,准备除夕时"聊当椒盘"。刚好有友人来,见之大喜,便将此书介绍给沈、胡两位先生,刻入《秘册汇函》,从此更是不胫而走,影响深远。时人谢肇淛赞不绝口,谓:"叙女宠者,至《汉杂事秘辛》极矣……所谓'扪不留手,火齐欲吐'等语,当与流丹浃藉竞爽,而文采过之……此等文字,今人不能作也。"(《五杂俎》卷八)显然,他认为《汉杂事秘辛》确实出自汉朝人的手笔。直到近代,一些学者仍对之很赏识,甚至连学术大师梁启超老先生,也一度把它当作汉代野史看待。已故史学家陈东原教授早年著的《中国妇女生活史》,曾引用此书的内容,论述汉代妇女情状。然而,这本书却是一本伪书,它的作者不是汉代某氏,而正是杨慎本人。

让我们先看一看《汉杂事秘辛》的主要内容,本书写的是东汉梁冀家事,其时汉恒帝选妃,看中了梁大将军的小姐梁莹,由皇太后派一个保姆,去检查梁小姐的身体,不仅让梁莹脱光衣服,对她身体的各部位长度做了记录,如"自头至底长七尺一寸,肩广一尺六寸,臀视肩广减三寸,自肩至指长各二尺七寸"等,更仔细观察了梁小姐的肌肤、私处,但见"肌理腻洁,扪不留手,规前方后,筑脂刻玉。胸乳菽发,脐容半寸许珠,私处坟起。为展两股……此守礼谨严处女也"。恒帝听了情况汇报后,很满意,遂迎梁莹入宫,册立为懿德皇后。这个故事不仅富有传奇色彩,对裸女的描绘,更摇人心旌。但稽诸学术史,就会发现破绽:传奇乃唐、宋始有的文学形式,东汉何能有？对裸女的刻画入微,也是唐、宋以后,特别是明朝才有的事,汉代不会有。更明显的是,书中还写了梁莹的缠足状,而缠足(俗称裹小脚)是五代以后才有的陋俗。明代学者胡震亨等人,更从制度、仪礼等方面,指出书中的一些记述,与汉代实际情况不符。后来,沈德符终于揭穿了事实真相,指出:"近日刻《杂事秘辛》……以为始于东汉。不知此书本杨用修伪撰,托名王忠文得之士酋家者。杨不过一时游戏,后人信书太真,遂为所惑耳。"(《万历野获编》卷二十三)六十多年前,梁启超在清华研究院授课时,在坦承上当后,即指出:"此书疑即晚明时杨慎用修所作。杨老先生文章很好,手脚有点不干净,喜欢造假。"(《古书真伪及其年代》)当然,伪书不等于废书。用《汉杂事秘辛》研究汉代,那实是笑话;但用以研究明代的文化史,还是很有价值的。

(《中央日报》1991年12月23日)

防骗奇书:《杜骗新书》

德国的大哲学家黑格尔曾经说过:人与人之差,甚于人与猿之差。看来,只要有人类的地方,不管是什么样的社会制度,总会有大大小小、形形色色的骗子,以及上上下下多数可怜而值得同情、少数并不可怜因而不值得同情的受骗上当者。社会前进的脚步,总是伴随着正、反、合的节拍。有正必有邪,有邪必有正;一种思想存在,必有另一种相反的思想产生,与之对立。因此,既有骗人之术危害社会,必有防骗之术净化社会。好多年前,我就曾经想过:我国的古书汗牛充栋,甚至连强盗、骗子都写过专书,如明朝万历年间江南的大盗邱老四,就写过强盗经《胠箧秘诀》,某些文人称之为《暴客阴符经》(见明人徐复祚《花当阁丛谈》卷七)。一定会有有识之士,写过揭穿骗子伎俩、擦亮人们眼睛、防止上当、杜绝骗术的书。后来从一些书目上,果然看到有一本,叫《鼎刻江湖历览杜骗新书》,计 4 卷,题作清朝人张应俞撰,日本昭和五十年,京都大学人文科学研究所曾用东京内阁文库藏存仁堂陈怀轩刊本影印;而同书又有更早的版本,名《江湖历览杜骗新书》,仅 1 卷,也题作清人张应俞撰,由五濑龟贞训译,文政元年皇都书林菱屋孙兵卫刊行。(见《京都大学人文科学研究所汉籍目录》)可是,我一直没有机会读到这本书。我查了国内的一些大图书馆的藏书目录,并请友人杨志清先生代查,迄无结果,但是,真可谓踏破铁鞋无觅处,得来全不费功夫。去年秋天,美国加州大学研究中国历史的万志英副教授(Richard Vonglahn)来访,交谈中,说起我正在写作《明代商业文化初探》的长篇学术论文,论文虽已写完,但感到对明朝骗子危害商业的行径揭露不够时,他微笑着,从旅行包中取出一本复印本的书,顿使我眼睛一亮,原来正是《杜骗新书》！而全称则是《新刻江湖历览杜骗新书》，题作浙江夔衷张应俞撰。这位碧眼、大胡子的万博士，曾多次到日本、中国台湾看书。他告诉我，他曾在东京大学东方文化研究所看到万历刻本的《杜骗新书》，那么作者当然是明朝人，而不是清朝人。蒙万博士慨允，我将此书复印，快读一遍，不时发出会心的微笑。可以毫不夸张地说，此书真让人拍案称奇！

奇在何处？

奇就奇在：《杜骗新书》形象、真实地反映了明朝中叶后光怪陆离的骗子，及五花八门的骗人勾当。随着社会经济的发展，商品流通日趋活跃，明朝到了正德、嘉靖、万历时期，人们的商业活动参与意识，普遍大为提高，上从皇帝、宦官、大臣，下到士兵、百姓，都积极经商，世人遇到一件物品，开口就是："有便宜的吗？"当时有位姓沈的书生曾不胜感慨地说："汝家要便宜，却不顾这家失便宜。"（见明人丁元薦：《西山日记》卷下）大家都想"占便宜"的结果，导致更多的人离乡背井，投入走南闯北的商业大军的行列；另一方面，应运而生，社会上形成一支庞大的江湖客，如侠客、光棍、游方光棍、游嘴光棍（大体类似今日流氓、混混）、骗子、乞丐群落、小偷、强盗、三姑六婆，等等。他们中的绝大多数人，用各种不正当的手段谋生，其中危害最大的，是出没江湖，随处可见，披着各种外衣，有多种面孔的骗子。所谓"我家田地在江湖，不用耕兮不用锄，说话未完苗已秀，再谈几句便收租。"（见《江湖切要》卷首诗。按：此书成书于康熙初年，记载的大多数为明朝江湖黑话，小部分是清朝江湖黑话）简直就是这些骗子的江湖宣言。你看，不耕不锄，话还没完苗已长成，再谈几句，田租居然已经到手！这种专做无本生意的江湖耕耘客，除了一个骗字外，哪里还有其他。他们的种种鬼蜮伎俩，不仅使很多人——特别是那些初涉江湖、社会阅历太少的人上当受骗，再毒化了社会，使流氓意识恶性膨胀，在各个阶层蔓延。而《杜骗新书》，虽然全书仅3卷，却按照骗子的行为方式，分成24个门类，即脱剥骗、丢包骗、换银骗、诈哄骗、伪交骗、牙行骗、引赌骗、露财骗、谋财骗、盗劫骗、强抢骗、在船骗、诗词骗、假银骗、衙役骗、婚娶骗、奸情骗、妇人骗、买学骗、僧道骗、炼丹骗、法术骗、引嫖骗，真是洋洋大观，把骗子们一个个揪到阳光下示众，使他们原形毕露。值得注意的是，本书在书目上列为小说类，而古代小说的概念，比今天杂泛得多。严格地说，本书类似今天的法制纪实文学，或法律故事汇编，以后者更近似。书中所述，并非张应俞凭空杜撰，都是有事实根据的。看来，这些故事的来源有二：一是社会新闻，二是文献（包括文集、笔记、邸报等）。书中所说的一些人和事，今天我们还能找出原始记载。如卷二写唐伯虎、祝枝山等至扬州骗盐使的钱，见于《自醉㙩言》等书，文字也基本相同。又如紧接这则故事的，是陈全骗妓的故事，陈全虽非大名人，但也实有其人。此公是南京人，很聪敏，喜欢浪游。有一天他误入禁地，被太监抓住，陈全跪下说："小人是陈全，祈公公见饶。"太监听说陈全很会说笑话，便说："你可以说个一个字的笑话，如果能让我笑，方才放你。"陈全立即说："屁。"太监说："这是什么意思？"陈全答道："放也由公公，不放也由公公。"太监听后哈哈大笑，便把他放了。（见明人冰华生，即江进之《雪涛小书》）显然，本书关于陈全骗妓的故事，不会是空穴来风。

十分难得的是，本书的每则故事后面，都附有张应俞写的评论。他用朴实无华的笔墨，分析这则故事中骗子所用的手法，以及被骗者应当吸取的教训。他告诫世人要谨防上当受骗的拳拳之心，真是溢于言表。

还应指出的是，本书对研究明代社会生活史、经济史，尤其是明代商业史，具有很高的史料价值。书中对牙行的经营方式、各种物价的记载、各地——特别是南方的贸易情形等，应当引起学者们的重视。我的同事许敏女士是研究明朝铺户的，看了本书，喜出望外，抄了不少卡片，本书的学术价值，可见一斑。

令人遗憾的是，本书撰者张应俞的生平，还有待详细考证。他是浙江何处人？夔衷是何地？我曾请教专攻历史地理学的专家、学者，但至今还没有答案。也许是张应俞的字？不知也。从本书的各条评论可以看出，张应俞是怀有正义感，并有强烈社会责任心的下层知识分子。他憎恨贪官污吏,同情小民百姓,而对江湖骗术,深恶痛绝。他既不信鬼神,也不信歪门邪道。从全书看来,尽管他不断揭露骗术,及与之相关的各种丑恶行为,但他的情操是高尚的,并不采取自然主义的手法,去津津乐道犯罪细节,对淫秽行为绘声绘影。因此,用今天的话说,张应俞笔下不涉黄。明中叶后,统治阶级上层人欲横流,淫乱不堪,社会风气腐败,对比之下,张应俞真可谓众醉独醒,出污泥而不染了。也正因为如此,他写的这本书,才会成为严肃的、有益于世道人心的好书。当然,作为古代文化载体的古书,毕竟是古代特定时期的产物,即使是一本好书,就像今天我们打捞起古代的沉船一样,尽管装满财宝,但也难免夹有泥沙。本书中的"尼姑撒珠为奸媒"的故事,今天看来就不大适合再向读者推荐。

骗子自古有,于今为烈。近几年来,伴随着商品经济的发展,历史上的沉渣重又泛起,形成一大批新的江湖客,用各种骗术,上坑国家,下坑百姓。但是,尽管他们的欺骗活动的内容,与几百年前有所不同,但大体而言,手法却是一脉相承的,无非是"黑漆漆装下了陷人坑,响当当直说出瞒天谎"。因此,希望国内出版家能将此书重梓问世,这对于我们识别今天的江湖骗子,无疑是有很好的借鉴作用的。

1992年5月6日于京西八角村

《逃难记》逃难记

作为一介书生,我的几千册藏书,皆常用书,当然不会有珍本秘籍。不过,居然也有一本称得上是海内孤本,这就是《逃难记》。这是30年前金山县松隐乡的农民薛晋余送给我的。薛晋余当时担任周家浜生产队的记工员,业余暗中唱"太保书"(按:一种迷信职业,明清时即盛行于江南)。通过"四清运动",他认为唱"太保书"是骗人,于是将这本"太保书"赠我作纪念。展读之下,此书乃唱本,7个字一句,全书合计782句,5400多字。书中虽偶有因果报应的字句,但全篇内容则叙述的是1937年"八·一三"淞沪之战后,上海难民为躲避日寇的轰炸、杀戮,四处逃难的情景。小民百姓在逃难路上的流离颠沛、生离死别,日寇杀人放火的法西斯暴行,人民的抗日斗争等;都有所揭露、控诉与记述。因此,我将这本由薛晋余在1940年3月用毛笔手抄的"太保书",定名为《逃难记》,准备以后抽暇整理,作为抗战史料发表。我对此书怀有特殊的感情。事实上,我正是在苏州出生后不久,由母亲抱着,随着难民从江南逃亡到江北的,儿时常听母亲诉说起"离乱人不及太平犬"的痛苦经历。再说,此书薛晋余已保存了24年,很不容易。但我做梦也没有想到,仅仅一年后,在和平的日子里,这本《逃难记》却又跟着我逃来逃去,度尽劫波。

"文革"中我曾多次被抄家,资料、书稿荡然无存。但《逃难记》先是由刘济民学兄保存,总算躲过了第一次抄家。后来,书又回到我手中,想不到不久我却连遭大厄,抄家成了家常便饭。有一次,抄家的"工宣队"头目翻出此书,说:这是什么书?我说这是抗战史料,是一位贫下中农送给我的。那个年头,最时髦的流行口号之一是"工人阶级与贫下中农心连心",也许此公认为既然是他们"心"上人送我的,当然不是坏书,终于没有拿走。

1990年春天,我忽然想起这年的9月3日,是抗战胜利45周年。作为炎黄子孙,岂能忘记当年日本法西斯带给中国人民的深重灾难?于是,我花了几天时间,将此书整理一遍,重新抄录,改正错别字,注出上海、苏北难懂的方言,并写了跋文《太保书中的抗战史料》,复印后,先后寄给台湾某史学月刊、上海某通俗文化杂志,竟然如石沉大海。愤慨之余,又寄给南方我所熟悉的某史学刊物,结果是一位编辑很客气地给我写来退稿信,说与他们的刊物性质不合。真是夫复何言!十多年来,我发表过很多文章,而介绍《逃难记》的这一篇,却只能是"逃来逃去吸北风",最后只好塞进去年出版的《老牛堂随笔》中。我不禁掷笔长吁:先生们,莫非你们如俗话所说,"好了疮疤忘了疼",把那页浸透血泪的屈辱史,早已淡忘了?

若然,这是危险的。捷克的民族英雄伏契克在名著《绞刑架下的报告》结尾用生命告诫世人:"人们,我是爱你们的,但你们可要警惕啊!"——我以为,今天最值得我们警惕的是,在相当一部分人的心目中,中华民族的民族意识在模糊、淡漠。强化民族意识,深化爱国主义教育,是其时矣。

1995年元月4日于芳星园

料应厌作人间语

> 姑妄言之妄听之，
> 豆棚瓜架雨如丝。
> 料应厌作人间语，
> 爱听秋坟鬼唱时。

这是清初大诗人王士禛给蒲松龄的名著《聊斋志异》的题诗，读来使人顿觉似有一股阴风从荒冢墓穴吹来，鬼意森森，油然而生。也许是王士禛特别偏爱蒲松龄笔下形形色色、无奇不有的鬼故事，故这四句题诗，颇有一点鬼才味道。当然，尽人皆知，《聊斋》除了写鬼外，还写了神、妖、魔、狐、怪等。钱塘魏之琇的题诗说得好："蒲君淄川一诸生，都邑志乘传其名。假非诵读万卷破，安有述作千人惊。《聊斋志异》若干卷，鬼狐仙怪纷幽明。跳梁载车已诞幻，海楼山市尤支撑。谛观命意略不苟，直与子史相争衡。中藏惩劝挽浇薄，外示诙诡欺纵横。浸淫秋郁出变态，雕镂藻绩穷奇情……"此诗不仅道出了《聊斋》的艺术特色，更说明蒲松龄老先生"诵读万卷破"，满腹诗书，厚积薄发，否则不可能写出如此脍炙人口的传世之作。这无疑是中肯之论。

我在童年时，偶见家中有一部残本《聊斋》，挑灯展读，却懵懵懂懂，不能领略书中的奥妙，硬着头皮啃了几篇，终于难以卒读。其实，当时我还不到十岁，又上的是新式小学，古文一窍不通，读《聊斋》显属超前行为。直到又吃了好几年老米饭，成人了，并上了大学，重读《聊斋》，才爱不释手，几乎废寝忘餐。犹忆同寝室学友陈兄，曾对我大为感叹："我怎么碰不到《聊斋》里的狐狸精？即使碰到一个女鬼也好，'月明林下美人来'，多有诗意！"这样想入非非，令我忍俊不禁。我曾经想写一部《续聊斋》，但不才如我，只能同样是想入非非。不过，经过所谓"横扫一切牛鬼蛇神"的十年浩劫，并且自己也曾经被打成"牛鬼蛇神"后，我却下定决心要重编一部《聊斋》。我说的是重编，而不是续编。诚然，论才华，也许我正如俗语所说，抵不上蒲松龄脚后跟的一层皮。但论藏书之丰，特别是读书之多，自信绝不敢对仅为乡村塾师的蒲先生多让。而如果再加上我的几位学界好友，他们或在大学执教鞭多年，或长期在研究机构治史，所读历代文集、稗官野史之多，则更是蒲老不能望其项背。蒲松龄在《聊斋自志》中开头即说："披萝带荔，三闾氏（按：指大诗人屈原）感而为《骚》（按：即《离骚》）；牛鬼蛇神，长爪郎（按：指唐代诗人李贺）吟而成癖。"其实，在很大程度上说，一部《聊斋》，不就是"牛鬼蛇神"传吗？电视剧《聊斋》的主题歌有一句说："牛鬼蛇神倒比正人君子更可爱。"太对了！因此，可以说，《聊斋》是"牛鬼蛇神"最好的颂歌。也唯其如此，我曾把现在呈现在读者面前的这部《古本聊斋》，取名《牛鬼蛇神谱》，并写了一首打油诗，曰：

> 老调新弹唱打油：
> "牛鬼蛇神"何处求？
> 莫道怪诞太离谱，
> 烟波深处有蜃楼。
>
> 休让春梦困扁头，
> 多少奥秘待探求。
> 世路崎岖难走马，
> 且随老汉信天游！

何谓怪诞？唐代诗人杜牧《李贺诗序》："鲸呿鳌掷，牛鬼蛇神，不足为其虚荒幻诞也。"可见"牛鬼蛇神"即虚无荒诞之意。"文革"中号令

"横扫一切牛鬼蛇神",把"牛鬼蛇神"与坏人画上等号,打击一大片,实在是荒谬绝伦。正是:"牛鬼蛇神"莫横扫,怪诞故事是个宝。本书中的几百则故事,无论是鬼的悲歌、神的逍遥、狐的艳情,还是妖的作孽、魔的变幻,都是人的理性、感情的升华。或传,或颂,或哭,或笑,或讽,或喻……至于异闻轶事,则有大量奇特非凡、令人惊叹的自然现象、社会现象、生命现象供我们鉴识。当然,有的神秘现象属于千古之谜,需要一代又一代人的辛勤探索,才有可能揭开。而对于一般读者来说,在赏心悦目之余,一笑置之就行了。至于有些情节事涉迷信,相信读者完全有辨别能力。

当然,本书与《聊斋志异》还是有很大不同的。蒲松龄写《聊斋》大部分是创作,一部分则是对民间口头文学加工再创作,汪洋恣肆,天马行空。而我主编的这部《古本聊斋》,是请学界好友将魏晋以来直至清朝末年的稗官野史中类似《聊斋》的故事,分门别类,予以精选,再加上必要的注释,并译成白话文。原文篇末均注有出处,全书按原作产生的朝代先后为序,编排成轶。无论是选材、注释,还是翻译,我们都是步步为营,如履薄冰。应当告诉读者,本书译注者中的多数朋友,都是专职历史学者,李斌城研究员、刘精诚教授更是隋唐史、魏晋南北朝史的专家,其他几位,也都是饱学之士,著述不辍。在选材时,他们是从历代几千万字的原始记载中精选出来的,在当今学术界,很难找到一个能博涉如此多史籍的学者。还是众人拾柴火焰高,个人难以企及。且不论本书的取材有《太平广记》之类大书,更重要的是有不少书是珍稀本,即使是专业学者,也不容易读到。如明朝杨仪的《高坡异纂》、闵文振的《涉异志》、来斯行的《槎庵小乘》、李中馥的《原李耳载》、姜准的《岐海琐谈》等;而清代虽然离今世时间较近,但霁园主人的《夜谈随录》、苏睿珍的《霭楼逸志》、邹钟的《想当然耳》、竹勿山石道人《琐蛄杂记》、黄鸿藻的《逸农笔记》、宫柱的《春雨堂笔记》、徐乃秋的《风月谈余录》等,一般图书馆也难以找到。因此,即使从文献学的角度来看,本书也是很有价值的,其中的大量资料,可供研究文化史、社会史、文学史、俗文学的学者参考。虽然,我主编此书的主要目的,并不在此,不过是想请读者朋友跟我们一起去远离尘寰的超现实世界里,看亦真亦幻的鬼国沧桑、神侣仙踪、妖魔变脸、狐家悲欢……倘说得更直白一点,不过是给茫茫人海感到嘴巴太淡的先生、女士们,送来一把有滋有味的盐。如此而已!

本书有对穿越生死轮回的母子情、夫妻情、挚友情的热烈赞颂;有对一代鬼雄的昂扬颂歌;有对阴间第一把手阎王爷平反冤狱的大声喝彩;有对贪赃枉法的狰狞恶鬼的无情鞭挞;有对仙家度人不度狗的生动记述……其实,说阴间也罢,神界也罢,归根到底,还是在变相说人间,或者说是对光怪陆离的人间奇光异彩的折射;而有的篇章,分明是政治寓言,含意深刻隽永,今天读来,现实世界的相关人物几乎呼之欲出。我不想一一举出篇名剖析,读者自能识之。

本书每篇故事后的评论,是我写的,无非是东施效颦,步《聊斋》"异史氏曰"的风流余韵,对每篇故事发表一点读后感:或赞,或笑,或讥,或骂,或叹,无非是"跟着感觉走",甚至"拄个黄瓜当拐棍";无意牵任何人的鼻子走,不过聊博读者一笑。因家住京西石景山区,故书作"石景山人曰",权充一回风雅。

          1994年11月25日于京西八角村
        (本文系作者为主编的《古本聊斋》所作的序)

别了，《兔园策》

虎年已是岁末，兔年即将来临。在送虎迎兔之际，不禁想起有关兔子的种种掌故。我以为，《兔园策》的故事，是耐人寻味的。

时下年过花甲者，一般都很熟悉旧时私塾里的启蒙读物，诸如《百家姓》、《三字经》之类，简单易学，很适合三尺童稚智力的初级阶段，至于《大学》、《中庸》之类，多半费解，故当时的儿童每每发牢骚曰："读《中庸》，屁股打得鲜红！"但是，《百家姓》、《三字经》之类读物，比较晚出，远不及《兔园策》资格之老。

《兔园策》又作《兔园册》，其作者史料记载歧异，有的书说是唐杜嗣先撰，或谓虞世南撰，这里存而不论。唐太宗李世民的儿子李恽（蒋王）热心教育，命僚佐模仿应试科目的策问，编成问答题，引经史解释，分四十八门，共十卷，取名《兔园策》。但在唐代，并未风行天下，至五代时，才流行于民间，成了私塾的课本。由于这本书的体例比较呆板，也未免太官气，行文又追求对仗、押韵，不够通俗，所以流行一阵后，就被别的优秀儿童读物所取代，《兔园策》正应了一句俗话："兔子尾巴——长不了。"今天，我们只有在敦煌文献中才能看到它的残卷，重温一千多年前的旧梦。

不过，《兔园策》毕竟在唐代，特别是五代的政治、文化生活中，打下了烙印。当时的很多高官，不学无术，目光短浅，见识鄙陋，因而被时人讥为《兔园策》水平。声名不佳的几朝元老、政治不倒翁"长乐老"冯道更是一位典型。据《旧五代史·冯道传》、《新五代史·刘岳传》等史料记载，有一次冯道上朝，任赞、刘岳二位官员随其后，冯道几次回头看他们，任赞故意问刘岳干什么？刘岳大声说："忘记拿《兔园策》了！"以此讥讽冯道的治国才能，只有《兔园策》的水平，并非官大就学问大。冯道听了当然勃然大怒。但是，这样的讥评，是很准确的。事实上，他除了精通权术、八面玲珑外，又有多少学问、多大本事？

大江东去，"逝者如斯夫"，冯道那样的政界老奸巨猾之徒，虽然不可能"千古典型今复见"，但是，类似此公的《兔园策》现象，却屡见不鲜。我听过台湾演员说的相声，讽刺某部长回答记者的各种提问，总是哼哼哈哈，不可捉摸，或者说"我们正在请专家、学者研究"云云。何以如此？无非是此人读书不多，也就是除《兔园策》之外，胸中并无他策。咱们这儿，有的要员作报告，居然由秘书代劳，全部从报纸上抄来，没有一句话是属于自己的，甚至把原稿上的"接下页"也高声照念不误，引起全场哄笑。如此才能，其实又在《兔园策》水平之下，真让人哭笑不得。

兔年即将来临，我们热烈欢迎。但是，对于政治文化领域里的《兔园策》现象，我们要大声疾呼：别了！但愿不再来。

1999年1月于牛屋

读《思辨录》随笔

我在读大学时，教我们世界史的业师周谷城先生，多次在课堂上勉励我们："于学无所不窥，博大精深。"这使我们深受鼓舞。但是，像我这样的人，如同宋史专家王曾瑜先生坦承的那样，先天不足，后天失调，虽然也读了不少书，做了一点学问，但面对"于学无所不窥，博大精深"这十个大字，汗颜之余，只能感叹"此生未卜他生休"。近日，我花了几天时间，正襟危坐，将当今学界硕学鸿儒王元化先生的新著《思辨录》读了一遍，深感前述十个大字，用以形容《思辨录》，实在是当之无愧。这部46万字的巨著，涉及古今中外的思想、人物、历史、文学、哲学、美学、戏剧、鉴赏、考据、训诂乃至译文校订等，使人宛如面对大海，无数浪花飞溅，目不暇接。我随手写下若干读后感，现整理成随笔，尚望读者勿以琐屑、浅陋见讥，则幸甚。

软 挺

《思辨录》第68条，是《曾国藩著"挺经"》。元化先生写道："前人据此（按：指《庚子西狩丛谈》所载李鸿章述及曾国藩的十八条'挺经'，及其中一条内容），称曾国藩'挺经'之刚，具有将欲取之必姑与之之义。"我以为，此说可谓道出"挺经"神髓。曾国藩是大儒，不仅精于孔孟之道，也熟读老庄。相传老子临终前，张开嘴巴问弟子："我的牙齿怎么样？"弟子答："全掉了。"老子又问："我的舌头如何？"弟子答："好好的，完整无缺。"老子说："你们要懂得，牙齿是硬的，而且老是硬碰硬，所以不能持久，全掉了。舌头是软的，所以最终得以保全。"由此我悟出，自古以来,政治家事实上都在奉行"挺经",或为硬挺,或为软挺,而软挺比硬挺更重要,更奏效。曾国藩两挺兼施,其软挺更是炉火纯青。他功成身退,解甲归隐,彻底避免了被满清朝廷"狡兔死,走狗烹"的厄运,保住"中兴名臣"、清末大儒的盛誉,堪称以柔克刚的软挺杰作。曾国藩平素待人接物,锋芒尽藏,在公开场合,从不臧否人物,在其奏疏和文集中,对当时活动在政治舞台上的风云人物,只有赞誉,而无贬毁。但是,作为一代政治家,对于当时的人物,岂能没有看法?耐人寻味的是,曾国藩在公余之暇,最喜欢与他的幕僚、心腹挚友赵烈文聊天,赵将曾国藩的谈话内容,悉数写在日记中,后定稿成《能静居日记》,共40册,但到1972年,才由台湾学生书局影印出版,曾国藩的大量私房话,也就大白于天下。曾国藩与赵烈文聊天时评骘的人物,相当广泛。如《能静居日记》同治六年五月十八日,即记曾国藩"谈话甚久,遍及时贤"。说"官秀峰(按:即湖广总督官文,因其位居大学士,故称'官相')城府甚深,当胡文忠(按:胡林翼)在时,面子极推让,然有占其地步处,必力争,彼此不过敷衍而已,非诚交也……左季高(按:左宗棠)喜出格恭维,凡人能屈体己甚者,多蒙不次之赏,此中素叵测而又善受人欺如此……沈幼丹(按:沈葆桢)自三年争饷后,至今未通信,其人大抵窄狭。彭雪琴(按:彭玉麟)光明俊伟,而本事不及杨厚奄(按:杨岳斌)。杨厚奄颇狠",如此等等。官秀峰被曾国藩之弟曾国荃(即"老九")参劾罢职,后曾国藩与官秀峰在北京相见,曾居然"始终若聋聩然",甚至坦言"余惟麻木不仁处之而已"。更有甚者,其弟国荃在同治五年"讦官不胜,极悔,极思退,事事请教老兄"。国藩竟说:"须悔亦须硬,仍须顽钝无耻,乃可做事。"这句话的后面十个大字,足以使我辈小民、书呆目瞪口呆。但这才是曾国藩的真实面貌,也是古今曾国藩这类大政治家的真实面貌。何谓软挺?上述十个大字是最绝妙的注脚。

曾国藩想著《挺经》,如同元化先生所说,"这恐怕不是空穴来风"。但毕竟是曾国藩说说而已,以他的身份、性格,只能是跟个别知交闲聊时言及之,绝不会真的形诸笔墨,并成书。今坊间有曾国藩《挺经》面世,伪书也;编者虽辑录资料,也花过些功夫,但高标曾国藩所著,不过是商业炒作,读来毕竟有隔靴搔痒、雾里看花之感。

李鸿章佚闻

《思辨录》第 70 条,是《李鸿章办外交》,引清人笔记,述李鸿章"与外人交涉,尤轻侮之"(梁启超语)状,读来甚有味。元化先生说"此类传闻颇多",的确如此。半个世纪前,我在读小学五年级时,业师尹洪生先生教历史课,曾在课堂上给我们讲了这则故事:李鸿章使德,不留神把痰吐到地毯上,德人侧目,李甚尴尬;宴会上,李鸿章使用刀叉,不甚熟练,状亦狼狈,引起德人讪笑。李对此颇耿耿,决心报复。宴请德人时,李命席上置象牙筷,第一道菜是鱼皮,德人赴宴者,不会用筷,一手一只,何况又是甚滑之象牙筷、鱼皮,怎么弄也弄不到口,只能干着急。饭后,李鸿章请德人吸水烟,"洋鬼子"哪会?结果把烟袋里的水全吸到肚子里!——我们听后,都哈哈大笑,觉得李鸿章真棒,如同元化先生所说,"取得了精神上的胜利"。当然,料想这则故事多半是江淮野老传闻,不见于文献记载。李鸿章在与外国人打交道,特别是在谈判桌上,表现到底如何?最有说服力的,莫过于谈判对手洋人的记录。光绪二十一年(1896 年)清廷任命李鸿章出使俄国,祝贺沙皇尼古拉二世加冕。在加冕前夕,沙皇令财政大臣维特伯爵(Count Sergey Witt, 1849—1915 年)和李鸿章谈判西伯利亚铁路横穿中国东北问题。后来,维特伯爵经历了宦海沉浮,于 1907 年夏天开始写回忆录,他去世后,由约塞夫·弗拉基米罗维奇·黑森在 1933 年将维特的遗稿整理成《回忆录》发表。我学过多年俄文,但久不用,已不能阅读俄文《回忆录》。台湾《历史月刊》1997 年 1 月号,刊有刘耿生《维特〈回忆录〉中的李鸿章使俄》一文,引用不少《回忆录》文,皆译成中文,其中述及李鸿章的种种举止,令人吃惊。如:"我问李鸿章吸不吸烟?这时李鸿章发出了一声牡马嘶叫似的声音(按:何其怪也,更何其放肆!),立即有两名中国人从隔壁快步出来,一人端着水烟袋,另一人拿着烟丝,然后就是吸烟的仪式;李鸿章端坐不动,只是用嘴吸烟喷烟,而点烟袋,拿烟袋,往他嘴里送烟嘴,抽烟嘴,这些完全由旁边的中国人十分虔敬地来做。显然,李鸿章想通过这样的礼仪对我产生强烈的印象。"但是,在这样庄重的外交场合,李鸿章留给维特伯爵与其他俄国外交官的印象,只能是一个架子十足、作威作福的老官僚,而且放肆,令维特鄙夷。《回忆录》还记述了李鸿章报复来访的中亚细亚伊斯兰国家艾米尔(元首)的"不可一世的威风",竟然对俄国翻译官说:"请转告艾米尔……他们那个宗教的创始人穆罕默德也曾在中国待过,他那时是个苦役犯,后来中国把他撵走了,大概那时他就到艾米尔他们那里,创立了他们的宗教。"这是典型的胡说八道,弄得艾米尔很难堪,"接着,李鸿章得意扬扬地回到了自己的房子里"。其实,李鸿章有什么好得意的?他的妄自尊大,信口开河,只能使中国政府丢脸,贻笑海外。但是,维持的《回忆录》,在总体上对李鸿章仍然作出了这样高的评价:"我在我的国事活动中见过不少国务活动家,其中有些人是名垂青史的,在这些人中,我认为李鸿章是一位卓越的人物,他的确是一位杰出的国务活动家。"是耶?非耶?全凭史家评说。

(《文汇读书周报》2004年11月19日)

《看了明朝就明白》序

我国史学界习惯上把1840年作为中国近代史的开端。但西方史学界，认为明朝的建立，就标志着中国近代的开始。要了解中国，就要首先了解中国近代。因此，研究中国明史，在西方成为一门显学。20世纪80年代初期，美国驻华大使恒安石，曾请中国社会科学院历史研究所科研处，邀专家给他开一批明史参考书目，后来找到我，由我开出书目。从明朝中叶开始，西方已开始逐步走上工业化的道路，酝酿着掀起第一波全球化浪潮。而当时的明朝在忙什么呢？读者看了本书的《郑和其人其事》就会明白，虽然我们在航海技术上，本来在全世界都居于领先地位，但皇帝以天子——老天爷的天字第一号骄子自居，把宣扬封建专制王朝的国威看成是头等大事，不知浪费了多少人力、物力！我们终于被历史潮流抛在后面，落伍了！

读了本书，读者就会明白，明朝曾经创造了何等辉煌的农业、手工业、商业、文化艺术。但是，明中叶后，腐败日益猖獗，贪污受贿像瘟疫一样在全国蔓延，官吏骄横不法，骑在百姓头上作威作福；虽然出了个杰出的改革家张居正，开创了万历新政的大好局面，但随着张居正的英年辞世，人亡政息，政治、经济、军事腐败又卷土重来，并变本加厉，大明王朝终于迅速走向灭亡。腐败导致崩溃。"笙歌西第留客家，烟雨南朝换几家"。明朝又一次重复着历代王朝走向末路的轮回。历史的警钟，难道对今天的我们，不正是起着警示作用吗？

不了解历史的人，总以为历史是老古董，离今天很遥远。其实不然。读了本书您就可以明白：今天我们常常挂在嘴边上的"开门七件事"、"三百六十行"、"父母官"等，是在几百年前的明朝才定型，成为千家万户的口头语的;在国破家亡时奋起抗争,反抗压迫,不屈不挠,坚持民族气节的顾炎武、金堡等人的高风亮节,不正是我们今天提倡的爱国主义传统吗?在现实社会中,总是糟粕与精华杂陈,狗毛伴龙麟齐飞。昨天、前天、前天的前天,也莫不如此。读了本书的《蒙汗药之谜》、《明朝的流氓与流氓意识》、《防骗奇书:杜骗新书》等文,读者就会明白:今天的江湖上,仍不断有人用蒙汗药迷人、作案,今日的流氓、黑社会五花八门的诈骗术,与明朝何其相似乃尔!谁说明朝遥远?明朝仿佛就在昨天,就在眼前。

从粉碎"四人帮",我获得平反,重新研究明史,握笔为文,至今写下的明史札记、明史小品,已逾百万字。现在选出若干篇,精心修订,编成本书。写作这些文字时,我力求雅俗共赏。"通古今之变"的太史公、我的祖师爷——"笔端常带感情"的梁任公(1873—1929年)(按:我在20世纪60年代,负笈复旦大学历史系研究生班时的导师陈守实教授(1893—1974年),是20世纪20年代清华研究院的研究生,他主攻明清史,导师便是梁任公)永远是我学习的榜样;他是历史学家,也是文学家,真正体现了熔文史于一炉。我用散文、随笔的笔调写作读史札记,用我办杂文专栏的笔名金生叹给每一篇读明史札记写短评,目的只有一个:增加思想性、学术性、可读性,拉近历史与现实的距离。我一向认为,历史学家的作品,应当"飞入寻常百姓家"(我还专门请人刻了一枚闲章)。如果历史作品仅在史学圈内孤芳自赏,那是一种悲哀。

我的这本书究竟写的怎么样?相信读者看完《看了明朝就明白》,就明白了。

(《中国新闻出版报》2005年8月26日)

说千年眼

笔者儿时,听大人讲神话,即知有"千里眼"、"顺风耳",在幼小的心灵中,引起无限遐想。及长,并成了家,亡妻过校元女士(1937—1970年)毕业于复旦物理系,研究红外线等尖端科技。她告诉我,从现代科技角度看,射电望远镜、长途直拨电话,早已使神话里的"千里眼"、"顺风耳",成为现实,其神奇妙用,甚至超过了神话。神话中没有千年眼。野史、笔记中偶有预测几百年、几千年后世道的奇人的记载,那不过是扯淡,不值一哂;近代才出现的刘伯温的"烧饼歌",是战乱、动乱年代民间炮制的谶言,无异于痴人说梦,与历史视角,并不相关。

20 世纪 80 年代初,时值粉碎"四人帮"不久,很多人痛定思痛,对祸国殃民、造成中华民族空前浩劫的十年动乱进行反思。就在此时,我读了明代万历时人张燧写的《千百年眼》。此书流传不广,不见于《四库全书》总目,仅有明刻本及《笔记小说大观外集》收录本传世。我供职的单位中国社会科学院历史研究所,刚好藏有明刻本,遂借来阅读。吸引我注意的,是这本书的书名,猜想作者一定是个具有历史眼光的人,否则为什么叫《千百年眼》? 等读完全书,我感到我的猜想没错,张燧确实是位具有历史眼光的学者,书中论古议今,穿越千年,经常站在历史的高度,俯视古人、今人,不时闪烁着思想火花。如该书卷一谓:"武王虽恶纣之世官,亦未能改积习之常,久则难以改也……孟子曰'国君进贤,如不得已,将使卑妨尊,疎踰戚'。以今言之,何不得已之有? 即曰朝释耒耜,暮登仕版,人原亦安之矣。鲁之三桓、郑之七穆、楚之三姓,子孙皆盘踞,虽贪如狼,狠如羊,愚如豕,其国君固皆用之;才士秀民,则屈于族姓,老死于田野者,不知凡几。"这里,张燧对官员世袭制的危害,作了深刻的揭露。实际上,他笔下所述绝非仅仅局限于古代的鲁、郑、楚三国之大姓,联系明代的现实,变相的官员世袭制丑恶现象,可谓呼之欲出,例证不胜枚举。不知张燧有未活到魏忠贤垮台之时?魏忠贤专权时,他的侄子、女婿、族孙等,一个个平步青云,其侄魏良卿更是典型。本来,他在老家肃宁种地,斗大的字一个不识,魏忠贤居然把他拔至高位,从金书锦衣卫,掌南镇抚司事,到晋封肃宁侯、宁国公、加太师(即太子太师,在明代,这是非常崇高的荣誉)。简直有直上重霄九之势。但是,爬得高,跌得重。魏忠贤败亡后,魏良卿在受审时说:"吾生长田舍,得负耒耜足矣,何知富贵?今日称功,明日颂德,功德巍巍,自当封拜,吾不合为珰侄,遂以袍带加身,是称功颂德者,以富贵逼我,我何罪也!"([明]薛冈:《天爵堂文集》卷十九《丑寅闻见志》。崇祯刻本)魏良卿的话,实在是可圈可点。"以富贵逼我",何其有味也!显然,正因为张燧有深邃的历史眼光,才能在说古道今时,说出深刻的、富有启迪性的见解来。通览《千百年眼》全书,每有真知灼见。读了这本书,联系到太史公的"通古今之变",无论是治国、治学、作文,若没有历史眼光,肯定是短视的,大则祸国、误国,小则庸浅,不可能有大的作为。

因此,我把由我主编的历史随笔精选丛书,定名《千年眼文丛》。虽然在加盟本丛书的作者中,上大学读的是历史专业,并一直以捧古人饭碗为职业者,仅我一人。但无论是文坛前辈何满子先生,以及牧惠先生、陈四益先生、熊召政先生、李乔先生、伍立杨先生,都是饱读史书,对历史学颇有学养者。他们写的历史随笔作品,远看历史,近看现实,每以千百年眼光,穿过历史的时空,烛照古今。说他们是千年眼,应属当之无愧。

(《北京日报》2005年6月6日)

故纸风雪

故纸者,古籍也。在相当程度上说,故纸是史书的代名词。我国有五千年的文明史,东汉蔡伦发明了纸,唐代又发明了雕版印刷术,书从手抄本而变为印本,仅以唐代以来流传至今的史书而论,即可谓汗牛充栋。南宋高斯得有诗谓:"故纸高泰山,不值一杯水。"(《耻堂存稿》)有趣的是,此老字不妄。但仅就这两句诗的表面意义而言,未免是妄言。当然,这也是此老发的牢骚而已——他曾任职史馆,后又在秘阁校勘古籍,不知多少故纸眼前过!但是,他忧国忧民,条陈时弊,却屡遭挫折,空将热血付东流;先后遭到史嵩之、贾似道、留梦炎等权奸的排挤,有志难伸。南宋灭亡后,隐居乡间,郁郁而终。如此看来,他痛心疾首,把故纸说得一钱不值,实在也是情有可原。不过,牢骚毕竟是牢骚。作为一个历史学家,几乎终日与故纸打交道的人,我看"故纸高泰山",中有暴风雪,也有月明时。故纸里有君王驾驭术,有千年孤臣泪,有"兴,百姓苦,亡,百姓苦",有"水能载舟,亦能覆舟"重复过无数次的轮回,有炎黄先辈们的大智大勇,有思想启蒙者的呐喊呼唤,有能工巧匠创造的灿烂文明……一言以蔽之:故纸里有取之不尽的历史宝藏!

可以说,加盟本丛书的几位文友,都是故纸宝藏的取宝人,而且是数年、数十年如一日,挖宝不止。虽然,王学泰先生、伍立杨先生,上大学时读的并非历史系,但对故纸堆也是情有独钟,他俩写的大量读史随笔,是读者熟悉的。现在由我出面,请各人编一本读史随笔,以《故纸风雪》名之,他们均欣然参与,我想这应当是读者所乐见的。故纸堆包含的内容太多了!但最重要的是历史教训。好在加盟本丛书的朋友,都是深具历史忧患意识者,在他们的笔下,能读出历史的悲怆、苍凉,故我以《故纸风雪》名之。我们正处在历史转型期。读一读这些读史随笔,对于我们认清过去,走向未来,应当是有益的。

2007年5月23日于牛屋

《新编日知录》序

　　2001年冬，云南人民出版社出版了复旦大学中文系傅杰先生编的《二十世纪中国文史考据文录》。该书两巨册，计2,129页，内收20世纪165位文史学者的考据文章，且多为长篇巨制。虽然，百年学苑，群星灿烂，目不暇接，仍难免有沧海遗珠之憾（如：先师陈守实教授（1893—1974年）的长文《明史稿考证》，梁任公曾评曰："得此文发奸擿伏，贞文先生可瞑于九泉矣。"《文录》未收此文，不无遗憾），但傅杰以一人之力，能编出如此厚的学术典籍，难能可贵，不愧是当代鸿儒王元化先生的高足。但是，面对这两大本巨著，掩卷沉思，我不禁想到：青年文史学人，能买得起此书的，能有几人哉？更不用说读完全书了。好几年以前，我曾经萌发过将近八十年来专家学者写的短篇考据文章，选出若干篇，编为一册的想法。读了《二十世纪中国文史考据文录》后，更启发我编辑此书。我把编书设想电告兰州大学出版社总编辑张克非教授，他认为这很有学术价值，乐于出版，并很快寄来出版合同。我从今年春天开始选编，因不断还有着其他的事，断断续续，直到端午节时，才将此书编完。我并非是研究史学史、文献学的学者，而且健康不佳，没有精力在各大图书馆奔波。好在我平素性喜杂览，寒斋藏书不少，基本上只能就家中管窥所及，进行选编。计划只编一本小书，故穷数月之力，也仅选出64篇文章，约十几万字，书名冠以《新编日知录》。

　　《日知录》是三百多年前思想家、史学家顾炎武（1613—1682年）的一本重要著作。全书32卷，除了少数条目，如卷十的《苏松二府田赋之重》文字稍长外，其余多为短篇，一条或数十字，或数百字，很少超过一千字的。但顾炎武写作此书，"积三十余年乃成"，差不多倾注了一生的心血。他在《与人书十》中曾说:"某自别来一载,早夜诵读,及复寻究,仅得十余条,然庶几采山之铜也。"(《顾亭林诗文集》,中华书局1959年版,第98页)顾炎武对《日知录》寄予厚望。他在《与人书二十五》中说:"有王者起,将以见诸行事,以跻斯世于治古之隆。"当然,这只能是历史的悲哀:顾炎武在《日知录》中开出的治世药方,并不切实际,因而封建统治者并未将此书当一回事。倒是顾炎武以严谨学风、千锤百炼般铸就的这部大书,成为学术经典,对开创清初朴学之风,起了重要作用。我将这本小书名曰《新编日知录》,不仅在于我相信书中所有学者,都读过《日知录》,受过此书的熏陶,还在于这些文章,除个别篇什外,大部分都是短文,在不同程度上类似《日知录》。这些考据文章,大部分都考得铁证如山;有些文章虽非考据,但所引史料,都经严格检验,结论是科学的。因此,编辑本书,不是东施效颦,而是继《日知录》余绪,发扬其考据的求实精神。诚然,史料考据并非万能。但研究文史,第一步就是搜集史料,实证是基础工作。如何取得可靠的实证?这就必须具有考证功夫,去伪存真,否则就不可能获得第一手的可靠材料。因此,我编辑本书,绝不是鼓吹回到乾嘉时代。本书不仅仅是向读者展示若干可靠的历史结论,从根本上说,是为了向读者展示治学的基本方法。值此学风日颓,浮躁之风甚嚣尘上之际,我希望通过本书,向文史学人——尤其是青年学子,提倡像顾炎武那样"矿山采铜",踏踏实实,孜孜以求,持之以恒地做学问;下一番考证功夫,使文史立于坚实的基础之上,而不要浮于沙滩,转瞬即成泡沫。坚信区区愚衷,不致落空。

风从西方来

临窗正握管,风从西方来——初夏时节,北京已经开始有些闷热。一天,素昧平生的陕西人民出版社编辑来访,说打算给我出版史学选集。这使我喜出望外,顿有风从西方来,神情为之一爽之感。时下官本位之风越吹越猛,史学界某些人三分学问,七分钻营,一旦成了长字号,立马名利双双到,哪怕文章只有大字报水平,也自有人来奉承,堂而皇之出选集,至于出版后读者不屑一顾,他们眼睛都不会眨一下,因为反正是国家埋单。事实上,一些学术垃圾、文化泡沫,正是这样堂而皇之制造出来的。经商定,陕西人民出版社先出版我的三种著作:《明清史事沉思录》、《明朝宦官》、《中国人的情谊》。

谢国桢前辈晚年常感叹"垂老无录",在回忆其恩师梁任公文中更说"愧煞白头老门生"。岁月不居,我也到了古稀之年,比起明清史大家谢国桢先生那一辈学人,不才如我,差距很大。何况我文史两栖,"三心二意",并未将全部精力用于史学研究。《明清史事沉思录》,是在旧作《明清史散论》的基础上增改而成的。当年限于篇幅,一些文章未能收入,如《李自成、崇祯帝和议初探》、《李定国与云南少数民族》,现在看来,这些文章所包涵的学术价值是很重要的,有待进一步探讨,故都编入。多年前,我与杜婉言编审合著过《明朝宦官》。这次修订《明朝宦官》,不仅对若干文字作了修改,增写了 45 个宦官小传。还由杜婉言女士写了五万字清代宦官概述,作为附录,这样,明清时期宦官发展的历史脉络,就比较清楚了。杜婉言年长我一岁,身体欠佳,为增订此书,差不多花了半年时间,她尽力了。《中国人的情谊》这本书,我费力尤多。我力求打通古今、文史、前人与自己,使之熔于一炉,让史学专著高中生也能看懂,也就是我常在文章中主张的让史学"飞入寻常百姓家"。我的目的能否实现?这就有待读者评判了。

从初夏一直忙到孟秋,我才将这三本书忙完。除了文字增删外,我奔波于我的书房、地下室书库,以及图书馆、书店、古迹所在,拍摄或复制历史图片,从大量照片中,选出二百多张,真是费劲。其间在府右街还遭遇车祸,造成一根肋骨骨折,不能久坐。所幸我挺过来了,终于将三本书定稿。

坡翁有词云"莫听穿林打叶声,何妨吟啸且徐行"。我与吟啸无缘,还是继续在史学园地老实耕耘吧!

(《中华读书报》2007年1月10日)

卷三

如见群贤沐春风

谈施耐庵遗诗佚曲

施耐庵活动在元末、明初的历史舞台上,他的故里是今天江苏大丰县白驹乡。常言道,唐诗、宋词、元曲。从《水浒传》来看,其中有诗,有词,有曲。这就有理由使人们提出这样的问题:施耐庵写的诗,作的曲,有没有保存下来,流传于世?这应当是个饶有兴味的问题。

据我所知,在苏北地区,主要是在大丰、兴化两县,流传过不少施耐庵的诗。大丰县的同志搜集了一些,亟待整理。在白驹镇,一些老年人还能回忆起好几首世代流传的施耐庵的诗,但都无题。我想,经过严格考订以后,是不难对这些诗的真伪作出判断的;即使一时无法判明,也不妨作为传说看,仍然具有一定的文学、史料价值。例如,有的老人回忆说,在白驹镇北街原施氏宗祠的碑刻中,即曾刻有耐庵诗句,而这些碑刻,今天已荡然无存,稽考为难;依稀记得有四句诗是:"金风吼吼暮景凉,吹落桂花满地香;一生南北东西走,迈衰故里白驹场。"这四句诗很通俗,与原来的碑刻诗句,难免有出入,是否是耐庵之作?有待考证。但从史料上看,施耐庵至少到过杭州、苏州等地,后来在白驹定居,并终老于此。就这个意义上,"一生南北东西走,迈衰故里白驹场",倒不失为耐庵生平的写照。当然,仅从现在白驹老者回忆所及的这四句诗的字句来看,恐怕与作为大文学家的施耐庵的水平相差甚远(虽然,前人评《水浒传》,也有人认为其中的诗,就写作技巧而论,跟小说本身比较起来,不足观);祠堂石碑上刻诗,亦颇罕见。此诗的真相究竟如何?希望有关同志能够将它的来龙去脉调查清楚。在盐城,我听说四十余年前,兴化曾出版过《大风月刊》,主编是任秋蔼,该刊曾刊出二十几首施耐庵诗。近接白驹陈远松同志来信,始知白驹镇老人葛世如本来藏有六十余本《大风月刊》,可惜在"文化大革命"中被红卫兵付之一炬。看来,如想再找到《大风月刊》,恐怕是很难了。

"相思相见总生愁,况是河桥欲去舟。如此垂杨如此月,伤心何必定扬州。"这也是施耐庵的一首遗诗。说起此诗的来龙去脉,它和施耐庵的遗曲《新水令》一起,涉及学术界的一段公案,这里,有必要将笔者知道的一些情况,介绍给读者。

盐城县政协副主席、江苏省文史馆馆员周梦庄老先生(生于1901年),虽然并不为文史界所熟知,但确实是位博涉文史、治学勤奋的学者,著有《宋射陵年谱》、《蒋鹿潭年谱》、《水云楼词编年疏证》、《会秋堂诗辑录》、《水浒传杂考》等多种,旁征博引,颇见功力。1932年,他曾担任盐城《新公报》总编辑,对盐城一带的地方掌故,遗文佚事,相当熟悉。几十年来,周先生搜罗有关史料甚丰,并写下著作十种,很有学术价值。学术界有人把周先生看成是"未见过世面"的"三家村学究",那是很不公正的。他本来藏有施耐庵的遗诗——即"相思相见总生愁……"及遗曲《新水令·秋江送别——赠鲁渊、刘亮》,附录在抄本施让(施耐庵之子)的诗集《云卿诗稿》中。关于施让,在50年代初期发现的《施氏族谱》、大丰县1981年11月发现的《施氏家簿谱》,以及早在二十年前即在兴化县出土的施让地券中,都有清楚、可靠的记载。最近,笔者草成《施让地券及〈云卿诗稿〉考索》一文,将刊于《学术月刊》1982年7月号,有兴趣者可资参阅。因此在本文中,不拟再对施让及《云卿诗稿》作烦琐考证,以免重复。简单说来,《云卿诗稿》向无刻本,仅以手抄本流传,20年代,由施逸琴保存,后传至周梦庄先生手中。周先生对这部诗稿,特别是对施耐庵的遗诗佚曲,十分重视,曾向学术界的友人作过介绍。这一点,我们从已故作家范烟桥先生1951年10月5日给周先生的信中,便可得知。信的全文是:

梦庄先生:

　　四年前曾与先生通问候,不知近况如何(?)念念。先生本有

撰述《水浒》索隐(按：即《水浒杂考》)及施耐庵遗曲考证，年来是否着笔，盼示复。此致

范烟桥启
十·五

1952年，在召开亚洲、太平洋地区和平会议前夕，中央有关部门打算给代表们赠送《水浒传》。这时，他们已见到了刘冬、黄清江同志写的《施耐庵与〈水浒传〉》的文章，特地打电话到苏北区党委宣传部，希望派人对该文中所提供的施耐庵的情况，加以调查、复核。这项任务由苏北文联的丁正华同志担负，并由苏从麟同志协助工作。不久，他们即去大丰、兴化作了实地调查。紧接着，中央文化部派聂绀弩、谢兴尧、徐放同志也来苏北调查；著名史学家侯外庐同志也去了苏北，因身体不好等原因，数天后就返京了。中央文化部调查组去苏北前，由范烟桥先生出面，向谢兴尧等同志介绍了周梦庄先生藏有施耐庵遗曲、遗诗等情况。11月6日，他给周梦庄先生写了一封信，全文如下：

梦庄先生：

　　前奉寸简，未蒙惠覆(按：指前引十月五日信)，甚念，因相隔多年，先生情况十分生疏。兹有中央文化部谢兴尧同志，要调查施耐庵轶事遗著之类，因知先生素来留意施氏与《水浒》之考证，并有施氏遗曲遗诗，渴望提供参考，特为介绍，至祈台洽。弟近在苏州三元坊苏南苏州中学工作，以后请多多联系。此致敬礼。

　　著安

弟范烟桥手启
十一·六

据周梦庄先生告我，中央文化部调查组的聂绀弩同志从他手里借走《云卿诗稿》及施耐庵的遗诗、遗曲，但没有归还，带回北京去了。周

先生经反复回忆，已记不清《新水令》曲文，但施氏遗诗，尚能忆出四句；不过，他郑重声明，因年迈，字句与原诗可能有出入。这就是笔者前引施氏四句佚诗的来源。那么，《云卿诗稿》及施氏遗诗佚曲，今天是否仍保存在北京有关同志手中呢？4月中旬，我从南方返京后，曾向在人民日报社工作的徐放同志打听这件事，徐放同志的回答是，似乎有此印象，但事隔近三十年，已记不清楚了。当年他整理的在苏北的调查材料，由于经历政治风波，后又遭"十年动乱"，已经下落不明。5月10日，我与同事许敏同志一起，去拜访聂绀弩同志。聂老已是八十高龄，健康不佳，但仍热情地接待了我们，并赠他在香港出版的古诗集《三草》二册，亲笔签名。这种奖掖后学的长者之风，我们很受感动。谈话间，我向他请教《云卿诗稿》及施耐庵遗诗、佚曲问题，他说当年在苏北调查时，从未见过。为此，最近我又托人民日报社的柯愈春同志，向原在人民日报社工作、现已退休在家的谢兴尧同志打听《云卿诗稿》及施耐庵遗诗、佚曲，承老柯同志热心帮助，转告我，谢老已年逾七十，事隔多年，说此事已记不清楚了。

这样一来，《云卿诗稿》及所附施耐庵的诗、曲，似乎已成了无头公案。其实，并非如此。因为，《云卿诗稿》除了在施逸琴及周梦庄先生手中流传过外，在别人手中也流传过；这本诗稿的传抄本，未必只有一本。不久前，我请大丰县白驹乡陈远崧同志查找《云卿诗稿》的下落，他大力支持，从施耐庵第十七世孙施文秀老人处，找到一条线索。据施文秀老先生说，他在1925年，曾听祖辈说过，兴化刘其介的儿子刘玉堂（家住兴化莫顾庄）曾送一本《云卿诗稿》给他的叔叔施连堂（号清奇），后来传到其侄施启凡手中，以后失落，内容不详。我在盐城期间，曾与周梦庄先生有几次长谈，他从未提起刘玉堂、施连堂等保存过《云卿诗稿》之事，显然不知道上述情况。因此，这就表明，他所保存过的《云卿诗稿》，不是刘玉堂保存的那一本。如果学术、文化界的热心之士，以及有关部门热心查找的话，姑且撇开北京不谈，《云卿诗稿》重新在苏北或上海（因为兴化、大丰的文化人及施氏后裔在上海者大有人在，特别是在解放战争初期,上述二县的地主、文人,携带文物、善本书逃亡上海者不少)被发现,不是没有可能的。若然,真可谢天谢地,并大大感激施耐庵的在天之灵了!因为,这不仅将使我们获得研究施耐庵生平的重要资料,而且将最终使施耐庵的遗诗、佚曲,弄个水落石出。

新中国成立以后,报刊上披露的,有一定史料依据的施耐庵的诗,有三首。

一首总题作《成水浒传题后》,实际上为二首,全诗为:

太平天子当中坐,清慎官员四海分。
但见肥羊宁父老,不闻嘶马动将军。
叨承礼乐为家世,欲以讴歌寄快文。
不学东南无讳日,却吟西北有浮云。

大抵人生土一丘,百年若个得齐头。
扶犁安稳学于莘,负曝奇温胜似裘。
子建高才空四虎,庄生放达以为牛。
夜寒薄醉摇柔翰,语不惊人也便休。

此诗见于清人朱骏声《如话诗钞》,全书基本上从古代笔记、说部、诗话中抄录的比较通俗的诗,故名《如话诗钞》。朱骏声生前似乎并未定稿,直至 1921 年,才由朱骏声后人将原稿交上海广益书局出版,此时距作者死后(按:朱骏声生于乾隆五十三年,即 1788 年,卒于咸丰八年,即 1858 年)已有 64 年了。1959 年 8 月 10 日《人民日报》发表了丁力同志写的《施耐庵的两首诗》一文,对这两首诗作了介绍,引起学术界对《如话诗钞》的注意。丁力同志在文章中说:"我想朱骏声抄录这两首诗必有所本,可惜他在《如话诗钞》中没有注明出处。将来一定会有人在元、明的笔记、诗话中,还能发现施耐庵这两首诗的。……如果找到了这两首诗的原始材料在什么书中,对解决《水浒传》的作者问题是非常有帮助的。"这种看法,当然相当有见地。但是,作者却忽略了一个事实,即经金圣叹批改笔削的贯华堂七十回本《水浒传》中,就载有这首诗,因此并非新的发现。后来,作者注意到了这个情况,便又把文章扩充,以同样的题目,在1961年7月20日《文汇报》上刊出,但仍未查出这两首诗的原始资料出处。施耐庵的这两首诗,真伪究竟如何?确实是值得深入研究的。据笔者管窥所及,元代、明代人的笔记、野史、诗话中,并无此诗;询及前辈学者,也作如是观。当然,我们毕竟读书有限,也许朱骏声确有所本,何况他是"于经史词章,百家九流,靡不探颐,著述百余种"的大学者(见朱骏声《传经室文集》跋尾),所著《说文通训定声》更是蜚声学林。将这两首诗视为施耐庵所作,是有一定理由的。值得注意的是,"却吟西北有浮云"这一句下面,自注是魏文帝诗。(按:魏文帝此诗,颇有名,南宋人范景文在《对水夜话》卷一中曾指出,此诗为"结句换韵之始"。)此诗的开头几句是:"西北有浮云,亭亭如车盖。惜哉时不遇,适与飘风会。吹我东南行,行行至吴会。吴会非我乡,安能久留滞?弃置勿复陈,客子常畏人。"施耐庵会不会因读魏文帝的这几句诗,引起自己的感触,即张士诚起兵后,他曾避乱浙江,朱元璋一统天下后,又毕竟因为"吴会非我乡",不想"久留",如施廷佐墓志铭记载的那样,遂返故土兴化,而后又在白驹定居下来,从而情不自禁,把"西北有浮云"这一句,干脆写到自己的诗里去了?我想,这种可能性也许是存在的,未必全是笔者在这里痴人说梦吧。但是,说真的,我又怀疑这两首诗是金圣叹所作,而托名于施耐庵。根据之一,此诗的第二首,洋溢着庄子思想,与金圣叹崇尚庄子,把《庄子》誉为"才子书",息息相通;而从现有资料来看,我们找不到施耐庵有庄子思想的任何根据,即使在《水浒传》中,也找不出这种思想的契机。根据之二,这两首诗与金圣叹的《沉吟楼诗选》中的某些七言诗,风格相近,甚至在诗中爱用"西北浮云"的字眼。如在《孙鹤生日试作长歌赠之》一诗中有谓:"天上应少释怀人,人间胡有独醒事。谁有此物可暂无,尔我破瓢即当弃。西北浮云停几片,东南豳风无一字。只知浊醪养生主,岂顾蜡屐人间世!"在《百草》一诗中,亦有谓:"百草欲借尚方剑,仰挟浮云寻日光"的字句。金圣叹死后,遗诗散失在民间的有很多首,说不定今后我们能够在某种文献中,找出这两首诗,也未可知。如此看来,施耐庵的这两首诗,究竟是真是假,还有待进一步研究。

施耐庵的另一首诗,即施耐庵与顾逖赠答诗。顾逖诗云:"君自江南来问津,相逢一笑旧同寅。此间不是桃源境,何处桃源好避秦。"施耐庵诗谓:"生荒世乱走天涯,寻得阳山好住家。愿辟草莱多种树,莫教李子结如瓜。"顾逖历史上实有其人,兴化籍,元大德年间举人,至正年间进士,曾在松江、嘉兴做过官。在松江、兴化的方志及《顾氏宗谱》中,都有记载,与施耐庵为同代人。此诗本来也不为人所知,1953年3月,兴化县刘仲书先生在其所编的《施耐庵历史研究稿本》中,予以介绍,1961年第六期《江海学刊》所刊丁正华同志的《关于施耐庵的传说》一文,首次将此诗公布于世。鉴于没有找到此诗原始记载的物证,丁正华同志认为:"这暂时也不妨当传说看。"后来,1962年,丁正华和赵振宜、周正良、尤振尧、陈安智、倪云飞等同志,结合清理施让残墓文物,继续调查施耐庵史料时,曾对此诗的来龙去脉作过比较深入的调查,9月17日,写成《清理施让残墓文物及继续调查施耐庵史料报告》,文中曾指出1952年调查施耐庵史料时,刘仲书先生对此诗流传的一些情节"只字未提,次年3月却突然而出,而当时在他而言,搜寻《楚阳杂志》(按:即刘仲书所说刊有此诗的兴化出版的杂志)尚非难事,又不热心搜集,虽交待出处,而人死物亡,无从捉摸;且考其'稿本'附会作伪之处,亦复不少;似此,两诗又实为可疑"。但是,目前既找不到排除这些疑点的可靠证据,也拿不出能够断定是刘仲书先生作伪的根据,对施耐庵的答顾逖诗,仍然只能是如二十年前丁正华同志所说的那样,"不妨当作传说看"为好。

说起来,这真是莫大的悲哀:在源远流长、举世无双的封建专制主义的桎梏下,中国古代有成就的小说家,由于小说向来被封建统治者所鄙视,没有地位,他们的身世,几乎十个有九个不太清楚;更何况《水浒传》从明末至清代，曾被一禁再禁。因此，文献不足征，谈施耐庵的遗诗佚曲，又谈何容易！"假作真时真亦假"，在一时真伪尚难分辨时，更使人有扑朔迷离之感。本文所说的一些情况，一点看法，如果能对进一步研究施耐庵其人有些参考价值，并能蒙博雅君子有以教我，则笔者写此稿的目的也就完全达到了。

1982 年 6 月 23 日晚于历史所
（《古今掌故》第二辑，四川省社会科学院出版社 1987 年版）

"应怜中土成荒塞……"
——清初爱国书法家、诗人宋曹其人其事

"击鼓天门剑气收,淮阴一死自炎刘。明沙带雪惊寒夜,白骨披星逼素秋。怀抱独龙归帝宅,指挥精卫复神邱。应怜中土成荒塞,万里长风吹古愁。"——这首题名《吊司石磐墓》的悲壮诗篇,是清初名震江淮的大书法家、诗人宋曹(1620—1701年)写的。司石磐何许人也?盐城人,诸生,明朝灭亡后,他忠于故国,在顺治七年(1650年)七月与都司鄧报国奉故明新昌王监国,克盐城,攻兴化,兵败后自髡为僧,泛海投唐王朱聿键,不幸为海寇缚献有司,英勇不屈,被害。抗战时期,著名文学家阿英在盐城编撰《盐阜民族英雄传》(刊于阿英主编的《新知识》第二期,盐阜大众报社发行),该书卷三,即有司石磐传。在司石磐归葬故里后,宋曹前往凭吊,作此诗,表示对满清入主中原的义愤,对大明王朝的眷恋,慷慨悲歌,感人至深。

诗如其人。宋曹的一生,用他非凡的行动,谱写了一曲正气歌。

宋曹,字邠臣,一作份臣,又作彬臣,号射陵,盐城人。幼承家学,尚在髫龄,其父即授以颖上帖,稍不经心,宋老先生便用针刺他的左掌,可见教导之严。但毕竟年幼,难言其成。宋曹酷爱书法,发愤钻研,是在十六岁之后。他在成名后写的《书法约言》(见《楚州丛书》第一集)中有谓:"予弱冠知学书……越四纪,枕畔与行箧中尝置诸帖,时时摹仿,倍加思忆,寒暑不移,风雨无间,虽穷愁患难,莫不与诸帖俱复。"他特别喜欢大书法家怀素的小草,以后又出访江淮名家,搜求旧刻,博采众长,融汇于心,然后跳出前贤樊篱,独辟蹊径,形成自己特有的风格。他的行书,糅刚于秀,飘洒俊逸;他的草书,更是笔走龙蛇,似风雨骤至,气势磅

礴。他的书法成就,与明清之际的书法大师倪元璐、黄道周、傅山、王铎、许友等争相辉映,其草书,更是清初书法艺术的殿军,是时代的高峰,反映出当时书法界不泥古、求变革的硕果。正当宋曹二十五岁时,正逢明朝灭亡,江山易代。消息传来,宋曹的启蒙老师乐大章赴水殉节。不久,福王朱由崧在南京成立弘光政权。宋曹由辟荐授中书舍人。他目睹小朝廷仍是马士英、阮大铖之流阉党余孽执掌权柄,排斥异己,卖官鬻爵,曾在鸡鸣山"仰天大呼,涕泗雨下","恨不能……断诸贵阳老魅之首"(王之桢:《青岩文集·会秋堂诗稿叙》。转见周梦庄:《宋射陵年谱》)。不旋踵,弘光朝廷又亡,宋曹遂归隐盐城南门外汤村,筑疏枰养母。但不时外出,以诗文书法会友,多半是明朝遗民,如抗清失败后蛰居于淮阴浦西水滨草堂的万年少(寿祺)、与顾炎武并称"归奇顾怪"的归庄(玄恭)、明末四公子之一的冒辟疆(襄)等。在他的挚友中,还值得一提的是人称"新乐小侯"的刘文焰(雪舫)。其兄刘文炳是崇祯皇帝的表弟,封新乐侯,李自成攻克北京后,刘文炳与二弟文耀等自杀,"阖门死者四十二人"(《明史》卷三〇〇)。年仅十五的刘文焰,自杀未死,逃往江淮。他漂泊江湖,结交文士,但不事生产,穷困潦倒。顺治五年(1648年),他在淮阴结识宋曹,从此过从甚密。后来,刘文焰从高邮移家盐城,与宋曹偕隐汤村,并将独生女嫁与宋曹之四子桓贻为妻。

康熙元年(1662年),宋曹被奉诏举为山林隐逸,他以母老固辞;十七年,清廷以纂修明史,开博学鸿词科,征举海内名儒,宋曹又被举,但再次坚持不赴。五年后,两江总督于成龙延请宋曹到南京纂修《江南通志》,总校其事,一年后书成,宋曹拒绝在书上列名。凡此种种,都表明了他始终坚持遗民立场,保持了可贵的民族气节。

宋曹从未终止对书法艺术的锤炼。他曾将草书千字文双勾勒石,此石虽已毁,但有拓本传世。1936年,于右任老先生搜集历代名家草书,辑成《标准草书范本千字文》一书,宋曹石刻千字文,被选入恭、养、量等八字。30年代,日本著名的《书苑杂志》上刊有宋曹墨宝。近年国内出版的《明清名人书法选》,也载有宋曹草书一幅。但从总的方面看来，由于史学界、书法界研究、介绍得太少，宋曹并不为世人熟知。所幸宋曹故园父老未曾忘，年逾九旬的盐城市政协名誉主席周梦庄老先生著有《宋射陵年谱》（待刊），并藏有宋曹的《会秋堂诗文集》（传抄本）；在他的倡议下，盐城市已修复宋曹故居，陈列宋曹书法作品等文物，供人凭吊、学习。宋曹身后事，其幸亦何如！

（香港《大公报》1993年3月5日）

晚清爱国诗人陈玉澍

"驾得长桥鹊影寒,限人离别是狂澜。娲皇若未将天补,漏尽银河水不难。纵使天钱未易酬,何妨两度会牵牛？他年我入钦天监,闰月都教在孟秋。"——这首传颂江淮的《七夕》诗的作者,是清末著名的盐城诗人陈玉澍。他原名玉树,字惕庵,故里在今上冈镇郊。光绪十四年(1888年)考中举人,以后再试落第,在腐朽的科举制度下,他是并不得意的。由于他始终没有混到个进士头衔,因此一辈子连个七品芝麻官那样的乌纱帽也没有戴过。这种境遇对他的进步思想,倒是起了促进作用。

古往今来,咏七夕者可谓多矣,但写得像陈玉澍这样好的,实属罕见。好就好在:透过对银河、娲皇的批判,我们看到了诗人对牛郎、织女的深切同情,从这一个侧面,闪耀着他对世俗礼教愤懑、抗争的火花。陈玉澍一不信鬼,二不信神,诗歌中洋溢着唯物论的战斗精神。他在《戏题寺壁》中写道:"……愚者藐不畏,焚香拜土偶。高堂无旨甘,丛祠有肴酒。设遇塑像人,大言出吾手,尔拜木居士,先向吾稽首——众人聆此言,恍然应却走!"事实难道不正是如此吗？人世间一切泥塑木雕的偶像,都是工匠制作的。向神佛磕头,不过是向工匠磕头罢了！他在诗中嘲笑人们给死人烧纸钱,尖锐地问道:"东汉始有纸,纸乃蔡侯作,何以无纸时,不闻鬼穷饿？"这问得何等有力！念经的人都迷信佛最灵,能给不公平的人世带来公平。陈玉澍在诗中驳斥说:"史称佛有灵,我疑佛无情。不拯梁武帝,不援楚王英。独活诵经人,岂可谓公平!"这些批判神鬼的诗,今天读来,仍然是有现实意义的。

在陈玉澍的诗篇中,奔流着诗人爱国的热血。在甲午(1894年)中日战争中,他写了几十首诗,挞伐日寇,抨击腐败的清王朝丧权辱国,歌颂为国捐躯的将士。

陈玉澍不仅仅是个诗人,他还是位反对"拘守古法不变",主张变法维新的学者。他对经、史的研究,有很高的成就。梁启超在《中国近三百年学术史》中,著录了陈玉澍《卜子年谱》等著作。光绪二十五年(1899年),他在上海印成《后乐堂文钞》九卷问世,一年后,又以续编九卷刊行。抗日战争中,著名文学家阿英(钱杏邨)在盐城编《盐阜民族英雄传》,列入陈玉澍,但他未能找到《后乐堂文钞》。我有幸收藏了这位乡先贤的《后乐堂文钞》两部,真是得天独厚了。

1982年3月3日于北京
(《盐阜大众报》1982年3月26日)

梁启超与陈守实

"百年河汉望明星"。在中国近代文化史上熠熠闪光的众多明星中,梁启超(1873—1929年)当是其中令人特别瞩目的一位。他天资英发,博学多才,即以集句而论,这对梁启超来说,虽属小技,但他从古诗词的汪洋大海中,信手拾贝,集成联语,其精致绝伦,使人拍案叫绝。不久前,先师陈守实教授(1893—1974年)夫人王懿之先生,曾给我看了两副梁启超在1927年暮春用集句写给陈守实先生及其父雪赞公的对联,虽然无声的岁月已过了一个甲子,却仍纸墨如新,真是难得。

梁启超书赠雪赞公的对联全文是:"雪赞道家仁兄属写旧集词句:月满西楼,独鹤还自空碧;日烘晴昼,流莺唤起春醒。丁卯暮春梁启超。"并注明联语集自李易安的"一剪梅",奚秋崖的"念奴娇",史梅溪的"柳梢青",高竹屋的"风入松"。书赠守实先生的对联,则集自温飞卿的"更漏子",苏长公的"念奴娇",牛希济的"生查子",秦少游的"庆宫春"。全文是:"漱石仁弟乞写旧集词句:春欲暮,思无穷,应笑我早生华发;语已多,情未了,问何人会解连环。丁卯浴佛日梁启超。"两联集句,天衣无缝,使人叹为观止。而词句深沉,情怀孤寂,正是梁氏晚年落寞心境的写照,亦正所谓用古人之酒杯,浇心中之块垒也。这两副对联是我们研究梁氏晚年思想的珍贵史料。

当然,此对联更是梁启超与陈守实先生交谊的见证。说起守实先生,恐怕史学圈外的人,很少有人知道,这里有必要作些介绍。

陈守实先生别名漱石,小字准佩,号哭芸,室名冷庵。江苏武进县人。生前为复旦大学历史系教授,主持中国古代史教研室。他在1925年夏考入清华大学研究院。此时该院国学门的导师,是史学大师梁启超、王国维、陈寅恪、赵元任、李济、陈翰笙等著名学者,受聘执教。守实先生对梁启超十分崇敬,他把梁氏所辑明遗民、海外孤忠朱舜水联语"气恒夺而不靡,志恒苦而不弛"当作座右铭,潜心史学,刻苦钻研。他从博览清初人文集入手,钩沉抉微,写成《明史稿考证》,考辨了《明史稿》的来龙去脉,以大量确凿的证据,证明此书是万斯同的心血之作,而为王鸿绪剽窃、改窜。梁氏仔细审读了这篇文章后,给予高度评价。他亲笔在文稿封面写下这段评语:"此公案前贤虽已略发其覆,然率皆微词,未究全瓻。得此文发奸摘伏,贞文先生可瞑于九泉矣。然因此益令人切齿于原稿之淹没,其罪与杀人灭尸者同科也。十五年十二月廿一日启超阅竟记。"梁氏还在文中眉页上,作了三处批语,首肯其论,指出:"最痛恨于王鸿绪者,不在其攘而在其窜也。"并对文中个别论点不完善处,提出修改意见。不久,《明史稿考证》即在《国学论丛》发表。后来,李晋华、黄云眉等史学家,对此问题又有所补苴、阐发,遂铸成铁案,王鸿绪也就永远被钉在史学史的耻辱柱上。

在清华学习期间,陈先生与梁启超结下深厚的师生情谊。陈先生在当时的日记(现由王懿之先生珍藏)中曾惊叹:"任师天资英发,在不可思议间,非学力所关也。"他积极参加过梁氏倡导的一些社会活动,如陪同梁氏至北海与祭蔡锷(1882—1916年)十周年忌辰。后来,梁氏因患便血病到协和医院治疗及随后在天津家中休养期间陈先生都曾经数次前往探视,聆听教诲,见梁病状,忧心不能自已。梁氏在病中嘱陈先生办的事,他都尽力完成。如王国维自沉后,陈先生受梁氏之托与其他弟子一起,向研究院导师募捐,除赵元任外,陈寅恪等均积极响应,筹足一大笔钱,给王国维立碑。

尚需一提的是,1927年4月,守实先生在清华研究院毕业后,去天津南开中学任教,也是由梁启超亲自安排的。1929年后,守实先生先后在大夏大学、勷勤大学、暨南大学、复旦大学任教,著书立说。他早年发表的《明史稿考证》、《明史抉微》,台湾学生书局均已再版,若守实师地下有知,当会莞尔的。

承蒙王懿之师母的厚意,特将梁启超赠守实师及雪赞公的对联,摄影邮我;虽因翻拍技术欠佳,致使图像有阴影,诚为憾事,但细读联语,前辈风范,怎不使人临风怀想。

1988年秋于燕山脚下
(香港《大公报》1989年2月10日"艺林")

如见先贤沐春风

在中国新史学的奠基人中，我最景仰的是梁启超先生、陈垣先生。这在很大程度上，与我从事明清史研究有关。梁启超不仅是我当研究生时的导师陈守实先生当年在清华国学研究院读研究生的导师，他的《中国近三百年学术史》《清代学术概论》，更是我学习明清史的入门书。陈垣先生的《通鉴胡注表微》，使我懂得了胡三省隐藏在《通鉴》注释背后的爱国情怀，感到史学研究如开矿，深入地表后，才能有创获；读《明季滇黔佛教考》《清初僧诤记》，知道了禅林深处的政治风云，那些披着袈裟的抗清志士的史迹，经陈垣先生钩沉抉微，再现人世，令我辈感奋者再。梁启超先生于 1929 年谢世，余生也晚，不可能瞻其风采。陈垣先生逝世八年后的 1979 年，我才由沪入京工作，与陈垣先生的哲嗣陈智超兄同事，因此也无缘聆听陈垣先生教诲。临风怀想，每感惆怅。

但近读陈智超兄与其夫人曾庆瑛女士编的厚达 337 页的大书《陈垣先生遗墨》，颇有如见先贤陈垣，如沐春风之感。

时下大师满天飞，严格地说，一个也不及格。有的人头上顶着大师的高帽，却学风浮躁，率尔操觚。陈垣先生著文，千锤百炼，每篇文章均掷地有声。有的文章，仅标题即修改过五六遍。读《跋王羲之小楷曹娥碑真迹》遗墨，我们可以清楚看到陈垣先生初稿、二稿修改情况，读《旧五代史辑本引书卷数多误例》第七稿封面遗墨，陈垣先生写道："一九三七年旧稿。一九五八年十一月重订六稿。一九六三年五月重订七稿。"在 26 年的漫长岁月里，对一篇文章反复订改，七易其稿，陈垣先生这种精益求精的治学精神，足为世人风范。

回顾近三百年学术史，那些开一代学术先河并垂范百世的先贤，没有一个不是虚怀若谷,与朋辈切磋,甚至向后学请教者。顾炎武还写下名文《广师篇》。陈垣先生同样如此。读《致王国维函稿谢提供李珣资料》遗墨,陈垣先生写道:"静安先生道右:承示李珣事,至快。即检《茅亭客话》'李四郎'条,四郎名玹,字廷仪,其先波斯国人,随僖宗入蜀,兄珣有诗名。"陈垣先生并引《旧唐书》相关史料,质疑李玹可能是卖香药的波斯商人李苏沙之后代,正如尹鹗诗所谓"胡臭薰来也不香","录之以博一粲。"二位史学大家,相得益彰,读来甚感亲切。而读《二陈笔谈遗墨》这份极其珍贵的史料,我们仿佛亲眼看到陈垣先生与陈寅恪先生坐在晴窗下,探讨《元史》中不忽木,在《元典章》中又作不忽术,何故?以及《元典章》错误达一万二千余条,如作《校补释例》,"发凡起例,乃是著作,不仅校勘而已"等。相比之下,某些史家囿于门户,党同伐异,势如水火,真该愧死矣。陈垣先生对后辈的意见,也很重视。在《致启功函谈吴渔山年谱资料》这封信中,陈垣先生说:"谱甫誊清,未校,如有谬误,尚乞不吝赐教为感。"这绝非是客套话。这年其弟子启功先生年仅25岁。信末具"弟陈垣谨上",亦见陈垣先生对其弟子启功的尊重。

其实,陈垣先生唯才是举,对无高等学历的启功破格重用,是学术界熟知的。他对学界的青年才俊,一贯热心扶持,大力推介。1933年,中国小说史专家孙楷第、版本目录学家王重民,写信给陈垣先生,希望"此后辅仁如有机缘,尚望随时留意"。这年的6月26日,陈垣先生复函:"现改组大概已定,正欲征求二公所愿任之科目,请详细开示,俾得斟酌分配。"并说:"二公方当盛年,定能超越流辈。"更难得的是,陈垣先生对素不相识的学人,特别是蒙难入另册的学人,施以援手,在学术上答疑解惑。亡友、隋唐法律及佛学专家杨廷福教授,1957年被打成右派,在繁重的监督劳动之余,仍然坚持对玄奘及《大唐西域记》的研究。他与陈垣先生原不相识,写信求教,陈垣先生有信必复,寄书给他,并推荐他的学术论文至重要学术刊物。20世纪80年代,廷福学长在其家中,曾给我看陈垣先生写给他的信,深怀感谢之情。希望《陈垣先生遗墨》再版时,能将此类信函编入,这有助于学界进一步了解陈垣先生的高风大德。60年代初,我听周予同师讲《中国经学史》,他在课堂上激愤地说:"现在国内只有一位被戴上右派帽子的先生,在艰苦的条件下,研究玄奘生平及《大唐西域记》。看来今后要研究唐僧,只好到日本去留学了!日本人出版了不少研究成果。"陈垣先生、周予同先生等前辈学者这种对后进的深切关怀永远是我们师法的楷模。

(《文汇读书周报》2007年2月16日)

挑灯喜读磨剑篇

1987年岁末,香港中文大学中文系召开首届国际武侠小说研讨会。美国夏威夷大学马幼垣教授,曾私下不无感叹地对我说:"参加这次会议的代表,研究武侠小说的专家只有一个,就是台湾的叶洪生先生。严格地说,你我和其他人都是没有资格来参加这次会议的。"马幼垣治学谨严,著文批评学界浮华学风、错误论点时,一向毫不留情。而他对叶洪生先生,却如此推崇。当时,我就表示同意他的看法。这不仅在于,我不过是偶而在武侠小说的研究领域,敲几下边鼓的门外汉,对武侠小说的认识,充其量也不过是一知半解;而叶洪生先生,仅就其所编《近代中国武侠小说名著大系》言,就足以称得上是名副其实的武侠小说专家。而最近收到他寄赠的《武侠小说谈艺录——叶洪生论剑》,挑灯阅读这本长达478页、内收13篇研究武侠小说学术论文的皇皇大著,我不禁再一次想起马幼垣的话,击节者再:善哉,武侠小说专家之文也!

《叶洪生论剑》的最大特色,就是:廿年风霜磨一剑,赢得满纸豪侠情。

早在1973年,叶洪生在台湾淡江大学历史系攻读期间,即写了《武侠何处去》一文,参加《中国时报》有关武侠小说的论战,一鸣惊人,被文苑目为"武林奇葩",从此走上"磨剑—论剑",也就是研究武侠小说的风雨征程。百炼钢可绕指柔。读叶洪生的论文,俨然如观大侠挥剑,风声飒飒,落木萧萧,比起时下某些隔靴搔痒、钝刀割肉式之论武侠文,实在是相差不可以道里计。如:人皆知还珠楼主的《蜀山剑侠传》,对后来的武侠小说作家影响甚大,但"大"在何处?多为"山在虚无缥缈间"。而叶洪生明确指出:"还珠楼主的'太极剑圈'浩瀚无涯,影响波深浪阔;五十年代以后的武侠作家,几乎无一能脱出其'万有引力'之外,咸由'武侠百科全书'——《蜀山》取经偷招。甚至连小说人物名号亦多借用还珠'原装货',例如:梁羽生《龙虎斗京华》中的'心如神尼',《江湖三女侠》中的'毒龙尊者',《冰川天女传》中的'血神子';卧龙生《飞燕惊龙》中的'白发龙女崔五姑',《金剑雕翎》中的'长眉真人';司马翎《剑气千幻录》中的'白眉和尚'、'尊胜禅师',《剑神传》中的'猿长老'与'天残、地缺二老怪';伴霞楼主《金剑龙媒》中的'神尼优昙',《青灯白虹》中的'忍大师'、'枯竹老人';古龙《大旗英雄传》中的'九子鬼母',《铁血传奇》中的'水母'等;东方玉《同心剑》中的'鸠盘婆'等等,不一而足。至于套至《蜀山》的真经、秘籍、神掌、玄功、灵药、异兽、奇禽、怪蛇以及凌空虚渡、千里传音、阵法妙用等等,更不胜枚举。"这样的言之凿凿,岂是一般学者所能道出?更难能可贵的是,海内外的不少学者,常乐道武侠小说是"成年人的童话",而每每忽略甚至漠视武侠小说的现实意义。还珠楼主笔下的那些变幻万千的神魔灵怪,难道真的是在"真空父母,无有家乡"(借用白莲教经卷语)的超现实世界里腾挪,与人间烟火无关吗?叶洪生的回答是:否。他认为:"《蜀山》并不比'人妖颠倒'的乱世中国更神怪;它只是反映抗战前后大陆社会百态与群众心里的一面'照妖镜'而已。此镜为还珠戛戛独造,奥妙非常:'说真便真,说假便假;随心生灭,瞬息万变。'"此论堪称鞭辟入里。他对不少问题的看法,往往是要言不烦,三言两语,即能点破。如论《水浒》,谓:"武松血溅鸳鸯楼,见人就砍,却也开了无边恶例——欲谓之'武侠',不可也!因为真侠义绝不能滥杀无辜,否则又与盗贼何异?!"论宫白羽虽身为著名武侠小说作家,却是反武侠的,究其因,乃是"他目睹时局动荡、政治黑暗,坚信'武侠不能救国'的人生观所致"。洵为至论。又如,金庸的武侠小说,不才最欣赏的是《笑傲江湖》,从某种意义上说,不失为是形象化的政治文化通俗教科书。叶洪生在简介《笑傲江湖》时,只有19个字:"写权力令人腐化与政治斗争之残酷无情,等等。"这是何等的眼力!

真正的侠，无一不是"仗剑一啸天地阔"，胸无挂碍，具有深刻的理性。叶洪生对武侠小说的研究，纯粹是理性的研究，即使对他最喜爱的武侠作家及武侠小说，也从来不沉湎，不盲从，不媚俗。这一点，可谓与真大侠一脉相通。他批评武侠小说名家的败笔、不良倾向，毫不含糊，尖锐泼辣。如批评文公直《碧血丹心》三部曲，"惜其著书言志，不事铺陈；以致缺乏趣味性，遂成'历史武侠教科书'矣。"又如指出卧龙生的武侠小说，"其最大短处则在于学养不足，又缺乏幽默感……不耐久读……且一再请人代笔，当为'盛极而衰'之主因。迨至70年代以后，卧龙生屡屡纵容不肖书商出版冒名伪作（至少在廿种以上），就更不堪闻问了。"再如指出诸葛青云从60年代后期到80年代以来的作品，"多自我重复而乏创意；始终依循着俊男美女文武兼修、琴棋书画无一不精的老路'流'下去，不知伊于胡底。"温瑞安从1987年开始，"以'现代派'自居。如《杀了你，好吗？》、《请请，请请请》、《力拔山河气盖世，牛肉面》、《敬请造反一次》、《没有说过坏话的可以不看》等中短篇，书名不知所云……'托古言事'的武侠小说必须具备传统中国风味，绝不可用'现代'来包装；否则小说文理、神理的一致性势将破坏无遗。"我曾有幸亲闻，即使对于他很敬重并与之侃侃论剑的武侠小说泰斗金庸，也会在指出其作品的种种不足后，批评所谓的"金学"热潮逐浪高，"而将金庸小说捧到九霄云上"，并谓："世有'不虞之誉'，亦有'求全之毁'。现在是打破'金庸迷信'的时候了！"他的论点，学者未必都赞同，但至少使人们大开眼界，对于不分青红皂白，盲目抢着出版武侠小说作家全集的某些出版社来说，更具有振聋发聩的作用。

一个严肃的学者，在勇于剖析别人作品的同时，也应当是剖析自己作品的勇者，总不能如俗语所说，"老婆是别人的好，作品是自己的好"吧？叶洪生在回顾自己青年时期写的论武侠小说文章，是"初有'才子'之目，旋有'绣花'之称；前者是虚，后者是实，……中看不中用矣！"又说："过去我因'论剑'而浪得虚名，实则空疏迂阔，并无真才实学，仅只是强撑门面，强作解人，'外强中干'而已。"这样的坦诚自责，真是把心掏给读者了！何谓郑板桥的"直摅血性为文章"？此即是也。

　　稍有文化史常识的人都知道，若以人与文的关系来区分学者，不过二类而已：人不如其文；人如其文。叶洪生属于后者。自改革开放以来，我结识的海峡彼岸的学人为数不少，老实说，对少数以"富家儿"自衿、言不及义、逢场作戏、趋炎附势、学问无根基者，实在不敢恭维，亦无真心话可说。1987年年底，我在香港中文大学的宾馆中结识叶洪生，却有一见如故之感，衡文角艺无所不谈，甚感快慰。他在香港新闻界的朋友很多，与新华社的同行稔熟，深夜归来，穿着白色夜行衣，真有一派独行侠的架势。1989年的多事之春，他来大陆探亲，抵京后，打电话至历史研究所找我，却自称是台湾《历史月刊》的，而不说是《联合报》的（时任该报主笔），无非是为我着想，怕引起误解，给我带来麻烦。后来，他再次来京，宁可辞谢一个研究武侠小说学术团体的宴请，而与我在下榻处清谈。这些虽是小事，但叶洪生的为人，亦可窥见一斑矣。

　　在首届武侠小说研讨会期间，金庸先生曾三次宴请与会学者。在"彩虹厅"的晚宴上，香港著名作家、金庸的莫逆之交倪匡先生，曾邀我、叶洪生与他合影，后刊于《明报》"名廊"。有时翻开影集，看着这张照片，不禁令我"想天涯，思海角"。倪匡自移居美国后，即失去联系，这个曾被冯其庸先生戏称为"倪无匡"的人，大概还是一坐下来就放言无忌，"荤素不挡"吧？而叶洪生先生，我们是有书信往还的。洪生是安徽庐江人，1948年生于南京。他正当壮年。身居长安，东望台湾，我衷心期待洪生文友磨剑不辍，写出一部高质量的《中国武侠小说史》。书成之日，我当再次挑灯细谈，不亦快哉！

1996年12月16日于老牛堂

还珠楼主轶事

还珠楼主(1902—1962年)本名李寿民,原名善基,四川长寿县人。他的《蜀山剑侠传》,倾倒过多少读者!论其想象之瑰丽神奇,匪夷所思,实为奇幻仙侠派武侠小说的集大成者,至今无人出其右。一般读者以为,还珠楼主是他写武侠小说的专用笔名,其实乃是他的处女作《轮蹄》的始用名;述少年恋情及转徙四方之经历,与武侠无涉。唐人张籍诗谓:"还君明珠双泪垂。"还珠楼主笔名由来当本乎此。后来他在30年代初,写作武侠小说,也用此笔名,顿时名声大噪,从此几乎"天下无人不识君"矣。

还珠楼主未进过正式学堂,只念过数年私塾,用时下流行语,乃自学成才者。他天资聪颖,涉猎极广,故下笔汪洋恣肆,拈来成趣,即令是游戏文字,也妙趣横生,令人拍案叫绝。30年代天津有沙大风任社长的《天风报》,其副刊由幸福斋主(何海鸣)主编。后何君离去,沙大风请还珠楼主继任。还珠楼主撰《前奏曲》一篇,相当于就职声明,或今日之"编者按"、"告读者"之类,虽属游戏笔墨,但堪称是中国新闻史上别开生面之作。现将原文摘录如下:

(小生赤足科头,手执秃笔一枝上引)笔秃墨干,闲茶饭,日日年年。(坐白定场诗介)烟雾沉沉蔽日昏,人间何事总难论。匪时莫话书生志,漫将秃笔写鬼神。(白)卑人李寿民,别署还珠楼主,自幼熟读怪书,善说鬼话。只因秉性孤癖,不为达官贵人所喜,浮沉湖海,不觉十有余年。数年前,流转津沽,家有妻儿老小,吃饭要紧,只得抛却军门上书的牛皮主义,权且以卖文为业。虽然书贾难缠,生涯清苦,倒也无拘无束,逍遥自在。适才山妻言道,今早买来新鲜豌豆黄瓜,小鸡一只,与我解馋,但盼无有恶客前来打扰才好。

(净内白)哇呀呀!(小生)糟糕!(净扮沙大风上引)老李代老何,换汤不换药。(白)来此已是,待我走进。(小生接介)适才一阵黑旋风,当是来了甚么恶客,却原来是沙兄驾风而来,请坐。(净)有坐。(小生)沙兄有何见教?(净)无事不敢相烦,只因俺报馆主笔何兄,另有高就,特地前来聘请李兄担任……(小生)小弟事忙才短,不敢从命……(净怒介)不动武力解决,谅你也是不允,再不依从,俺就要祭风了……(小生)这人性子太急,如不依从,被他祭起一阵黑风,将房子吹倒,房东岂肯善罢干休?如要依允,又恐一人才力有限,贻笑大方,这便怎么处?……(净唱)自从那,四年前,本报开张,有不少,大文豪,奖许推扬。将奇文,和异事,源源赐降。还有那,好诗词,锦绣文章。劝李兄,只管把宽心来放。投稿的诸君子,定要捧场。(小生白)沙兄。(唱流水板)听罢言来心欢畅,尊声沙兄听端详,剪子浆糊,与我全备上,文剪、文抄,是我专长。有时乘机打笔仗,勾心斗角闹嚷嚷。虽然是,丢盔掉甲脸发胖,骗得妙文也无妨。骂大官,避小将,最怕惹流氓。阎王不要紧,多说冠冕话,紧做俏文章。骂别人,不抵抗;自己天天入舞场,进烟馆,打麻将,捧明星,瞎揄扬。不花真洋钱,专爱假米汤,这都叫做消息采访,那管荒唐不荒唐!似这样,浪漫记者谁不当,莫怪人称无冕王。你听后面饭碗响,我先请你吃鸡汤。用罢晚饭,请把报馆往,等拿着没毛的笔,再作思量。……

此篇不仅读来令人忍俊不禁,而且对我们了解半个多世纪前之报风、世风,很有裨益。还珠楼主之人品、才情,也于此可见一斑。

50年代中期,《文汇报》等报纸曾报道还珠楼主生活贫困,后由有司安排,每月给60元人民币,并随记者团访问大西北;又曾报道还珠楼主名李红,拟将《史记》之游侠列传改写为新武侠小说,但显然非其所长,从发表的《剧孟》观之,甚平平,以后遂不见李红消息。1962年病逝于北京西单皮库胡同寓所,享年59岁。

需要说明的是,今日检读《天风报》颇不易。所幸还珠楼主友人刘叶秋先生当年之剪报,今日仍在箧中。大约十年前,他写有《忆还珠楼主》文,后收入两年前燕山出版社出版的《回忆旧北京》一书中。刘叶秋先生之回忆文中,完整地抄录了《前奏曲》,至今难得。惜乎1988年,叶秋先生遽归道山,享年71岁。今日熟知还珠楼主早年佚事者,已经很少了。

1991年秋于八角村

张恨水佚事

通俗章回小说大家,也是名报人的张恨水(1895—1967年)一生发表了120余部小说及其他作品,总字数逾3000万言,堪称著作等身。尽管成就如此巨大,张恨水却平易近人,幽默风趣,真性情随时流露,每有佳话流传文坛。

民国初年,北京天桥闹市,遍布茶肆、说书馆,腰缠万贯的阔佬、恶少,经常涉足其间,垂涎鼓姬之色艺,"吃豆腐"、喧闹滋事,乃家常便饭。张恨水也常去天桥听大鼓书、评书,但他曾笑谓是,"醉翁之意不在酒"。他从不费钱点曲,只是随众一曲终了,依例纳金,也不过是区区几枚铜子而已。他对说书馆、茶肆之形形色色人物仔细观察,对鼓姬的举手投足,丽词佳音,一颦一笑,皆绘刻心中,从而写出名著《啼笑因缘》,书中主人公沈凤喜、樊家树等,栩栩如生,至今仍为广大读者所津津乐道。

张恨水去天桥"意不在酒",但在餐桌上,倒是颇能饮。他在筵席上猛饮夺魁,赢得银杯便是抗战时期发生在成都的一则趣闻。成都繁花似锦,每年春光明媚时,都要举行花会。有一届花会,四川省主席邓锡侯兴致颇高,特请陪都重庆的新闻名流组团观光,由中央通讯社萧同兹为团长,团员有《新华日报》(按:此时正值国共第二次合作,共御日寇期间。)的潘梓年等,《新民报》则由社长陈铭德偕主笔兼经理的张恨水同往。邓锡侯对诸公优礼有加,特设宴款待,并别出心裁,在众客前各置一套从一两装至二两、三两直至一斤装之特制银酒杯。邓氏敬告:诸位饮酒,从一两杯饮起,依次是二两、三两,直至一斤装为止。凡饮完一杯者,则该杯即属其所有,倘能一路"斩关",则全套奉送。不仅酒杯上均刻有"邓锡侯敬赠"字样,并在散席时,有匠人当场刻上得杯者大名,以资留念。席间善饮者不少,但均非张恨水对手。所饮乃名酒泸州老窖大曲,性甚浓烈。张老竟饮七杯之多,逾28两,但此公犹以不胜酒力,未能喝到一斤装者为憾。如此酒量,在中国现代文学史上,当也堪称酒星矣。

张恨水从不卖老、做大,更不愿惊动朋友。民国三十三年五月十六日,适逢张公50华诞,也是他从事新闻工作、小说创作30周年纪念日。《新民报》及其他报社友好,拟召开茶话会庆祝,并发表贺文、贺词。张恨水得悉后,甚感不安,遂撰《总答谢》一文,刊于《新民报》上,曰:

> 照说,这种光荣的赐予,我应当诚恳的接受。可是,我想到物价的数字,我立刻想到不应当因我这百无一用的书生而浪费。而且我的朋友,不是忙人,就是穷人。对于忙朋友,不应该分散他的时间;对于穷朋友,不应当分散他的法币。于是我变为恳切的婉谢。假如茶话会真的开了,一个面白无须,身著川绸长衫的措大,在许多来宾中公然受贺,那窘状是不可想象的。说我矫情不如说我知趣。朋友,以为如何?

字里行间,诙谐迭出,读来令人忍俊不禁。

张恨水的小说,虽然上自达官公卿、文人学士,下至贩夫走卒、卖浆者流,皆沉湎其间,但从30年代起,即被某些文学评论家、文学史学者,列入一味谈情、风花雪月的"鸳鸯蝴蝶派",这是颇不公允的。张氏本人对此曾大力抨击。据现在陕西的他的老学生荆梅丞先生回忆:"记得一次先生讲小说史,讲到鸳鸯蝴蝶派时说,有些人不了解鸳鸯蝴蝶派的历史,把凡是作品中有爱情情节的都划到鸳鸯蝴蝶派之列。要是这样,那么我们中国文学史上引以自豪的《诗经》、《西厢记》、《红楼梦》和外国的《复活》、《茶花女》岂不都成了鸳鸯蝴蝶派了;托尔斯泰、曹雪芹岂不都成了老鸳鸯、老蝴蝶了?这是谬误之说。"(《秦中旧事》第64页)这个"谬误之说",在大陆,所幸最近几年,已经被纠正过来。尤为1988年秋末,海内外百余名学者云集张恨水故乡安徽省潜山县举行"张恨水学术研讨会",彻底掀掉扣在他头上的"鸳鸯蝴蝶派"大帽子,有些学者称颂他是中国20世纪通俗文学的大师。就此而论,恨水先生在九泉之下,当会为之连浮数大白,不必再感叹"人生长恨水长东"了。

1991年秋于八角北里

桂海才人老厌儒

清末民初名噪文苑的著名词人况夔笙(1859—1926年),名周颐,原名周仪,号蕙风,广西临桂人,原籍湖南宝庆。9岁即中秀才,时称神童,颖慧过人。况氏崇古不苟,见俗字必易之,有人称他为"况古人"。

况夔笙的词有很高艺术成就,当时的词坛祭酒朱古微将他和南海词人陈述叔相提并论,有诗云:"新拜海南为大将,更邀临桂角中原。"击节之情,溢于言表。虽然如此,况夔笙平素却无头巾气,更与假道学势不两立,真乃性情中人也。他善饮,尤喜常州兰陵酒及南翔郁金香酒,说两种酒名,恰合"兰陵美酒郁金香"诗句。据"补白大王"郑逸梅老人说,况氏曾于南京大石坝街寓所,掘得明末名妓李香君小印,爱不释手,竟"佩之随身"。(《艺林散叶》第96页)晚年居上海,生计窘迫,以卖文为生,在门上自书一联:"余唯利是视,民以食为天。"于落拓中仍见性情,不失其真,难能可贵。这是况氏族人况琇透露给友人的,非耳食余闻可比(《八桂香屑录》第45页)。

民国十四年秋,况夔笙以嫁女去苏州,遂赁屋海润里,慕名造访者盈门。

这年冬天,大概是"天寒岁末启情思",况氏忽欲得添香侍砚之媵,示意于故旧,终于觅得一理发匠女儿,纳之。当时苏州文士有"九九消寒会",闻其艳事,在怡园置酒祝贺。席间,况氏以箸击桌,权代红牙檀板,歌《长生殿·絮阁》,并说"钿盒金钗,固不及荆布之天长地久也",门座以为至言。诗人金鹤望特赋七律一首,云:"吴中多丽嫁量珠,桂海才人老厌儒(原注:舍人自言厌见道学先生)。乐府旧传三影句,闺人新谱十眉图。春生酒面觥船窄,风动梁尘笛韵纡。大好名园门妍唱,'贺新郎'调我终输。"(范烟桥:《茶烟歇》第 8 页)其实,怎能"天长地久"？这年况氏已 66 岁,垂垂老矣,复娶妙龄女子侍寝,正如民彦所谓"棺材板上加钉"耳,实属不智。次年 7 月 18 日,况氏病卒上海,不可谓个中无因果关系也。不过,词人老去绮音在,他的《蕙风词》将长传人间。

1993 年秋于古城

吴虞与娇寓

吴虞(1871—1949年)、四川新繁(今郫县)人,字又陵。1906年留学日本。归国后任成都府中学堂教习。"五四"运动前后,在《新青年》杂志上发表《吃人与礼教》、《家族制度为专制主义之根据论》等文章,猛烈抨击封建礼教和旧文化,被誉为"只手打倒孔家店的老英雄"。后在北京大学、四川大学教书。

1924年4月9日的《晨报》副刊上,发表了有位叫做"又辰"的人,从单行本上抄下来的署名"吴吾"的赠给妓女娇寓的一些诗,多达一百多句,仅新年赠娇寓的诗即达12首之多,甚至一夜更赠娇寓诗14首,直抒胸臆,有的几无遮拦,未免惊世骇俗,有的妙语惊人,堪称豪气万丈。如:

> 偶学文园赋美人,肌肤冰雪玉精神。
> 乍探私处如坟起,杂事还应续秘辛。
> ……
> 亲解罗衣见玉肌,如云香发枕边垂。
> 问郎每日相思否?一日思卿十二时。
> ……
> 吹断人间紫玉箫,年年春恨总如潮。
> 英雄若是无儿女,青史河山更寂寥。

在"罗襦襟解肯留髦,枕臂还沾褪粉痕。好色却能哀窈窕,不曾真个也销魂"这首诗的末句,作者还自注:"与娇寓往来十阅月,乃心理上之赏爱,非生理上之要求,故末句云云。"真相究竟如何,当然只有作者心里最清楚。这些诗发表后,引起轩然大波。"吴吾"不是别人,就是大名鼎鼎的吴虞。《晨报》副刊上接连发表了好几篇文章,把吴虞骂得狗血喷头。令人拍案叫绝的是,吴虞在该报上发表了一篇声明,作为答复,计八条,其中第六、第七条,妙极,现抄录如下:

(六)……至于吴吾之诗,自有吴吾负责,不必牵扯吴虞。犹之西滢之文,自有西滢负责,不必牵扯陈源也。若是指吴吾即吴虞,我也不推辞。

(七)我的诗集,刻于未到北京以前,绮艳之词,不加删削,本无避讳,何所用其苦肉计……假面具。我非讲理学的,素无两庑肉之望。……若曰"痰迷",则梁□□之王陵波,蔡松坡之小凤仙,固彰彰在人耳目。陈独秀、黄季刚诸先生之遗韵正多,足下亦能一一举而正之乎?袁简斋曰:士各有志,毋容相强,不必曰各行其是,各行其非可耳。

无论怎么说,在吴虞的早年生活中,娇寓占有重要的一页。他对她有热烈的追求,美好的寄托。他对她倘若没有很深的感情,又怎么会写出这许多诗来?至于诗中的惊人语,更证明反孔老英雄毕竟身手不凡。

1993年秋于八角村

吴梅与鲜灵芝、蕙娘

吴梅（1884—1939年），字瞿安，一字灵鹴，晚号霜厓。江苏长洲（今吴县）人。南社社员。早年屡试不中，遂不复图取功名，转而钻研古诗文词，并励志词曲，受教于唱曲名家俞粟庐、诗人陈三立、词家朱祖谋等。少年时，曾撰《血花飞》传奇，歌颂戊戌变法中被杀的谭嗣同等六君子。辛亥革命期间，又鼓吹民族革命。秋瑾牺牲后，写《轩亭秋》杂剧，刊于《小说林》。后任北京大学、东南大学等校教授，著述甚丰。他是近代曲学泰斗，桃李甚众。"无情未必真豪杰"，这位严谨的学者，与名伶、妓女，也曾有过深厚的友谊，如鲜灵芝、蕙娘。

鲜灵芝是早年北京著名的女戏曲演员。她在"奎德社"演梆子戏时，深受观众欢迎。吴梅在京时，曾与她往来。鲜灵芝请他作新曲，吴梅为她写了〔南吕绣驾别家园〕《拟西施辞越歌》，文辞典雅优美：

〔绣带儿〕休提起蛾眉声价，算和新轮到奴家。便长留两臂宫砂，怕难忘一缕溪纱。

〔引驾行〕承谢你不识面的东君抬举咱，恰相逢盈盈未嫁。

〔怨别离〕现如今故国天涯，杜若溪边，苎萝山下，何日重停踏？

〔痴冤家〕况姑苏台畔多俊娃，怕老君王看不上贫家裙衩。

〔满园春〕望吴山那答，别越山这答，残阳暮鸦，迢迢路遐。

想来由鲜灵芝来演唱此曲，当声情并茂，西施辞越，如在眼前矣。

蕙娘是苏州阊门内的妓女，美而知书。吴梅年轻时，与蕙娘交好，对她颇为眷恋，曾专门写了套曲赠给她，蕙娘读后，高兴极了。吴梅又亲自教她演唱,半个月后,[懒画眉]、[金络索]就大体能够上口了。后来,她嫁给常熟的富人,吴梅不胜惆怅。晚年编自己的散曲集子时,特地关照弟子卢前,将这支套曲也编入,以不忘年轻时的这段感情生活,对于蕙娘来说,自然也是"此情可待成追忆"了,现将全曲节引如下:

南吕懒画眉

曾记相逢九华楼,恰好的天淡云闲夜月秋。当筵一曲乍回头,怎生生种下双红豆,把一个没对付的相思向心上留。

商调金络索

[金梧桐]重来北里游,亲把铜环扣,人立妆楼,比初见庞儿瘦。晶帘放下钩。

[东瓯令]看梳头,你也凝定了秋波冻不流。我年来阅遍章台柳。

[针线箱]似这一朵幽花何处求。

[解三酲]难消受。

[懒画眉]怕云寒湘水怨灵修。

[寄生子]印鸳鸯风月绸缪,端正好画眉手。

....

琥珀解酲

[琥珀猫儿坠]疏帘淡月,一笛度清讴,九曲回肠曲曲柔,不堪重作少年游。

[解三酲]谁能够把风尘妙种,移植红楼?

尾 声

国香也要有人生受,早偎暖了啼红翠袖。怎肯说不及庐家有莫愁?

1994年孟春于八角村

江楼犹存人何在

犹忆童年时,不知时任小学教员的长兄,从何处借来一本丰子恺先生的漫画集,我读后爱不释手;最令我惊奇的是,画面上的人物,常常五官不全,却表情实足。后来,我又在长兄的一只书箱中,胡乱翻出几本开明书店的《中学生》杂志,从中读到丰子恺先生的散文,特别是那篇写老师指导乡间少年用蚕豆梗制作笛子的音乐故事,更令我惊喜万分。我曾如法炮制了一根,虽音阶不准,但毕竟能呜呜作响。从此,我成了丰子恺先生的忠实读者。进了中学后,有条件更多地读到他的漫画、散文作品,逐渐悟出丰子恺先生作品中悲天悯人的博爱情怀,清淡如水,真挚隽永的文风,感染、抚慰了多少读者!他不愧是一位铸造灵魂的大匠。去年,是丰子恺先生的百年诞辰。他的故乡和上海、杭州等地,以及文学界、出版界,都有种种纪念活动。在出版物中,我最偏爱的是陈星、朱晓江编著的《几人相忆在江楼——丰子恺的抒情漫画》(山东画报出版社)。虽然只有201页,但品位甚高。有的画,一看标题,读者就难以忘怀,如《眉眼盈盈处》、《人散后,一钩新月天如水》、《燕子飞来枕上》、《一肩担尽古今愁》、《几人相忆在江楼》等,更何况丰子恺先生的画寥寥几笔,却栩栩如生。值得称道的是,陈、朱二位,对每幅画都有简明扼要的介绍,或交代创作背景,或评价画境,有几篇,称得上是一流的短随笔,实在可喜。

江楼犹存人何在?弹指间,离丰子恺先生作怀旧友的《几人相忆在江楼》,已过73年矣,前辈文采风流,令人赞叹。

2000年1月22日于芳星园

一本连环画的回忆

1943年秋天,我家借住在本家王凤池老爹的三小间空屋中。这年我六岁。一天,一位年轻的新四军女干部住到我家。她把行李放在我和我姐姐合睡的床上后,就去开会了。直到晚饭后,她才回来。坐了片刻,她拉着我的手说:"出去玩玩好吗?"我说:"好的。"那天天空晴朗,月白风清。在明澈如水的月色中,远方持枪站岗的战士在轻轻走动,陆小舍、象家墩、张庄朦胧的身影尽收眼底。她静静地望着远方,沉思不语。在我今天看来,也许她在思考什么问题,也许是被月色陶醉。可是,当时我毕竟是个小孩,忽然对她说:"姐姐,你是想家了吗?"她听了,笑起来,抬起手轻抚着我的头发说:"你真懂事。"就在她抬手的一刹那,我忽然看见她手腕上戴着一个发亮的奇怪的东西。我问她那是什么?她伸出左手腕,说:"这是手表。"并告诉我现在已是几点几分了。这是我平生第一次看到手表。她轻轻地哼着歌,是我从来没有听到过的。半响,她问我会不会写自己的名字?我说:"我已上小学二年级了,会写名字算什么?我都会看《盐阜大众》了!"她听后很高兴,夸奖我真聪明,长大了一定有出息。过了两天,她所在的这支队伍又要开拔了。行前,她从灰布挎包里拿出一本连环画给我,说:"这是我特地给你找来的,送给你,很好看的。"我一看,书名是《冰雪中的小英雄》,王德威木刻。这是我平生头一次读到的连环画,而且是宣传爱国主义、英雄主义的连环画。后来,庄上的小朋友争着看这本书,抢来抢去,不久就弄破了。

岁月悠悠。1953年秋,我在盐城中学读高中时,同窗好友支木林学兄,见我爱好文史,慷慨赠我他珍藏的抗战时期著名文学家阿英先生主编的《新知识》两本。其中刊有阿英长子钱毅烈士写的《华中根据地出版书录》,《冰雪中的小英雄》竟赫然在目。他介绍道:"王德威刻,张拓词。木刻连环故事。1942年儿童节,儿童生活社刊,图文并茂,48开横订本。"读着这几行字,勾起了我对往事的多少回忆!《新知识》至今我仍然珍藏着,已经属于革命文物。20世纪80年代,盐城研究新四军军史的阴署吾、曹晋杰同志,北京的王阑西老前辈、作家钱小惠同志等,都曾经借阅过此刊。我常常想起《冰雪中的小英雄》,很想重新看到这本书。我致电阿英的女儿钱晓云,因为我从她送给我的散文集《飘忽的云》中知道,她认识其父的好友、老木刻家赖少其先生(抗战时在苏中、盐阜工作过)。我想请她向赖先生打听一下王德威先生的下落,也许还能找到这本连环画,惜无结果。如今,少其先生已经去世。此刻,当我在柔和的灯光下写这篇文章时,不禁又想起了60年前那个秋夜的月光。那位大姐的面庞、身材,我现在仍然记得很清楚:短发,皮肤很白,瓜子脸,中等身材。可是,这位老大姐现在又在哪里呢?我谨在这里向她深深地祝福。我没有辜负你的厚爱。怀念你,老大姐!

2003年8月22日

却顾所来径,苍苍横翠微

洞庭木落楚云低,天寒岁末启情思。在猴年岁尾最冷的一天,我去北京东郊访问著名学者冯其庸先生。在他的画室、书斋,品茗闲话,真是如坐春风,暖在心头。

冯先生是无锡市郊区前洲镇人,可以说是太湖的儿子。听冯先生回首童年的贫困,少年的奋发,青年的拼搏,壮年的坎坷,老年的弥坚,翻开他蜚声学苑的一本又一本著作,欣赏他的诗歌、书法、国画、摄影作品,我仿佛置身在暮春三月无锡太湖之滨,看群山如黛,春波浩渺,一艘白帆正稳健地向天涯驶去……

冯先生是以著名红学家称名于时的。由于他的令人瞩目的红学研究成就而被推为中国红楼梦学会会长。他的专著《曹雪芹家世新考》、《论庚辰本》,以及《梦边集》等一系列红学著作,都受到了国内外红学界的重视。特别是他首创的《脂砚斋重评石头记汇校》一书的排列校法,是古书校勘上的一次创新。他主持的《红楼梦大辞典》一书,更是研究者不可缺少的工具书。

冯先生的成就不限于红学研究。我请他谈谈红学以外的成就,他笑着说:"我不过是兴趣较广而已。"这自然是自谦。冯其庸先生对中国古典文学作过系统、深入的研究。1963 年,中国青年出版社出版了他主编的《历代文选》,受到了读者的广泛欢迎,也受到了毛泽东主席的称赞。他写了数十篇研究中国古典文学的论文,后来收入《逝川集》,1980 年由陕西人民出版社出版,曾获陕西省学术著作奖。最近七年来,他的《蒋鹿潭年谱·水云楼词辑校》(齐鲁出版社 1986 年版)、《朱屺瞻年谱》(与尹光华合作,上海书画社 1986 年版)、《吴梅村年谱》(与叶君远合作,江苏古籍出版社1990年版)等,钩沉史实,考订抉微,非浅尝辄止的泛泛之作所能望其项背。

冯其庸先生号宽堂。在他的画案上,有几十枚图章,其中有一枚曰"宽堂余事",但是,他的"余事",无论是书法、绘画,都极富个性,别具神韵。他早年临过王羲之的《圣教序》、《兰亭序》,对《十七帖》、《丧乱帖》等右军书札,最为倾心。冯先生的书法,小到蝇头细楷,大到擘窠斗方,均潇洒秀逸,并糅刚于秀。他的书法人民大会堂及不少博物馆均有珍藏。承蒙冯先生的雅爱,示我以他手书的大字长卷《正气歌》,展读之下,真是大气磅礴,顿使我想起太湖边上那"包孕吴越"四个大字的雄浑博大。至于他的画,近年来国内外出版的多种大型书画册,大都刊有他的作品。冯先生尤爱画葡萄。艺术大师刘海粟看了他的画后说:"全是青藤笔意,此诗人之画,学问人之画,气质不同,出手就不凡,故不与人同也。"可见其画独具神韵。在冯先生的书斋里,挂着一幅海粟大师赠他的泼墨葡萄,上有题曰:"骇倒白阳,笑倒青藤,唯有其庸,不骇不笑。刘海粟乱书,93岁。"足见海老对冯先生的推重。

冯其庸先生把书法的韵味、绘画的意境,融于他的诗词、戏曲评论、散文小品中,他的诗文,清丽隽永。他的《春草集》,对戏曲的评论,深入浅出、别具只眼,文笔则如行云流水。他的诗,深沉、清新。1989年5月,刘海粟老人在京请冯先生在他刚画好的八尺大幅红梅上题诗,冯先生挥笔题曰:"百岁海翁不老身,红梅一树见精神。丹心铁骨依然在,不信神州要陆沉。"海翁大加赞赏,说此画他要珍藏,再不送人了。1981年,冯先生曾应邀赴美讲学。他忙里偷闲,夜读金庸的武侠小说,激赏之余,情不能禁,写诗一首曰:

千奇百怪集君肠,巨笔如椽挟雪霜。世路崎岖难走马,人情反复易亡羊。英雄事业酒千斛,烈士豪情剑一双。谁谓穷途无侠笔,依然青史要评量。

——赠金庸

此诗发表后，金庸先生大为欣赏。冯先生的散文、小品甚富才情。他的《秋风集》（文化艺术出版社1991年版）中的《陈从周〈园林谈丛〉序》，用国画中的烘云托月手法，描写他与陈从周教授的深情厚谊。展现在读者面前的是扬州的明月、北京颐和园冬夜的踏雪听松。已故著名学者杨廷福教授曾说，此文是不可多得的散文佳品。

冯先生已年近七十。我问他今后的打算，他指着1990年11月18日风雪中登嘉峪关城楼的题诗，笑谓：请看最后两行。诗曰："登楼老去无穷意，一笑扬鞭夕照中。"这就是学者、诗人、书画家冯其庸先生的襟怀。告别冯先生，走在路上，尽管朔风刺骨，寒气逼人，我却想起了李白的诗句："却顾所来径，苍苍横翠微。"借用这两句诗概括冯其庸先生的治学生涯，我想应当是贴切的吧。

（《光明日报》1993年2月7日第2版。春瑜按：这是我应友人之邀，偶一客串，写下这篇文字，参加《光明日报》的"名人专访"写作竞赛。）

功夫文章学子书

"功夫文章学子书"这是一句老话。1989年秋,当时我并不相识的武汉高战先生,在报上著文,用此话作标题,肯定我的一本书,很令我感动。午夜梦回,我不免暗自心惊地反问自己:我当得起这样的盛誉吗?这不时的反问,至少也可以减少自己的文人的通病,每每三分得意,便七分轻狂。凭心而论,时下著述多如牛毛,但能当得这七个大字的,恐怕充其量也不过是万分之一。近读陈学霖教授的新著《明代人物与传说》(香港中文大学出版社出版),我觉得用"功夫文章学子书"评之,是当之无愧的。

此书由《明太祖文字狱案考疑》、《明初都督宁正父子传记辑补》、《〈明史·徐贲传〉纠谬》、《刘伯温建北京城传说探颐》、《〈莫武神·永乐像〉传说溯源》、《王景弘下西洋之史事与传说》、《李贤与"土木之役"史料》、《漆工杨埙事迹考述》、《暹罗贡使"谢文彬"事件剖析》十篇学术论文组成。即使是史学圈外的人,看了这些文章的标题,也能感受到其学术分量。这些论文虽然都发表过,但此次结集前,每篇都经过著者的修订和润饰,而有几篇文章。由于新史料的发现,著者更作了大幅度的增删改动,充分显示出孜孜不倦、一丝不苟的严谨学风。

学霖先生的这些研究成果,对明史学作出了重要贡献。例如,海内外有相当一批明史著作,包括影响巨大的吴晗《朱元璋传》,述及明初文字狱,都依据赵翼《廿二史札记》、《明初文字之祸》等资料,说朱元璋炮制"表笺之祸",在名士徐一夔、释来复等所上表章或诗文中,寻寻觅觅,因文字声音触犯朱元璋对"僧"或"贼"等词忌讳,如以"则"嫌于"贼","生知"嫌于"僧知","法坤"嫌于"发髡"等而惨遭杀戮,并由此而给朱元璋下结论:"其初学问未深,往往以文字疑误杀人。"学霖先生对此未敢轻信。他旁征博引,钩稽史实,以史源学为突破口,发现此类案件,明初文献并无记载,嘉靖以后的野史稗乘,才议论纷纷,而到万历末年的《国朝谟烈辑遗》则更写的有鼻子有眼,煞有其事,至清人赵翼的《廿二史札记》则已集大成,俨然定谳。经学霖先生考证,徐一夔寿终八秩,何尝死于明太祖刀下? 来复涉嫌与胡惟庸同党而死,亦与文字狱无关。如此等等,所举证据,均确凿、过硬,堪称板上钉钉,有力地廓清了明初史研究中的几重迷雾。犹忆十几年前,明史学界的老前辈王毓铨教授访美归来,示我以学霖先生这篇大作的抽印本,研读之后,茅塞大开,始知海外对此类问题,50年代初即已注视,而以学霖先生用力最勤,故成果最丰。正是在这篇佳作的启迪下,我也开始考辨明初文字狱某些史料的真伪,写了《明初二高僧史迹考析》,(参见拙著《明清史散论》)纠正了《七修类稿》的相关谬误。学霖先生的其他论文,或考辨,订《明史》、《明通鉴》之讹,或钩沉,使湮没不彰的人与事,重见天日,如指出在土木之变中,图谋行刺王振者为李贤,弘扬漆工杨埙在中国漆艺史上的独特地位等,无不显示出他治明史的深厚功力。同样引人注目的是,学霖先生用第三只眼睛看明史。这指的是他以社会学、民俗学、宗教学的独特视角,审视刘伯温建北京城的传说,小中见大,指出传说故事虽然荒诞不典,但从中仍可窥知某些蒙古习俗、明初在北京和南京建城的史实,以及蒙汉两族民族传说的相互交流,显然具有重要价值,值得史家垂注。"它山之石,可以攻玉"。这样的研究方法,是值得我们借鉴的。我以为,此文与他在1970年发表的研究《烧饼歌》的大作,有异曲同工之妙。

陈学霖教授原籍广东新会,1938年生于香港,后负笈美国普林斯顿大学,获哲学博士,专攻宋元明史,著有中、英文《宋史论集》、《刘伯温与哪吒城》等十种,可谓著述宏富。学如积薪。他是个拾薪不辍者,厚积薄发,与轻薄为文者有天壤之别。几十年来,为了史学,他常年远离在美国的妻儿,先后在澳洲、新西兰、日本、中国香港、中国台湾等地讲学、研讨,牺牲了不少亲情。"道路随缃帙,乾坤到彩毫,丁年无旷日,乙夜有燃膏。"(李因笃:《顾亭林先生二十韵》,《寿祺堂诗集》卷六)学霖先生正是这样一位勤奋、坚韧的史学家。

虎年 2 月 24 日于老牛堂

杂坛人物琐录

著者按：去年秋，广东人民出版社出版了由我主编的《南腔北调丛书》（原名《说三道四丛书》）。在每位杂文家（包括评论家、随笔家）的书末，我分别作了一篇短跋，写下我对作者及其作品的零碎印象。承蒙常大林先生、李焱女士的雅意，将这些跋连同小丁（聪）老爷子给作者画的漫画像，分别在《博览群书》第8期、第9期刊出，冠以《杂坛人物琐录》的标题。现在一并列于此。我自己的，当然属于老王卖瓜，也在后刊出。

方　成

"方成，不知何许人也……自谓姓方，但其父其子都是姓孙的……以画为业……但宣读论文是在中国化学学会。终生从事政治讽刺画，因不关心政治屡受批评。"以上文字，节引自方成写的连标点符号在内也不过一百个字的自传。我相信这是中国传记文学中最短却最精彩的篇章之一。幽默风趣，如见其人。

我读初中时，即知方成大名，那时他与钟灵合作，经常在《人民日报》上发表政治漫画，被时人称为中国的库克雷尼克塞（按：原苏联著名的漫画家，乃三人合作的笔名）。待我认识方成，成了文友，不过是近几年的事。他至少比我年长二十岁，当然是位前辈。但正如著名画家戴敦邦评价他的十六字真言那样，"多才多艺，平易近人，青春不老，幽默补膏。"他是漫画家，也是杂文家。有一次，画家黄永厚赏饭，方成、我、伍立杨揩油。永厚与我，说了几则笑话，荤素不挡，方成听了呵呵大笑。

他也说了一个："有位男士,坐公共汽车,始终举起右手,伸开五指,作微握状,车厢内再拥挤,他的右手五指,形状不变,下车时仍如此。一乘客甚惊讶,问何故做此状？此公答曰:我给太太买乳罩,刚在家里量过,我怕一动尺寸就不对,买了不适合！"永厚听后笑道："不是太太,是小姨子。"方成连连夸奖："你改得好！小姨子比太太好！"我听后大笑,觉得眼前的方成,真是个好老头,甚至是老顽童。他至今仍能爬泰山,身体之好可想而知。他倘若活不到一百岁,那肯定是老天爷犯糊涂了。正是：

待到期颐举杯日,寿星方成更开颜。

何满子

回想起来,我读高小时,偶尔看到一本上海一家书店出版的袖珍成语词典,署名何满子编,觉得这个名字很有趣。说老实话,当时寒家僻居海隅,连《唐诗三百首》也未见过。我不知道这位编成语小词典的何满子,是否就是现在名重当世的中国古典文学专家、杂文家何满子？说来惭愧,尽管我年年去上海,却与何老缘吝一面。再去上海时,我一定登门向他求教,而且我自信,同在壕沟,一定谈得来。其实,早在80年代,我们就通过信,一次是为有关金圣叹的一条史料问题,一次是为我主编《古今掌故》,请他赐稿,他很快就将大作寄来了。我和杂文界一些"瞎操心"的朋友,不时说到何老,大家都很佩服:年过八旬,杂文却年年增产,不受气候影响,什么水灾、旱灾,都不影响他的丰收,而且越写"火气"越大。这应当为中国杂文界额手称庆。我有次跟严秀老开玩笑说："您是我们杂文界的大元帅,可要多保重啊！"他连连摆手说："哪里,哪里,我不行,何满子的杂文,影响比我大多了！"严老对何老的敬重,于此可见一斑,况他人乎！近来文坛对金庸议论纷纷。这使我想起前些年有人对"五四"以来的作家排座次,鲁迅、郭沫若、茅盾名落孙山,金庸、张爱玲等却雄踞榜中。满子先生在一篇杂文中,对此评论道："这使我

想起了乡间的大仙庙,黄鼠狼、刺猬都登了仙班。"(大意)这是何等的警辟、幽默。正是:

一声何满子,杂文到眼前!

李 普

初次见到李普先生,但见其白发苍苍,脸上老斑点点,觉得这位新闻界的前辈、著名记者,真个是廉颇老矣。但是交谈之后,尤其是读了他的杂文、随笔之后,觉得此老不老,又岂止是尚能健饭也!在中共十一届三中全会后,伴随着解放思想的新启蒙运动,李老对党史作了深刻的反思,写了不少很有影响的文章,近几年来写的杂文、随笔,也以其思想锋芒直刺假左、假道学、愚昧,使之原形毕露,无所遁形,而为人称道。60年代,有首歌说"革命人永远是年轻"。这话当然不错。但也要看什么样的"革命人",革谁的命?例如,时下就有一种人,革命的资格不可谓不老,却大吹老掉牙的法螺,要人们"反对资本主义复辟","把反修斗争进行到底",无异于堂·吉诃德手持长矛,跟风车作殊死搏斗。这样的"革命人",心劳日拙,能说"永远是年轻"吗?思想者不老。李普正是这样的不老者。我在电话中与他商量其大作的书名,他先起名《老来俏》,后又更名《老来少》,我觉得都很好;其实,不俏不少,不少不俏,对于老人来说,只有思想跟上时代的潮流,才能越活越俏,也就是越活越少。反过来,如背道而驰,就有可能成为老厌物,虽活犹死。画家黄永厚曾给李普画过一张漫画像:在检阅台上满面春风,举手致礼,俨然是位大元帅,而被检阅的对象,都是重得不能再重的重量级人物,说出来也许会把神经衰弱者吓死,故这厢不说也罢。看了这幅漫画,我在忍俊不禁之余,颇有几分嫉妒,瞧李老那神气劲,多么少,多么俏!正是:

反思之人春常在,老笔常开五色花。

牧　惠

　　新时期以来，牧惠的杂文如庐山瀑布，"飞流直下三千尺"，奔涌不息。我真佩服他的才思敏捷。戴有色眼镜者憎恨他的杂文，公开点名大批判，我认为那不过是对牧惠的名誉投资，使他拥有更多的读者。我视他为杂文界的老大哥，他也确实是位忠厚长者，虽然是粤中纵队的老战士，也曾官拜《求是》杂志文教部主任，杂文著作等身，但他从不摆谱，为人随和，有求必应。他本名林文山。有次聚会，我跟他开玩笑，说："古有文文山，今有林文山。"他立刻说："你是要我学文天祥绝食而死啊？"闻者均为之捧腹。1998年冬天，承蒙《海南日报》邀请，作家陈四益带队，我们一行人在海南岛游览。我有幸与牧惠、黄永厚二位老哥同车。我是个口无遮拦、言必及义（牧惠语录）者，永厚也有几分这种臭德性，因此常在车中拿老牧开涮。一次我故意抬高声音，一本正经地说："老牧同志各个方面的工作能力都是很强的。请注意，我说的是各个方面！"没想到他的反应简直是闪电般的速度，立刻微笑着说："不，某一方面肯定是永垂不朽了！"并加上一句："永垂不朽，用在这里最恰当不过了！"我和永厚听了都笑得前仰后合。为了编套杂文丛书，我给他打电话，建议先想个书名报给出版社，以后有了更好的可以随时更换。他不假思索地说："我住在沙滩，就叫《沙滩羊》吧。"我为此书名拍手称快。事实上，时下杂文家挖空心思笔耕状，不正形同沙滩上放羊吗？正是：

　　　　苏武牧羊北海边，牧惠牧羊在沙滩。
　　　　风霜雨雪何所惧，只盼春光照人间。

舒　展

　　文学界谁不知道舒展先生？他真个是赫赫有名。但虽同在北京，而且从我家到他家，打的至多也不过半小时，至今我只见过这位杂文界的老哥两回。一次是在《生活时报》虎年元宵文化名人座谈会上，再一次就是1999年冬天广东人民出版社在京举行的午宴上。文友们常常念叨他，但谁也不忍心去登门打扰。何以故？原来他这几年因高血压引起肾衰竭，困苦可想而知。可是，这几年他写的杂文并不少，而且锋芒丝毫未减。有位朋友曾感慨地跟我说："舒展的身体越来越差，杂文却写得越来越尖锐，真不易！"我常常想：环顾海内文坛，以生命为代价写杂文、赌明天者，除了舒展，我不知道还有谁。倘若没有强烈的传统人文的忧患意识，没有对祖国、人民及四化事业的赤子之情，舒展又何必以衰病之身，继续坚韧不拔地在杂文界拼搏！

承蒙舒展送我几本他的大作。其中的一本是《调侃集》，由他的老友方成作序。方老在序中写道："舒展的杂文，涉及面广，引征事例，像是信手拈来，头头是道，使读者不得不佩服他学识之博。"我以为这是至论，也确实是舒展杂文的特色。时下某些杂文，形同白开水一杯，过目即忘。何以故？还不是"不读书之过也"（《红楼梦》贾政语录）。胸无墨水，必然肤浅。

1999年冬天，我给舒展打电话，立刻觉得他精神焕发，声音洪亮，与以前的病夫子判若两人。原来他得到一个机会，换了肾，而且手术很成功。他欣然由夫人陪同，来赴宴，签订出版合同。朋友们都非常高兴，觉得他能恢复健康，乃杂文界之大幸，欣何如也！正是：

堪喜舒卷又如云，大展身手惊鬼神！

朱　正

久闻朱正先生大名，他是以考证鲁迅生平事迹、学风谨严名于时的。第一次见他，是在严秀老人家中，俄罗斯文学翻译家蓝英年先生也在座。见面不如闻名，闻名不如见面，这对朱先生来说，我以为都很合适。我们很谈得来,一见如故。聊天时,他娓娓道来,真乃谦谦君子也。他著述不少,我最偏爱的,还是他的《1957年的夏季:从百家争鸣到两家争鸣》,此书45.6万字,第一版就印了3万册,受到读者的广泛瞩目。我很欣赏他在《后记》中的这一段话:"写作此书,我与其说像个著作家,不如说更像一个节目主持人。我把当年这些人物,不论被认为左派还是右派的,都一个一个请来,让他们走到前台,各自说各自的话。希望这样能够在一定程度上再现当年的场景。"读了本书,我以为他的目的完全实现了。这需要有敏锐的思想洞察力、扎实的史学功底、深厚的文学修养,才能办到。老实说,在当今史学界,还没有这样的学者,故至今也未能写出像样的1957年反右史,而让文学界的朱正独占鳌头,我身为史学界一员,真是感到惭愧。

朱正是个重视友情的人。四年前,我替东方出版中心主编《当代中国学者随笔丛书》,收有他的《思想的风景》一书。这对我来说,原本是小事一桩,不足挂齿。但他却几次说起此事,表示谢意。足见其人之敦厚也。正是:

南望长沙写作界,正是朱家秉烛时;
寄语文友湘夫子:笔下又在剥画皮?

邵燕祥

记得好几年前,北大吴小如教授在《文汇读书周报》上著文说邵先生燕祥,在读中学时已在京中报上发表文学作品了,真乃神童也。中国有句老话说:十岁的神童,二十岁的才子,三十岁的老而不死。我曾经写过《说神童》、《再说神童》,指出历史上神童不少,但事业上有成就者寥寥,或者说得高雅一点:寥若晨星。但燕祥无疑有足够的资格,名列晨星。他在诗歌、杂文创作上的成就,读者有目共睹,无需我饶舌。他历经劫波终不悔,现在年纪已经是"三十岁的老而不死"一倍还多,但霜欺雪压见精神,老而弥坚,依然笔耕不辍。有次牧惠老哥跟我说:"燕祥很善良。"1999年读《文学自由谈》第3期诗人肖沉写的妙文,用门德列夫周期表上的化学元素作为符号,一一介绍诗坛好手,将燕祥列入"33,砷……旧称砒霜,剧毒",不禁令我大怒,但接着读下去,又立刻转怒为喜:"此乃京都名编邵大爷,针砭时弊,句句不离后脑勺;言志托物,篇篇贴着热血心。对官僚买办而言,自然毒素太多;而于国民则多多益善。"真乃妙语连珠,洵为至论。燕祥的诗越写越少,杂文越写越多。我以为,当今中国文苑,更需要杂文。我将坡翁的两句诗顺手牵羊,稍加点窜,凑成一联,拟赠予燕祥;有善字者乎?求一发挥——

诗人老去杂文在,燕子归来说梦忙。

(按:"说梦忙"三字的版权属于陈四益)

蓝英年

有次作家韩小蕙跟我说,她曾经跟其母校老师著名历史学家来新夏教授开玩笑说:"您是随笔界的新秀。"来先生听后忍俊不禁,来夫子已过古稀之年,自属老翁之列,但写随笔也不过十来年光景,称"新秀"固宜也。这使我想起蓝英年教授。我知其人,是读了他与人合译的《日瓦戈医生》。但近十年,却在报刊上不断读到他关于前苏联文学的介绍、反思,观点新颖,有些文章读后,颇有如梦方醒之感。文笔清新,绝无高头讲章之嫌。他的这些文章,特别是随笔,越来越受到读者的瞩目。这在很大程度上,是得力于他精通俄文,苏联解体后,档案解密,他充分利用了档案材料,写出了一篇又一篇正本清源、还历史真相的文章,故能使人耳目一新。论写随笔的资格,用韩小蕙女士对来新夏先生的戏言来形容,他也可以说是"随笔界的新秀"。1998年,著名翻译家董乐山先生去世,文坛同声哀悼。我认识乐山先生,嗟叹久之。英年兄在《中华读书报》上著文纪念董先生，语甚沉痛。十年前，是董先生将他的随笔推荐给《读书》杂志，从此欲罢不能，越写越多。

蓝英年是民主革命的老前辈蓝公武老先生哲嗣。他比我年长几岁。但我不愿用"垂垂老矣"的老古调来形容他。他无论是外貌还是内心，都很年轻。这在相当程度上，恐怕要归功于其夫人、著名演员罗啸华女士对他的照料。听说她的烹调技术一流。蓝兄集艳福、口福于一身，幸何如也！

阎　纲

"有缘千里来相会，无缘对面不相逢。"这句老生常谈，实在有理。譬如说，久闻阎纲兄大名，读过他不少文艺评论、杂文、随笔，但我们交往的历史，也不过才四年多。其实我们同住方庄，可谓近邻。认识他的缘由，说来似乎也真有点无奈：他是拙荆的病友，对她颇为关心，特意介绍了一位贵州名医，诊治认真，疗效显著。于是我们开始了往来。作为我国的著名文艺评论家，阎纲在文坛享有盛名，但他为人谦和，也无半点其老家陕西黄土高原上大汉的粗犷气。当然，这绝不等于他下笔为文时，尽是朗月疏星，杨柳岸和风拂面。他的文艺评论、随笔、杂文，旗帜鲜明，尖锐泼辣，每涉文坛人和事，读者称快，自然也有人不快。十年前，他从某报负责人位置上下来后，沐猴而冠者洋洋得意地宣称："阎纲不服，还想再较量较量吗？！"然而，岁月无情，曾几何时，说此话者早已下野，并被人们遗忘。而阎纲仍然活跃在文坛，笔耕不止，读者更众。"铁打的衙门，流水的官。"作家的生命，毕竟是作品，拥有读者。

南国的初夏，多么美好。水池内荷叶亭亭；树梢上传来阵阵蝉声。我祝福身体欠佳的文友阎纲老兄，能够有我这好心情。

何西来

有次我因事给《生活时报》副刊编辑何笑聪小姐写信,信末附语:"请向你的从西而来的老爹致意。"这位笑聪,就是本书的作者之一丛小荷。她的父亲,就是著名文学评论家何西来。我说她的老爹从西而来,不完全是戏言。他是典型的关中大汉,"高头大马",开会发言时,声若洪钟,语惊四座。他的出生地,离秦始皇兵马俑出土处只有几步路。兵马俑乃国宝,震惊世界。西来虽然未震惊世界,但说他享誉中国文坛,特别是文学批评界,当是不争的事实。1999年10月,在深圳召开的一次作品研讨会上,深圳作协主席林雨纯介绍西来说:"我们共和国的文学评论家何西来先生"云云,恐怕并非调侃。可见出兵马俑的地方,出了一个何西来,真乃有非常之地,有非常之人也。

西来的非常之处,在童年时就已显山露水:顽皮到极点。以至他的祖父不得不惊呼:"该把这个小土匪管起来了!"怎么管?上学去!不才在儿时也很淘气,曾先后栽到河里、跌进粪坑。但还没达到"小土匪"的水平,故至今偶尔客串写文学评论,不逮西来远矣,想来还是童年时"匪"气不足,惭愧,惭愧。

有次我在电话里与笑聪闲聊,说起先是冯其庸先生、李希凡先生介绍,后来又有陈荒煤前辈亲自推荐,才加入中国作家协会,而我第一次申请参加中国作协竟遭卢太愚、全都换(按:夏衍语)辈拒绝,说"还不具备入会条件"。(按:后来第二次申请,通过了)笑聪听后大怒,说:"我看他们是×了眼!"好闺女!虎父焉有犬女?信然。

这是西来父女合著的第一本书,我希望今后还会有第二、第三本。需知,我泱泱大国,自古以来,父女合著者,又有几人哉?忝为友人,我特别寄厚望于西来、笑聪父女。

陈四益

两年前,《生活时报》副刊的"华灯·名家随笔"相当红火,四益著文《腕儿》(画家黄永厚插图),勾起了我在母校复旦大学求学时种种往事的回想,后来我情不自禁地写了一篇《腕儿联想》,也发表在"华灯"上,算是对四益文章的回应。我们是校友,虽然他读的是中文系,我读的是历史系,他比我低两届,但我们曾同住宿舍的同一层,面孔熟悉,兼之他是具有悠久历史传统的复旦话剧团的台柱,曾在校话剧团自编自演的大型话剧《红岩》里扮演过市委书记李敬原、特务郑克昌。可以说,我知道四益其人者久矣,但是在京中往来,已是几十年后的事了。应当说,是杂文让我们走到了一起。

我喜欢四益其人其文。清初鸿儒顾炎武曾经写了一篇名文《广师篇》,说他这一点不如谁,那一点不如谁,一口气举了好多个,认为都是他的老师,其中固然有大名鼎鼎的考据大家阎若璩,也有治《仪礼》的名气并不太响亮的张尔岐。倘附庸一回风雅,我也写一篇《广师篇》,我想说的是:论聪明机智、论温文尔雅、论打油诗词、论南腔北调、论办事细心,我都不如陈四益。

四益的杂文,受到读者的广泛喜爱。他写的寓言,无论是思想深度、文字功底,可谓文坛独步。兼之有小丁老爷子插图,文图并茂,堪称双璧。他的杂文风格,有人赞为"没有火气",自是难得。有次朱正来访,说起四益的寓言杂文,笑谓"当代假古董",我立即续曰"石破天未惊"。永厚善书,熔行、草、篆、隶于一炉,最大的特点,就是我辈浅学,难以辨识。我想求永厚用颜体写副对联,赠给四益,未知然否?这就是前述的:

当代假古董,石破天未惊。

朱铁志

1998年，我已届耳顺，远在美国华盛顿定居的小姨子三平打来电话，问起近况，我不无感叹地说："我老了！"她一听就纠正道："您怎么老了？按照美国标准，60岁至70岁是中年，70岁以上才是老年。"照此标准，铁志不仅是青年，而且应当说是小青年。我很欣赏小丁老先生给他画的漫画像，睿智缊细，神形兼备。

铁志虽年轻，但他的杂文创作，已经取得了丰硕的成果。这不仅在于他已出版了六本杂文集，更在于他的杂文有思想深度，善用逆向思维，每能振聋发聩，而为读者注目。他的杂文常被报刊转载，多次获奖，可谓实至名归。

铁志不仅写杂文，而且在繁忙的工作之余，挤出时间，编辑杂文选，这对杂文的发展，无疑起了有益的促进作用。这不是年轻的杂文家都愿做及能做的事。因为这要耗费很多宝贵的时间，熟悉老、中、青杂文家的作品，铁志为人热情、谦和，与杂文界不少老少爷们都很要好，这也不是一般青年杂文家所能做到的。

我与青年作家很少联系。有来往并保持友谊的，基本上只有朱铁志、伍立杨。他俩分别是杂文、散文的翘楚。在这套杂文丛书的著者中，铁志是唯一的青年。但是我敢担保，他与包括俺老汉在内的杂文界老头站在一起，不但不逊色，因其年轻俊俏，而更受人瞩目。

《铁线草》序

去年春末,我去台湾、香港走了一趟,归来后,文友陈四益先生来电说:最近何满子先生打来电话,说受福建人民出版社委托,主编"瞻顾文丛",邀你参加;并说你给广东人民出版社主编"说三道四丛书"(后奉命改为"南腔北调丛书")时,给他打电话,请其加盟,他二话没说。我立刻在电话中说:那我不说二话好了,愿在何老麾下效命!四益听罢,不禁笑了。于是,此事就这么定下来。但说来惭愧的是,我虽不属于贾宝玉老弟那种"无事忙",却是没事找事忙,在文、史两界觅食,本事不大,兴头不小,有时就难免忙得脚丫朝天,顾此失彼。我不仅是这套书中最后一个签订合同者,害得何老先生两次"主催"。更糟的是,合同中规定今年二月底交稿,现在是三月底了,我的书稿还未寄出,昨天又收到何老大函催询,并接到出版社的催稿电话。何老长我近二十岁,是古典文学界、杂文界的前辈,我在上小学时,已经受他的作品熏陶了,读了他老的信,甚感不安,于是我立即着手拙稿《铁线草》的扫尾工作,并写下这篇序。

我的这本杂文集,严格说来,标准意义的杂文只是一部分,其余是一些杂七杂八的文字。但是,也许正如"文革"中的好汉们义正词严批斗我时,热情抬举我的那样,"像狗改不了吃屎,你的反动本性是不会改变的"。说我"反动",借用伟大领袖毛主席的一句词来反驳,是最精彩不过了:"不须放屁!"而本着"古"为今用的原则,如果把这句话改为"你的杂文本性是不会改变的",那倒还差不多。因此,自信本书中的多数文字,即使不是正儿八经的杂文,但也还是有着不同程度的杂文气息的。

把芜著起名《铁线草》，并无深意。去年夏天，我在早市上买了一盆铁线草，从夏到秋，从秋到冬，一直枝繁叶茂，在葱绿中透出勃勃生机。而时下，它迎来了春光万里，数不清的俨然水杉叶的嫩叶，又长大了好几圈。书斋寂寞，我时时凝神注目书桌上这盆铁线草。微风吹来，枝叶婆娑，在我的眼前轻轻晃动，给我的心头带来多少温馨，多少抚慰。它不需要什么营养，只要常浇些水，保持湿润就可以了。最让我动心的是，它的躯干比通常所见最细的铁丝还细，但深深地扎根于石头缝中，支撑起无数绿叶。这使我想起李时珍《本草纲目》卷十三对它的介绍："铁线草：微苦，平，无毒。疗风消肿毒有效。"呵！这不正是杂文的形象写照吗？好的杂文，因其主题的尖锐，文笔的犀利，给人以"良药苦口"的"微苦"之感。但它抨击时弊，反对各种邪风，剖析形形色色的社会毒瘤，不正是起着"消肿毒"的社会功能吗？我爱铁线草！时下每有杂文评比活动，我建议有识之士，今后对杂文大赛的优胜者，不妨发给"铁线草奖"，或干脆取名"铁线草杂文大赛"，不亦快哉！

按照何满老的意图，这套杂文丛书只收2000年写的杂文。芜集中有几篇文章，却是早几年的。这是由于，有的文章我在近几年编自己相关的集子时，因健忘，成了"漏网之鱼"，现在忽又拣出，赶紧编入；有的被人为从拙集中撤下，本人不服，此次再编到这本书里；某些报刊编者，有感而发，拣出不才旧文，重新发表，这就使拙作获得了新的生命。我以为一篇文学作品，犹如一首歌，如果不被人重唱，就等于寿终正寝，被人遗忘了。因此，去年被报刊"起死回生"的几篇拙作，我以新作目之，又收了进来，这应当与一味自己炒冷饭者不可同日而语。

去年我太忙，写的杂文不如往年多。但这篇序倒写得不短，就此打住。我向亲爱的读者献上这"盆"《铁线草》，供鉴赏——请！

2001年3月31日于京南老牛堂

老王卖瓜
——《续封神》小传

1937年4月9日生于苏州桃花坞尚义桥街,与唐伯虎同里,惜未沾上才气,至今只好在老牛堂耕田。1963年毕业于复旦大学历史系研究生班。奉命参加搞不清的"四清"后,又在大革文化命初期贴大字报,中期终于被名字打上红叉的大字报墨葬七年。还魂后在中国社科院治史,当上研究员,业余开杂文铺,零售兼批发,得到中国作协认可。出版《明清史散论》、《明朝酒文化》、《交谊志》等史学著作七种,《"土地庙"随笔》、《牛屋杂俎》、《喘息的年轮》、《漂泊古今天地间》等杂文、随笔集六种,主编《明史论丛》、《中国反贪史》、《古本聊斋》等书十种。字数早已超过当年批斗我的大字报,不亦快哉!

附录:

史家回归赞

　　文史本来是一家。司马迁的《史记》,不仅是伟大的史学著作,也是杰出的文学作品,尽人皆知,固不必论矣。即以现代而论,一些著名的历史学家、古典文学专家、考古学家,都曾经写过小说。如尚钺教授1928年即出版过短篇小说集《斧背》;裴文中教授1924年发表过短篇小说《戎马声中》;冯沅君教授1927年出版过小说集《卷葹》,是"五四"新文化运动后享有盛誉的女小说家之一。鲁迅先生在《中国新文学大系·小说二集》的序言中,对这几位的文学成就,都有所论列、肯定。著名文史学者钱基博先生则写过武侠小说《老镖客》、《甘凤池》。先师谭其骧教授,生前曾告我,他也写过小说,后来兴趣才转到史学,并专攻历史地理学。周予同教授虽未写过小说,但早年也酷爱文学,今天我们重读他的《过去了的五四》、《僵尸的出祟》,仍然会深感这是优秀的散文、富有杂文气息的学者随笔。不久前才去世的对魏晋南北朝史、宋史研究有素的程应镠教授,抗战初期,在西安从戎,也写过短篇、中篇小说,如此等等。令人纳闷的是,这些小说家或原本立志要当小说家的著名学者,后来为什么放下写小说的笔,也就是让文史彻底分家?个中原因,这里不予探讨,以免枝蔓。文史分家的弊端,是显而易见的。某些作家取材于历史题材的小说、影视作品,往往完全游离于历史真实之外,因而也就不可能有艺术的真实。包括笔者在内的史家,对这种无历史文化的文化现象,颇感不满,但不无困惑的是,经不起他人反诘:你们历史学家只会指手画脚,你们怎么不写历史小说、影视作品呢?也许正是这种"逼上梁山"的态势,使几位史学家按捺不住,终于继承先辈文史结合的传统,挥笔上阵,写起长篇历史小说来;特别令我兴奋的是,仅我所在的中国社科院历史所,就已有三位史学家,在历史小说的创作方面,取得了可喜的成就。

最近,现代出版社出版了廖心一先生著的《正德皇帝全传》,共四册,一百万字,真是洋洋大观。这是著者"明史纪实小说系列"的一种,接下去,还要继续推出写明朝其他皇帝的长篇小说。这是一部令人耳目一新的长篇历史小说。可以毫不夸张地说,是本世纪明史领域内所创作的历史小说中,带有里程碑性质的佳作。廖心一20世纪80年代初师从著名历史学家王毓铨研究员专攻明史,研究生毕业后,留在明史研究室从事研究工作,我们曾共事多年。他治史严谨,学风正派,著有《明朝史话》及多篇学术论文,是明史学界的后起之秀。80年代末,他因妻儿故移居香港,近年返京长住,搜集史料,并正努力争取重返研究岗位,但愿有司勿戴有色眼镜看人,更不要"武大郎开店";此附笔述及也。廖心一不仅有扎实的史学功底,而且有很好的文学素养;正是这两条,有力地保障了他头一次写长篇历史小说即出手不凡,一鸣惊人。引人注目的是,他写的是"明史纪实小说",所谓纪实,是指书中所写内容,百分之七十,都是有史料依据,历历可考,而用文学想象虚构的部分,则仅占百分之三十。我将此书粗读一遍,感到他对明武宗一朝的历史,作了深入、细致的研究,于当事人的文集、野史、笔记,下了相当大的苦功,否则不可能对那样众多的历史人物的行为举止,包括一些生活细节,了解得那样透彻;而涉及政治、军事制度,以及种种典章及职官、称谓、风俗等,无外行话,真是难能可贵。但是,小说的根本一条,是好看,关键在于能否将那些"死人"写活,塑造出生动鲜明,能够打动读者,关注其命运的人物形象,否则读者就不可能看下去。我认为,作者刻画的主要人物正德皇帝、刘瑾、李梦阳、王阳明、赵鐩等人,以及宠妃刘氏、苏州才子徐祯卿等,都活灵活现。他使用的是相当精练、准确的书面语言,也许这是写历史小说最好的语言,至少我是偏爱这种语言的,用以刻画古代的人和事,更易接近不啻已是遥远的梦的彼时氛围。作者平时即富有幽默感,这使他的笔端,每有彩头,令人读之解颐。如写刘氏:"她面带微笑,眼送秋波,眉浓鼻挺,唇红齿皓,天生的八分妩媚、二分端庄。今日见了皇帝,她端坐不动,面无表情,妩媚还余二分,却有了八分端庄……皇帝抓起刘氏的双手,轻轻抚弄,面带笑容地说话。见了八分妩媚的刘氏,他口称爱妃,见了八分端庄的刘氏,他学着小太监们的腔调,口称娘娘。"读来忍俊不禁。作者对他稔熟的史料,精心剪裁,进行文学再创作,文笔相当细腻,有不少精彩的场面。如写徐祯卿拜见王阳明,二人的对话;徐祯卿从容永别人寰,王阳明写了非常精彩的墓志致悼,都相当传神。又如写流民起义领袖赵鐩(绰号赵疯子)在小酒店的墙上挥笔写下著名的诗句:"魏国英雄今已休,一场心思付东流。秦廷无剑诛高鹿,汉室何人问丙牛?野鸟空啼千古恨,长江难洗百年羞。西风吹散穷途客,一夜游魂返故邱。"然后面对前来捉拿的官兵,没有反抗,束手就擒。读来真是大气磅礴,不落俗套。虽说此诗系赵鐩所作,乃野史传闻,靠不住,但作者用为小说家言,浓笔渲染,是完全可以,并很成功的。

更令人欣慰的是,著名宋史专家王曾瑜研究员近年来在治史之余,正在创作"岳飞与宋高宗系列小说",第一卷《靖康奇耻》已经交稿,将由河南大学出版社出版,第二卷《建炎风云》也已接近完稿。我与曾瑜臭气相投,彼此相当了解,曾有国内外的学者,在国内或海外向他或我打听,我俩是否是弟兄?我们都不约而同地答曰:不是弟兄,胜似弟兄。20世纪80年代以来,他出版了多种宋史专著,受到史学界的好评,其中包括《岳飞传》、《宋高宗传》。他文思敏捷,具有忧患意识,而且很有文学功底,因此我敢说他的历史小说出版后,一定不同凡响。谓予不信,拭目以待。

我对清史专家周远廉研究员深怀敬意。他是位很勤奋的学者,著有《乾隆皇帝大传》、《顺治帝》、《皇父摄政王多尔衮全传》、《清代租佃制研究》等多部学术专著。他退休前,我从未听说过他与文学有什么关联。可是,他在退休后,以年过花甲之身,勇敢地跳进大海——我指的是文海,以顽强的毅力,钻研文学,他不但是历史研究所,也是史学界著名历史学家中第一个拿起笔从事长篇历史小说创作的人,已先后出版了近50万字的《香妃入宫》(华艺出版社)、近40万字的《乾隆皇帝下江南》(北京燕山出版社),以及即将出版的长篇小说《天下第一清官》。前述两部小说我都读过,是历史学家创作历史小说的有益尝试。远廉兄创作历史小说的目的,在于澄清重大谬误传说,传播历史研究成果,给读者好的精神食粮,让他们爱看。我以为,他的创作目的已经实现;这些小说出版后,受到读者欢迎,便是明证。

  壮哉!史家回归。周远廉、王曾瑜、廖心一诸先生拍马上阵,在文学领域驰骋,这是20世纪末中国史学界、文学界出现的非常可喜的新现象。他们的作品,也许还有这样那样的不足。但是,他们在学者作家化、向文坛挑战,以及向历史题材创作中的庸俗化宣战方面,迈出了坚实的、成功的一步。据我所知,还有几位文学修养很高的著名史学家,也在准备写长篇历史小说。我觉得,无论是史学界,还是文学界,都应当为史家回归文坛,开创文史结合的新局面大声喝彩!这难道还有疑义吗?

虎年3月12日于牛屋

重视文艺作品的历史真实性

我国历史悠久,文化积淀丰厚,如深山巨矿,开采不完。新时期以来,取材于我国古代、近现代历史的文艺作品,包括历史小说、戏曲、影视、美术等,都取得了丰硕成果。其中的一些优秀作品,无不显示,其成功秘诀,是在于充分注意到了历史真实与艺术真实的完美统一。而要做到这一点,前提是首先要尊重历史。历史是客观存在,是过去发生的事。是的,就像千转归大海的水流不可能倒流回来,历史不可能还原。对于任何一个历史人物,不管如何给他贴金,或者任意歪曲、丑化,他都不可能从九泉起而抗辩。但是,历史毕竟有踪迹可寻。我国有举世首屈一指的大量文物,及浩如烟海的文献史料。史学家通过刻苦的、不懈的努力,考证、分析,是可以恢复历史的本来面目的。有了这个前提,我们就能明白,历史的真实性主要体现在:一、文艺作品描写的历史人物或历史事件,总体上必须符合那个人物及所处时代的本来面目,如,不能把秦始皇简单地写成暴君,也不能对他的"焚书坑儒"轻描淡写,一笔带过;不能看到南宋的经济、文化都有一定的成就,就歌颂偏安一隅、不思恢复中原,并悍然杀害抗金民族英雄岳飞的宋高宗,甚至为汉奸秦桧翻案,等等。优秀影视作品《武则天》、《长征》、《血战台儿庄》、《新四军》、《周恩来在上海》、《重庆谈判》等,都充分显示了历史真实性及与艺术真实性的统一。二、重视历史细节的真实性。历史不断变迁,每个历史时期的文化、社会生活,都会有种种差别,从而构成那个历史时期的特征。如喝酒,元朝以前国人喝的都是黄酒、米酒(酒酿),元朝时从阿拉伯传来烧酒,但直到清朝中叶后,才风行天下,因此武松喝的十八碗酒,不可能是烧酒;若然,他肯定醉死、烧死了。又如打麻将,虽然清初出现雏形，但真正的麻将，要到道光以后，才流行开来，成了无数人沉湎其中的"国粹"。文艺作品中，如果宋朝人、明朝人就打麻将打得热火朝天，那就是大笑话。以《武则天》为例，陈加林导演特地邀请唐史专家担任历史顾问，并一直跟随摄制组，随时指出拍摄中有违唐朝历史真实的问题。《武则天》上朝时群臣朝仪，都是严格按照《唐六典》等史籍拍摄的，如此严谨，难能可贵。犹忆十多年前，陈加林筹拍一部明朝小说的片子，他不仅派助手、美工来我家请教明朝的衣食住行，借去相关资料，还请我到他的住地，给他讲解明朝文化。此片虽后来因故停拍，但剧组重视历史细节的真实性，至今给我留下深刻印象。三、忠实地反映历史上人民的愿望。常言道，"皇帝的女儿不愁嫁"。历代公主，仰仗皇权，作威作福，有些人更横行不法，欺压平民。百姓敢怒不敢言，总希望有人通过作品，替他们出一口恶气。秦腔、京剧、淮剧、河北梆子等戏曲演出的《打金枝》，就是百姓愿望的体现。甚至进一步，"敢在太岁头上动土"，演出《打龙袍》，虽然是象征性地打了皇帝，但与民谚"拼个老命不要，敢与皇后娘娘睡觉"、"舍得一身剐，敢把皇帝拉下马"的反皇权精神，是息息相关的。周公"制礼作乐"，从战国到东汉，儒生还炮制了一本《周礼》，也是用的周公名义。但是，封建礼教毕竟是束缚人民的桎梏，宋明理学更是用理学杀人，使人民透不过气来，妇女尤甚。百姓把账算在周公身上，无情地撕下他的假面具。我在童年时，就读过唱本《桃花女斗法》，对阴险、狠毒的周公，感到毛骨悚然。读中学时，看了淮剧《桃花女斗法》，被美丽的桃花女勇斗周公，不屈不挠，死而复生，使周公遭到严惩而深深感动。这个戏至今还在一些舞台上演出，包括台湾的歌仔戏，表明了其生命力的永久。如究诸史实，这些戏的本事，当然是子虚乌有。但是，人民却爱看这些戏，因为它承载着人民的精神寄托。史籍上，特别是民间文学，有关这类题材的记载并不少见，有待文艺家们去发掘、提炼，写出人民喜闻乐见的优秀作品。四、历史真实性更多地表现在，历史上虽没有这件事，但按照当时的历史条件、氛围，是完全可能发生这样的事的。优秀电视剧《长征》，博古（秦邦宪）在沼泽里摸鱼,把眼镜都弄丢了,状甚狼狈,但他关心生病战友,想摸鱼熬汤增加其营养的同志之爱,立刻打动了观众的心。红军长征,历经艰难,翻完最后一道雪山,毛泽东、朱德、周恩来等全体同志,笑逐颜开地滑雪下山,虽于史无据,却同样显示了历史真实性,增加了艺术感染力。在历史小说、影视作品中,皇帝及名臣、宿将,常常会出现一个乃至几个情人,我认为都符合历史真实。试想,在那个古老的年代,他们特权在握,找女人、情人,还不是易如反掌?我的同事清史专家周远廉先生,出版了乾隆系列历史小说,有次他笑着跟我说:"我根据小说需要,随时给乾隆皇帝增加个小情人。"此公当然深悟历史小说的创作之道。

我们必须看到,当前的文艺作品,尤其是日益泛滥的影视剧,存在严重违反历史真实性的倾向。在一些作品中,明中叶吴中画派的杰出代表、诗人、不与发动叛乱的宁藩同流合污的大丈夫唐寅,成了武艺超群,动辄打斗的流氓。雍正皇帝成了手执利器、飞檐走壁的侠客。这是对历史人物的严重歪曲。戏说乾隆、戏说纪晓岚之类作品,我是难以接受的。在此类作品中,刻苦治学、为修"四库全书"而卖掉老家献县田产的纪晓岚的高尚人格不见了;他在灯下孜孜不倦写《阅微草堂笔记》的辛劳、愉快,也不见了;他主持修"四库全书"时的助纣为虐,大搞文字狱、删书、烧书的丑恶一面更不见了!展现在我们面前的纪晓岚,成了嘻嘻哈哈、油腔滑调的老油子。而乾隆皇帝,则成了多情多事,简直是成天吃饱了撑的老痞子。这对历史上真实的乾隆爷、纪文达公来说,根本是风马牛不相及也。这类作品与《还珠格格》不能相提并论。还珠格格完全是虚构的人物,当然可以戏说。记得《还珠格格》火爆荧屏的那年,我在上海看望思想家、文艺评论家王元化先生,他正在津津有味地看《还珠格格》,说看时无需动脑,看累了就打瞌睡,醒来再看。并说"像《还珠格格》这样戏说的作品,可以存在,因为历史上根本没有小燕子这个人,可以一集一集戏说下去。当然,要编得合情合理。"道别时,他还开玩笑地说:"你要常来上海看我呀,要不然我只好成天看《还珠格格》了。"元化先生的这番话,对我们应当是有启迪的。

那些打着历史小说或正剧的幌子，实际上在胡编的作品，其危害性尤其不能低估。写项羽火烧阿房宫、写荆轲刺秦王的影视剧，都是大制作，导演更是名震遐迩。但灭秦盖世英雄项羽，被丑化成了为女人而残暴至极的丑类。荆轲这位抗击暴秦、勇刺秦王的英雄，被篡改成敬佩秦始皇、临阵退却的愚夫，纯属胡扯！电视剧《康熙王朝》、《雍正王朝》，完全背离了当时历史发展的大趋势，抹杀了历史真实。就国内说，虽然"清承明制"，清朝继承了明王朝雄厚的家底，并消除了明朝末年加剧社会矛盾的种种严重积弊，促进了社会发展。但是，人民的反抗从未停止，小规模的起义不断。康、雍、乾时期规模空前的文字狱，窒息了知识分子的思想，他们被迫把精力耗费在考证草木虫鱼的死学问上。而同一时期的西方世界，已开始工业革命，乾隆五十年（1785年），英国建成了第一个蒸汽机制造厂，轮船已经航行在茫茫大海中。而康、雍、乾三朝，继续奉行闭关锁国的国策，以老子天下第一的天朝自居，妄自尊大，已全面落后于西方，脱离世界潮流。清代御用文人，及当代拾清代御用文人余唾的流俗史家，居然艳说什么康、雍、乾盛世，显然是患了政治色盲症的结果。而《康熙王朝》、《雍正王朝》，把上述余唾奉为至宝，制造幻景，粉饰所谓盛世，闻不到一丝文字狱的血腥气。而虽然勤政，但用极卑劣手段剪除政敌、兄弟，为人阴险残暴的雍正皇帝，成了为国为民鞠躬尽瘁、至情至性的一代明君，真不知悖到哪儿去了！难怪有人看了《雍正皇帝》后调侃说，"给雍正皇帝一张入党申请书吧！"必须指出，违背历史真实的文艺作品，以清宫戏最为严重。十多年前，清史、故宫专家单士元老先生还健在，有次我在故宫开会休息时，与单老聊天，问他看不看写清宫历史的电视剧？他正色道："从来不看。太胡编乱造了！"清宫戏荒谬到何种程度，可见一斑。

　　一些文艺作品中违背历史细节的真实性，更已闹到匪夷所思、荒唐可笑的地步。一部写司马迁的长篇历史小说，居然写司马迁看到了汉武帝与妃子调情；《史记》是藏之名山，司马迁死后很久才问世的，这部小说，却写司马迁还健在，有人已读了他的书；还写是汉武帝亲手把司马迁杀死的,全是瞎编。一部写郑成功的长篇历史小说,写郑成功大军是用尿壶连接在一起,渡过台湾海峡,打败荷兰殖民者的,真让人笑掉大牙!实际上,郑成功是率领庞大舰队,击沉荷兰主力舰,才成功登陆的。有部长篇历史小说还津津有味地写乌龟咬人,实际上,乌龟根本不会咬人,以致民间有"甲鱼咬人不松手,乌龟咬人洪福来"的谚语。但是,最违背历史细节真实性的作品,仍然是清宫戏。《康熙王朝》里的人物,包括孝庄太皇太后,动辄自称"满清",实际上,"满清"一词是辛亥革命前,革命党人反清时使用的,是贬义词,包含敌意,清朝统治者怎会自称"满清"?解放后,中央有关部门认为继续使用"满清"一词,不利于民族团结,曾发文全国,从此教科书、报刊在说到清朝时,就不再使用"满清"了。"孝庄"是孝庄文皇后的简称,也是清太宗皇太极的皇后博尔济吉特氏的"谥号",即死后的荣誉头衔。可是,在《康熙王朝》里,斯琴高娃演的孝庄皇后,竟然说"我孝庄"如何如何,太没历史常识了。

　　涉及历史的文艺作品,要葆有历史真实,应当对历史下一番功夫。毛主席说过,"世界上怕就怕认真二字。"如果不认真对待历史,尊重历史的严肃性,哪有历史真实可言?如不懂历史,何不虚心请教历史学家?实际上,以明清而论,仅从朱元璋到乾隆皇帝,野史、笔记记载的,他们的非常戏剧化的生动故事,我敢说三天三夜也讲不完,如搬上银幕,绝对好看。但某著名演员居然打趣说,"朕不接见历史学家",典型地反映出影视界对史家的冷漠与无知。这种心态如不改变,文艺作品的历史真实性,必然是越来越离谱,误导观众,特别是贻误青少年,以为这就是真实的历史。一个丧失历史尊严的民族,是没有希望的民族。重视文艺作品的历史真实性,杜绝胡编戏说,是其时矣!

2009年5月23日于老牛堂
按《人民日报》2009年6月4日,有删节。现原稿刊出。